HABILIDADES SOCIALES

Dinámicas, juegos y actividades

Borja Quicios Abergel

LIBSA

Este libro está dedicado a mi familia.
Aquellos que son mi mayor apoyo y compañía en este largo camino que comenzó
con el crecimiento emocional, continuó con la búsqueda de autoestima
y finaliza con el perfeccionamiento de habilidades sociales.
Esta tercera etapa del viaje va dedicada en especial a Lilyana, siempre apoyándome.
A todos, GRACIAS.

© 2024, Editorial LIBSA
C/ Puerto de Navacerrada, 88
28935 Móstoles (Madrid)
Tel.: (34) 91 657 25 80
e-mail: libsa@libsa.es
www.libsa.es

Ilustración: Archivo LIBSA, Shutterstock images
Textos: Borja Quicios Abergel
Maquetación: Javier García Pastor

ISBN: 978-84-662-4039-0

DL: M-3479-2024

Contenido

PRÓLOGO

Desde que nacemos somos bienvenidos a este vasto mundo donde nosotros, como seres sociales que somos, habitamos como animales en una selva de interacciones complejas. En este reino, las habilidades sociales son la brújula que nos guía a través del intrincado laberinto de las relaciones humanas. En este prólogo, nos aventuraremos juntos en la odisea de descifrar los secretos de las habilidades sociales.

La vida, en su esplendor, se desarrolla en una red de conexiones que tejemos con aquellos que nos rodean. Este libro no es solo un compendio de estrategias, sino un mapa detallado que te ayudará a saber cómo relacionarte con otros.

Las habilidades sociales, lejos de ser simples herramientas, son los artefactos que desenterramos en nuestra búsqueda por comprender la complejidad de la interacción humana. Como explorador en esta selva, aprenderás a decodificar el lenguaje no verbal, a trazar rutas en la cartografía de las emociones y a construir puentes de comunicación sobre ríos de aislamiento.

Cada capítulo de esta odisea te llevará a través de senderos inexplorados, desvelando los misterios de la empatía, la paciencia, la escucha activa y otros tesoros escondidos en la jungla social.

Así que, intrépido aventurero, únete a esta exploración. Desafiaremos juntos la densidad de esta jungla interpersonal, descubriendo el arte de la conexión humana. ¡Que este viaje comience!

INTRODUCCIÓN

Lo que realmente importa para el éxito, carácter, felicidad y logros vitales es un conjunto definido de habilidades sociales.
DANIEL GOLEMAN

En la sociedad, las habilidades sociales son un «puente» que conecta nuestras vidas. Nos ofrecen la posibilidad de forjar nuestras relaciones, de facilitar la comprensión mutua y la colaboración entre las personas. Hoy en día, en un mundo interconectado, nuestras redes de comunicación se extienden virtualmente como «hilos» que nos vinculan a través de pantallas y dispositivos. Sin embargo, a pesar de esta aparente conectividad, emergemos en medio de una paradoja desconcertante: **la epidemia de soledad.**

Las habilidades sociales han sido fundamentales desde los albores de la civilización, cuando las tribus nómadas se agrupaban en busca de seguridad y sustento, hasta las complejas sociedades contemporáneas. Estas habilidades han evolucionado como pilares básicos que han permitido a la humanidad florecer y superar desafíos.

En las primeras etapas de la historia humana, la supervivencia estaba intrínsecamente ligada a la capacidad de formar **tribus cohesionadas.** Las habilidades sociales eran esenciales para establecer la confianza, la cooperación y la comunicación efectiva dentro del grupo. Por ejemplo, imaginemos a un grupo de neandertales coordinándose para cazar grandes presas. Las habilidades sociales eran vitales para compartir conocimientos sobre rutas de migración de animales, organizarse en la emboscada y garantizar la seguridad de sus miembros durante la caza.

A medida que las comunidades evolucionaron hacia **civilizaciones más estructuradas,** las habilidades sociales se manifestaron en la formación de sistemas políticos y económicos más complejos. La diplomacia y la capacidad para forjar alianzas, resolver conflictos y negociar acuerdos comerciales resultaron fundamentales para su estabilidad y crecimiento. Así, en Mesopotamia, las habilidades sociales fueron esenciales en la política diplomática entre las ciudades-Estado de Sumeria.

Durante la **Edad Media,** la estructura feudal requería intrincadas habilidades sociales. La jerarquía social, la lealtad a los señores y las interacciones en las cortes eran aspectos en los cuales las habilidades sociales desempeñaban un papel clave y determinaban la posición y el éxito de un individuo.

En el **Renacimiento,** el auge de las ciudades y el comercio marcó una transición significativa. Las habilidades sociales se volvieron fundamentales en la esfera cultural y económica. Por ejemplo, las ciudades italianas como Florencia experimentaron un apogeo cultural y económico gracias a familias muy influyentes, como la de los Medici. Su capacidad para patrocinar artistas, negociar acuerdos comerciales y participar en la escena política marcó una transición durante la cual las habilidades sociales se volvieron cruciales en la esfera cultural y económica.

Más adelante, **la Revolución Industrial,** que abarcó aproximadamente desde finales del siglo XVIII hasta mediados del siglo XIX, produjo una transformación radical en la producción y el trabajo al pasar de métodos artesanales a procesos mecanizados. Este período marcó la transición de una economía agraria a otra impulsada por la industria. Con ella surgió la necesidad de nuevas habilidades sociales en el ámbito laboral, donde quedó patente la importancia de la colaboración y la comunicación con la formación de gremios, la negociación con los patrones, la solidaridad entre trabajadores y la coordinación en las protestas que abogaban por condiciones laborales justas en un momento de transformación industrial y cambio social.

En la **era moderna,** las habilidades sociales han influido en la política, los negocios y las relaciones internacionales. La diplomacia, la negociación y las habilidades sociales resultaron capitales en eventos cruciales. Por ejemplo, en la Conferencia de Yalta de 1945, que reunió al primer ministro británico Winston Churchill, el presidente norteamericano Franklin D. Roosevelt y el líder soviético Iósif Stalin para reconfigurar el mundo después de la Segunda Guerra Mundial.

Hoy en día, las habilidades sociales se enfrentan a **otro tipo de desafíos.** La tecnología, si bien ha ampliado nuestras posibilidades de comunicación, también ha traído consigo una sorprendente paradoja: a medida que hacemos uso de las «pantallas», **la soledad** se arraiga silenciosamente en el tejido social. La cantidad de conexiones que se dan por internet no siempre se traduce en relaciones profundas y significativas.

Esta paradoja o incongruencia no es solo una cuestión de desconexión emocional; también tiene ramificaciones directas en nuestra salud física y mental. La soledad crónica, alimentada por la falta de conexiones verdaderas, se erige como un factor de riesgo para el posterior desarrollo de la ansiedad, la depresión y otros problemas de salud mental. Su impacto se filtra más allá del reino psicológico al afectar al sistema inmunológico, el corazón y el bienestar general.

En este paisaje complejo, las habilidades sociales no deben considerarse como una «herramienta» del pasado, sino como un recurso fundamental para enfrentarnos a la soledad. Escuchar activamente, expresarse con claridad, construir empatía y establecer conexiones significativas es, hoy en día, más importante que nunca. En un mundo donde las redes de comunicación pueden ser una fuente de desconexión, estas habilidades emergen como la brújula que nos guía hacia la autenticidad y la comprensión mutua.

LAS HABILIDADES SOCIALES

Para empezar este capítulo, quiero recordar aquella famosa fábula que nos contaban de niños sobre un escorpión que quería cruzar el río y le pidió a una rana que lo llevara a sus espaldas.

Había una vez una rana sentada a la orilla de un río cuando se acercó un escorpión, que le dijo:

—Amiga rana, ¿podrías ayudarme a cruzar el río? ¿Serías tan amable de llevarme en tu espalda?

—¿Llevarte en mi espalda? —respondió la rana—. Ni hablar. Conozco tus intenciones. Si te llevo, usarás tu aguijón, me picarás y me causarás daño. Lamento mucho decirlo, pero no puedo ayudarte.

—No te haré nada, no te preocupes —contestó el escorpión—. Piensa un momento: ¿no ves que, si llegara a picarte con mi aguijón, ambos nos ahogaríamos? Yo no sé nadar, así que no me beneficiaría en absoluto.

La rana reflexionó un momento:

—Si el escorpión me pica en mitad del río, ambos sufriremos las consecuencias. Creo que no sería tan insensato como para poner su vida en riesgo.

Así que se acercó al escorpión y le comunicó que le echaría una mano:

—He reconsiderado mi posición. Estoy dispuesta a ayudarte a cruzar el río.

El escorpión se acomodó en la resbaladiza espalda de la rana y juntos comenzaron su travesía por el río.

De repente, en mitad del recorrido, al llegar a una zona con remolinos, el escorpión le clavó a la rana su aguijón. La rana sintió el agudo pinchazo y cómo el veneno se extendía por su cuerpo. Consciente de que iba a morir, al igual que el escorpión, le preguntó:

—¿Por qué lo has hecho? No lo entiendo. Ahora no nos salvaremos ninguno de los dos.

El escorpión la miró y respondió:

—Lo lamento mucho, ranita. No pude evitarlo. Soy incapaz de cambiar mi naturaleza y mi comportamiento, incluso si eso significa ir en contra de lo que es mejor para mí.

Y así, el escorpión y la rana desaparecieron bajo las aguas del río.

Esta fábula nos muestra que la naturaleza del escorpión es incontrolable y su impulsividad es dominante. A diferencia de los animales, los seres humanos tenemos capacidad de establecer límites, instaurar costumbres y crear comportamientos. Es decir, somos seres sociales y necesitamos relacionarnos con otros para vivir y, a diferencia de los animales, tenemos la habilidad de moldear nuestra conducta, aprender y desarrollar nuestras **habilidades sociales.**

Las habilidades sociales son un conjunto de competencias que nos permiten comunicarnos, entendernos y cooperar con otros de manera efectiva. A través de la empatía, la escucha activa y la capacidad de comprender diferentes perspectivas, podemos crear relaciones sólidas y auténticas. Las habilidades sociales también nos dan poder para establecer límites sanos, comunicar nuestras necesidades y construir relaciones significativas.

En definitiva, gracias a las habilidades sociales podemos ser más conscientes de nuestros impulsos y patrones de comportamiento, y elegir responder de manera más deliberada y efectiva en lugar de simplemente reaccionar automáticamente.

LA NATURALEZA DE LAS HABILIDADES SOCIALES

El concepto de «habilidades sociales» en psicología carece de un consenso universal para su definición precisa. Sin embargo, se pueden describir como las estrategias conductuales que aprendemos de nuestra experiencia cuando nos relacionamos con los demás y que utilizamos para resolver situaciones con éxito. De este modo, nos permiten obtener ayuda y apoyo cuando lo necesitamos, o facilitan nuestra inclusión como miembros respetados en la sociedad y ser comprendidos en nuestros círculos sociales y familiares. Es decir, estas **habilidades son aprendidas** y, por tanto, pueden ser entrenadas y mejoradas.

Por ejemplo, imagina que eres muy tímido. A menudo evitas conversaciones, te sientes incómodo en grupo y te cuesta expresar tus pensamientos y emociones. Sin embargo, después de pensarlo, decides trabajar en el desarrollo de tus habilidades sociales. Haces cursos en comunicación efectiva, participas en grupos de apoyo y practicas técnicas de conversación. Aprendes a escuchar activamente, a hacer preguntas abiertas y a expresar tus pensamientos de manera clara. Con el tiempo, con lo que has aprendido te encuentras más seguro y cómodo al interactuar con los demás.

Las habilidades sociales no son patrones rígidos de comportamiento, sino más como un **conjunto de «normas» flexibles** que se moldean según el contexto y las personas involucradas. Esto significa que no existe una única forma «correcta» de interactuar en todas las situaciones sociales, ya que cada interacción puede ser única en función de diversos factores, como el entorno, las personalidades y los objetivos.

Supón que estás en una reunión de trabajo en la que necesitas expresar tus opiniones sobre el proyecto en el que trabajas. Tus habilidades sociales te permitirían evaluar el tono y la atmósfera de la reunión para determinar si es apropiado ser directo y asertivo o si es mejor adoptar un enfoque más diplomático. En otra situación, como una reunión informal con amigos, podrías sentirte más cómodo siendo relajado y espontáneo en tu comunicación.

La flexibilidad de las habilidades sociales también se refleja en la capacidad de adaptarse a diferentes personalidades. Por ejemplo, en una conversación con alguien que es reservado, podrías ajustar tu estilo de comunicación para ser paciente y darle espacio para hablar. En cambio, en una interacción con alguien extrovertido, podrías sentirte más libre para compartir ideas de manera abierta y participar en una conversación animada.

Por otro lado, las habilidades sociales no solo nos permiten relacionarnos con los demás de manera efectiva, sino que también tienen un **impacto profundo en nuestra salud mental y emocional.** Cultivar estas habilidades no solo mejora nuestras relaciones, sino que también contribuye a una mayor satisfacción y bienestar en nuestra vida en general.

EJERCICIO. EXPLORA TUS HABILIDADES SOCIALES

1. Tómate un momento para pensar en situaciones pasadas en las que hayas experimentado interacciones sociales. Pueden haber tenido lugar en el trabajo, en casa, con amigos o en cualquier otro contexto.

   Ejemplo. Puede ser una conversación con un compañero en el trabajo.

2. Ahora, reflexiona sobre tus respuestas y comportamientos en esas situaciones. ¿Notas algún patrón recurrente en cómo te comportas? ¿Has enfrentado desafíos en la comunicación o la resolución de conflictos?

   Ejemplo. Al reflexionar sobre la situación, notas que a menudo interrumpes a los demás mientras hablan y no les das suficiente espacio para expresarse.

3. Las habilidades sociales **son aprendidas y, por tanto, susceptibles de ser entrenadas y mejoradas.** Elige una habilidad social específica que sientas que podrías mejorar; podría ser escuchar activamente, expresar tus necesidades asertivamente o adaptarte a diferentes situaciones. Ahora establece un objetivo para mejorarla.

Ejemplo. Si deseas mejorar tu habilidad para escuchar activamente, podrías proponerte practicar la escucha activa durante las conversaciones. Escucha sin interrumpir y permite que otros hablen antes de responder.

4. Las habilidades sociales **no son patrones rígidos de comportamiento, sino normas que se ajustan a cada situación.** Elige una situación social en la que te hayas encontrado recientemente o que puedas anticipar para el futuro. Analiza cómo podrías adaptar tus habilidades sociales a esta situación específica.

Ejemplo. Piensa en una reunión de equipo en la que tendréis que discutir un nuevo proyecto. Decides ser más consciente de no interrumpir y permitir que cada miembro del equipo comparta sus ideas antes de responder.

5. Las habilidades sociales son **necesarias si queremos gozar de una buena salud mental y psicológica.** Reflexiona sobre cómo afectan tus habilidades sociales a tu bienestar emocional. ¿Has experimentado situaciones en las que una comunicación efectiva o la conexión con otros te hayan brindado apoyo emocional? Anota ejemplos y reflexiona sobre cómo puede contribuir la mejora de tus habilidades sociales a tu salud mental.

Ejemplo. Cuando no escucho activamente a mis compañeros en el trabajo, noto que no estoy completamente conectado con el equipo y me siento un poco aislado.

6. Anota el objetivo de mejora que estableciste en el tercer punto.

Ejemplo. Practica la escucha activa durante al menos dos conversaciones diarias en el trabajo.

7. Crea un plan para trabajar en esa habilidad. ¿Qué pasos puedes dar para practicar y mejorar? ¿Qué recursos o apoyo necesitarás?

Ejemplo. Busca en este libro consejos sobre técnicas de escucha activa y cómo evitar interrupciones.

8. Haz una lista de situaciones sociales futuras en las que puedas aplicar el concepto de adaptar tus habilidades a la situación.

9. Lleva un registro de tus esfuerzos y experiencias mientras trabajas en mejorar tu habilidad social seleccionada.

10. Reflexiona sobre cómo te sientes después de haber aplicado los conceptos adquiridos hasta ahora en situaciones sociales. ¿Notas ahora alguna diferencia en tus interacciones y en tu bienestar emocional en comparación con situaciones pasadas?

HAY DIFERENTES TIPOS DE HABILIDADES SOCIALES

Existen miles de maneras de agrupar las habilidades sociales. En este caso me voy a inclinar por la clasificación más clásica. Hay que tener en cuenta que las categorías que se presentan a continuación están influidas por dos actitudes fundamentales en el establecimiento de relaciones interpersonales: la **asertividad** y la **empatía,** que influyen y moldean dichas habilidades.

HABILIDADES SOCIALES BÁSICAS

Estas son las habilidades iniciales que se adquieren y resultan esenciales para una comunicación efectiva en diversos aspectos de la vida. Nos sirven para construir relaciones exitosas en situaciones cotidianas. Engloban las siguientes acciones:

> **1.** Iniciar una conversación.
> **2.** Mantener un diálogo.
> **3.** Practicar la escucha activa.
> **4.** Formular preguntas.
> **5.** Presentarte a los demás.
> **6.** Expresar agradecimientos.
> **7.** Hacer cumplidos.
> **8.** Demostrar empatía.

EJEMPLO PRÁCTICO. PONTE EN LA SIGUIENTE SITUACIÓN

Imagina que estás en una fiesta en la que no conoces a nadie más que al anfitrión. Aplicar habilidades sociales básicas te ayudará a establecer conexiones y sentirte más cómodo.

En este escenario, podrías hacer lo siguiente:

1. Iniciar una conversación

Al ver a alguien solo en una esquina, te acercas y le dices: «¡Hola! Soy [tu nombre]. ¿Qué trae por aquí?».

2. Mantener un diálogo

Después de la presentación inicial, preguntas sobre los intereses o actividades de la otra persona para mantener la conversación en curso. «¿Eres aficionado a las reuniones sociales o no sueles ir de fiesta?».

3. Practicar la escucha activa

Mientras la otra persona comparte sus experiencias y gustos, te aseguras de mantener contacto visual, asientes con la cabeza y respondes con comentarios como este: «¡Vaya, eso suena interesante!».

4. Formular preguntas

Para profundizar en la conversación, podrías preguntar: «¿Qué tipo de música o películas te gustan?» o «¿Qué tal te fue la semana pasada?».

5. Presentarte a los demás

Después de que la otra persona comparta un poco, puedes decir: «Yo trabajo en [tu profesión] y estoy aquí para disfrutar un rato».

6. Expresar agradecimientos

Si la conversación fluye y encuentras afinidades, podrías decir al final: «Ha sido genial conocerte. Gracias por conversar conmigo».

7. Hacer cumplidos

Si notas algo interesante sobre la otra persona, como su actitud amigable o su entusiasmo, podrías decir: «Me gusta lo positivo que eres. Eso hace que el ambiente sea más agradable».

8. Demostrar empatía

Si menciona algo sobre sentirse nervioso en este tipo de fiestas, podrías comentar: «Entiendo cómo te sientes. Yo también estaba un poco nervioso al principio».

Ahora, te animo a que pruebes a practicar estas habilidades en cualquier situación de tu vida cotidiana.

HABILIDADES SOCIALES AVANZADAS

Una vez que se establecen los principios de las habilidades sociales básicas, se adquieren destrezas más complejas que facilitan la gestión eficiente de las relaciones sociales. Estas destrezas incluyen acciones como estas:

1. Expresar opiniones.
2. Solicitar ayuda.
3. Pedir disculpas.
4. Participar activamente en conversaciones.
5. Sugerir e impartir instrucciones.
6. Seguir instrucciones.
7. Persuadir de manera efectiva.

EJEMPLO PRÁCTICO. PONTE EN LA SIGUIENTE SITUACIÓN

Supón que estás trabajando en un proyecto de grupo para la universidad o en el entorno laboral. La colaboración efectiva implica la aplicación de habilidades sociales avanzadas para asegurarte de que el equipo funcione de manera eficiente y logre sus objetivos.

En este escenario, podrías desempeñar el papel de líder del equipo y aplicar habilidades sociales avanzadas teniendo en cuenta las recomendaciones que a continuación te propongo.

1. **Expresar opiniones.** Durante una reunión de planificación, podrías compartir tu opinión sobre la dirección del proyecto y cómo podrían abordarse los desafíos.

2. Solicitar ayuda. Si te das cuenta de que necesitas asistencia con una parte específica del proyecto, podrías pedir ayuda a un compañero que tenga experiencia en esa área.

Ejemplo. Te das cuenta de que la parte de diseño gráfico del proyecto es un desafío para ti. Te acercas a un compañero que es hábil en diseño y le pides ayuda para crear gráficos llamativos y visualmente atractivos.

3. Pedir disculpas. Si cometes un error que afecta al equipo, reconocerlo y disculparte demuestra responsabilidad y respeto por los demás.

Ejemplo. Después de descubrir que un error en la recopilación de datos tuvo repercusiones en la precisión de una presentación, te diriges al equipo y dices: «Os presento mis disculpas por el error en los datos. Asumo la responsabilidad y trabajaré para corregirlo antes de la presentación».

4. Participar activamente en conversaciones. Al unirte a las conversaciones y discusiones y aportar ideas constructivas, contribuyes al flujo de ideas y fomentas la colaboración.

Ejemplo. Durante una lluvia de ideas sobre posibles estrategias para el proyecto, compartes varias propuestas únicas y proporcionas argumentos sólidos que las respalden.

5. Sugerir e impartir instrucciones. Si surge la necesidad de establecer tareas específicas, podrías sugerir cómo asignarlas de manera justa.

Ejemplo. Después de analizar los elementos del proyecto, propones que cada miembro del equipo se enfoque en una tarea específica. Luego, asignas tareas basadas en las fortalezas individuales.

6. Seguir instrucciones. Cuando otro miembro del equipo lidera una tarea, mostrar disposición para seguir sus instrucciones refuerza la cooperación y evita los conflictos.

Ejemplo. Uno de tus compañeros lidera la preparación del contenido escrito. Sigues fielmente sus instrucciones para asegurarte de que el contenido esté en sintonía con la visión del equipo.

7. Persuadir de manera efectiva. Si se plantea una decisión importante, podrías utilizar habilidades de persuasión para presentar tus argumentos y convencer al equipo de tomar una dirección en particular.

Ejemplo. Durante una discusión sobre el enfoque del trabajo, presentas un argumento convincente sobre cómo una estrategia centrada en las redes sociales puede llegar a un público más amplio y así aumentar la visibilidad del proyecto.

HABILIDADES SOCIALES AFECTIVAS

Estas habilidades se relacionan con la identificación y gestión eficaz de las propias emociones y las de los demás. Dentro de esta categoría, se engloban acciones como las siguientes:

> **1.** Reconocer y comprender las emociones propias.
> **2.** Comprender los sentimientos de los demás.
> **3.** Expresar sentimientos y emociones de manera adecuada.
> **4.** Mostrar afecto.
> **5.** Respetar los sentimientos de los demás.
> **6.** Afrontar la ira de otros.
> **7.** Brindar autorrecompensas.

EJEMPLO PRÁCTICO. PONTE EN LA SIGUIENTE SITUACIÓN

Piensa que uno de tus amigos está pasando por un momento difícil debido a la pérdida de un familiar. Aplicar habilidades sociales afectivas te permitirá brindar apoyo emocional y ser una presencia positiva en su vida.

1. Reconocer y comprender las emociones propias

Antes de acercarte a tu amigo, reflexiona un momento sobre tus propias emociones con el fin de asegurarte de que estás en un estado de ánimo adecuado para ofrecer apoyo.

Ejemplo. Después de un día agotador en el trabajo, te sientes frustrado y estresado. Reflexionas un momento sobre tus emociones y reconoces que necesitas tomarte un tiempo para relajarte y recuperarte antes de hablar con tu amigo.

2. Comprender los sentimientos de los demás

Escuchas con atención a tu amigo cuando comparte contigo sus preocupaciones y sentimientos acerca de su situación. Además, demuestras gran interés por su bienestar.

Ejemplo. Hablas con un amigo que acaba de perder a su padre y le escuchas atentamente mientras comparte su tristeza y nostalgia. Le dices: «Entiendo lo difícil que debe ser perder a un ser tan querido».

3. Expresar sentimientos y emociones de manera adecuada

Al ofrecer apoyo a tu amigo, muestras empatía y comprensión, asegurándote de no minimizar sus emociones ni tratar de solucionar el problema de manera precipitada.

Ejemplo. Sé que este es un momento realmente difícil para ti. Quiero que sepas que estoy aquí para ti y que también siento tristeza por lo que estás atravesando. Si necesitas hablar o simplemente pasar tiempo juntos, estaré aquí para escucharte y apoyarte en todo lo que necesites.

4. Mostrar afecto
Le brindas un abrazo cálido y sincero para transmitirle que estás ahí para él y que valoras vuestra amistad.

Ejemplo. Abraza a tu amigo con cariño y dile: «Si necesitas hablar, desahogar-te o simplemente relajarte un poco, estoy a tu lado. No estás solo en esto».

5. Respetar los sentimientos de los demás
Mientras escuchas, evitas dar consejos no solicitados o decir cosas que puedan minimizar sus sentimientos. En cambio, validas sus emociones y le aseguras que estás a su disposición.

Ejemplo. Durante la conversación con tu amigo, que está preocupado, escu-chas sus inquietudes sin interrumpir y le dices: «Entiendo que esta situación te está causando ansiedad. Estoy aquí para apoyarte».

6. Afrontar la ira de otros
Si tu amigo se siente enojado por la situación, respetas sus emociones y le permi-tes expresarse sin juzgarlo.

Ejemplo. Puedes decir: «Entiendo que estés enojado; es completamente nor-mal que te sientas así».

7. Brindar autorrecompensas
Después de pasar tiempo escuchando y brindando apoyo a tu amigo, te per-mites relajarte y hacer algo que disfrutes, como leer un libro o ver una película, como una forma de cuidarte después de ofrecer apoyo emocional.

HABILIDADES DE NEGOCIACIÓN O ALTERNATIVAS A LA AGRESIVIDAD
Estas habilidades permiten abordar y resolver problemas en relaciones interpersonales sin recurrir a la agresividad. Incluyen acciones como estas:

> **1.** Solicitar permiso.
> **2.** Compartir.
> **3.** Ayudar a los demás.
> **4.** Cultivar el amor propio.
> **5.** Tolerar y responder a bromas.
> **6.** Negociar de manera efectiva.
> **7.** Ejercer autocontrol.
> **8.** Defender los propios derechos.
> **9.** Evitar conflictos.

EJEMPLO PRÁCTICO. PONTE EN LA SIGUIENTE SITUACIÓN
Estás planeando un fin de semana de actividades con un grupo de amigos cercanos. Cada amigo tiene preferencias y opiniones diferentes sobre qué hacer durante el fin de semana. Ponte en la siguiente situación: Carlos, David, Enrique y tú sois los amigos

involucrados en la planificación. Quedáis para discutir y decidir las actividades para el fin de semana.

- **Tú.** Quieres hacer una caminata y pasar tiempo al aire libre, ya que la predicción meteorológica es prometedora.
- **Carlos.** Prefiere quedarse en la ciudad y explorar algunos museos y galerías de arte.
- **David.** Está emocionado por la idea de ir a ver una película y después cenar en un restaurante nuevo que ha estado recibiendo buenas críticas.
- **Enrique.** Sugiere hacer una tarde de juegos de mesa y compartir comidas caseras en casa.

Usando habilidades de negociación, los cuatro amigos debéis encontrar una manera de incorporar las preferencias de cada uno de vosotros en el plan del fin de semana.

En esta situación, aplicar estas habilidades de negociación permitirá a los amigos llegar a un acuerdo que integre las preferencias individuales y dé lugar a un fin de semana variado y agradable para todos. La comunicación abierta, el respeto mutuo y la disposición para encontrar soluciones satisfactorias son la clave para una planificación exitosa del fin de semana.

1. Solicitar permiso
TÚ.— Antes de entrar en detalles sobre nuestras preferencias, ¿os parece si todos compartimos nuestras ideas y luego trabajamos juntos para encontrar una solución que todos disfrutemos?

2. Compartir
ENRIQUE.— Estoy de acuerdo. Creo que sería genial si pudiéramos combinar nuestras ideas y planear un fin de semana que incluyese diferentes actividades.

3. Ayudar a los demás
DAVID.— Quiero asegurarme de que todos nos sintamos incluidos en la decisión final. ¿Cómo podemos hacer que nuestras preferencias funcionen juntas?

4. Cultivar el amor propio
CARLOS.— Me gustaría mucho tener tiempo para explorar los museos, pero no solo; también valoro la oportunidad de estar al aire libre y relajarme. ¿Podríamos encontrar un equilibrio entre ambas opciones?

5. Tolerar y responder a bromas
TÚ.— Por supuesto, estar al aire libre y relajarse suena genial, Carlos. ¡Y a lo mejor encontramos un museo que tenga una exposición al aire libre!

6. Negociar de manera efectiva
ENRIQUE.— ¿Qué os parece si hacemos la caminata por la mañana y dejamos la visita a un museo para la tarde? Podríamos reservar la noche del viernes para juegos de mesa en casa.

7. Ejercer autocontrol

DAVID.— Eso suena como un buen plan. Y después de la caminata y el museo, podríamos ver una película el sábado por la noche y probar el restaurante el domingo.

8. Defender los propios derechos

TÚ.— Me encanta la idea de la caminata y también quiero asegurarme de que todos tengan una actividad que disfruten. Además, estoy emocionado por la noche de juegos de mesa.

9. Evitar conflictos

CARLOS.— Creo que hemos logrado un buen equilibrio entre todas nuestras preferencias. Estoy contento por el fin de semana que estamos planeando juntos.

HABILIDADES PARA AFRONTAR EL ESTRÉS

Estas habilidades son fundamentales para manejar conflictos en situaciones de tensión. Engloban actividades como las siguientes:

1. Defender a otros.
2. Tolerar el fracaso.
3. Responder a la persuasión.
4. Manejar acusaciones.
5. Presentar quejas o reclamaciones.
6. Responder a quejas o reclamaciones.
7. Mantener la deportividad.
8. Afrontar la presión grupal.
9. Enfrentar conversaciones complicadas.
10. Tolerar ser ignorado o menospreciado.
11. Manejar mensajes contradictorios.

EJEMPLO PRÁCTICO. PONTE EN LA SIGUIENTE SITUACIÓN

Imagina que estás en una reunión de equipo en tu lugar de trabajo. El tema que se va a tratar versa sobre la asignación de tareas y algunas decisiones recientes que han generado tensiones. Durante la reunión, se presentan varias situaciones en las que puedes poner en práctica múltiples habilidades sociales para manejar el conflicto y asegurarte de que la discusión sea productiva y respetuosa.

Durante la discusión, una de tus compañeras, Ana, presenta una idea para un proyecto que es recibida con escepticismo por algunos miembros del equipo. Otro colega, Carlos, interviene y comienza a criticar la idea de Ana de manera bastante agresiva. El enfrentamiento dialéctico se intensifica cuando Ana defiende su propuesta y se siente atacada por las acusaciones de Carlos.

Además, algunos miembros del equipo expresan preocupaciones sobre la distribución de la carga de trabajo y sienten que sus contribuciones no están siendo reconocidas. En medio de la discusión, como líder del equipo, intentas mantener el orden y tomar decisiones equitativas.

1. Defender a otros

Cuando Carlos comienza a criticar la idea de Ana de manera agresiva, decides intervenir para defender a tu compañera y garantizar un ambiente de respeto en la discusión.

Ejemplo. Dices: «Creo que todas las ideas merecen ser consideradas de manera justa. Ana ha presentado una propuesta interesante, y creo que podemos analizar sus ventajas y desafíos de manera constructiva».

2. Tolerar el fracaso

A medida que la discusión continúa, es posible que la idea de Ana enfrente más críticas. Tienes la capacidad de tolerar el posible fracaso momentáneo de la idea y reconocer que todas las propuestas tienen sus pros y contras.

3. Responder a la persuasión

Si durante la discusión alguien intenta persuadir al grupo en una dirección específica, estás dispuesto a responder de manera fundamentada y expresar tus opiniones con argumentos sólidos.

Ejemplo. Dices: «Entiendo que hay diferentes perspectivas en este asunto. Sin embargo, me gustaría señalar que la propuesta de Ana aborda ciertos aspectos clave que podrían beneficiar a nuestro proyecto a largo plazo».

4. Manejar acusaciones

Si se dirigen acusaciones injustas hacia ti o hacia otros colegas, utilizas habilidades de comunicación efectiva para abordarlas de manera calmada y objetiva.

Ejemplo. Respondes: «Entiendo que puede haber malentendidos en este proceso, pero me gustaría aclarar que las decisiones se basan en datos concretos y enfoques razonados».

5. Presentar quejas o reclamaciones

Si algún miembro del equipo expresa preocupaciones legítimas sobre la distribución de la carga de trabajo o el reconocimiento, estás dispuesto a escuchar sus preocupaciones de manera respetuosa y buscar soluciones.

Ejemplo. Dices: «Es importante que todos sintamos que nuestras contribuciones son reconocidas. ¿Podríamos discutir cómo podemos equilibrar mejor la carga de trabajo y reconocer los esfuerzos de cada miembro del equipo?».

6. Responder a quejas o reclamaciones

Si escuchas quejas o reclamaciones de tus colegas, estás dispuesto a responder de modo empático y a abordar sus inquietudes de manera efectiva.

Ejemplo. Dices: «Agradezco que compartáis vuestras inquietudes. Estoy aquí para escuchar y encontrar soluciones que beneficien a todo el equipo».

7. Mantener la deportividad

A pesar de las tensiones en la discusión, mantienes la calma y el respeto hacia todos los miembros del equipo. Evitas caer en actitudes agresivas.

8. Afrontar la presión grupal

Si la discusión se inclina hacia una decisión mayoritaria que podría no ser la más adecuada, utilizas habilidades para afrontar la presión grupal y expresar tus preocupaciones y alternativas.

Ejemplo. Dices: «Entiendo que hay una preferencia mayoritaria por esta opción, pero creo que debemos considerar cuidadosamente las implicaciones a largo plazo antes de tomar una decisión final».

9. Enfrentar conversaciones complicadas

La discusión se vuelve difícil debido a las emociones y las opiniones divergentes. Decides intervenir y facilitar la conversación de manera objetiva, buscando puntos de acuerdo y soluciones comunes.

Ejemplo. Dices: «Creo que estamos todos comprometidos con el éxito del proyecto. ¿Podríamos intentar identificar las áreas en las que podemos encontrar consenso y avanzar juntos?».

10. Tolerar ser ignorado o menospreciado

Si en algún momento sientes que tus contribuciones están siendo ignoradas o menospreciadas, utilizas habilidades para manejar la situación con dignidad y resiliencia.

Ejemplo. En lugar de reaccionar con frustración, te mantienes enfocado en tus objetivos y continúas expresando tus puntos de vista de manera constructiva.

11. Manejar mensajes contradictorios

En medio de la discusión, pueden surgir mensajes contradictorios de diferentes miembros del equipo. Tienes la capacidad de abordar estas contradicciones de manera objetiva y ayudar a aclarar la situación.

Ejemplo. Dices: «Parece que hay diferentes interpretaciones de los datos. ¿Podríamos analizar más detalladamente las fuentes para asegurarnos de que llegamos a una conclusión sólida?».

HABILIDADES DE PLANIFICACIÓN

Estas habilidades sociales se relacionan con la proyección futura y la resolución de problemas a través de relaciones interpersonales. Estas habilidades incluyen, entre otras, las siguientes acciones:

> **1.** Establecer objetivos.
> **2.** Tomar decisiones.
> **3.** Recopilar información.
> **4.** Mantener el enfoque en tareas específicas.
> **5.** Identificar causas de problemas y resolverlos.

Ejemplo práctico. Ponte en la siguiente situación:

Estás organizando un viaje de una semana con un grupo de amigos para ir a París. Todos estáis entusiasmados por la oportunidad de conocer nuevas culturas, probar comidas deliciosas y visitar lugares emblemáticos. Sin embargo, cuando comenzáis a planear el itinerario y los detalles del viaje, surgen desafíos que requieren la aplicación de diversas habilidades de planificación y resolución de problemas.

1. Establecer objetivos
Antes de comenzar a planificar el viaje, estableces objetivos claros para la experiencia, como explorar la cultura local, disfrutar de la gastronomía y visitar lugares históricos.

Ejemplo. Estableces objetivos claros para el viaje a París, como sumergiros en la cultura parisina, explorar la historia y la arquitectura de la ciudad y disfrutar de la renombrada gastronomía francesa.

2. Tomar decisiones
Cuando discutís qué actividades incluir en el itinerario, utilizas tus habilidades de toma de decisiones para evaluar las opciones disponibles y elegir las que mejor se adapten a los intereses del grupo.

Ejemplo. Consideras los intereses de todos y eliges los lugares turísticos más emblemáticos, como la Torre Eiffel, el Mueso del Louvre y la catedral de Notre Dame.

3. Recopilar información
Investigas y recopilas información detallada sobre las atracciones turísticas, sus horarios de apertura, los transportes disponibles y las opciones de alojamiento para tomar decisiones informadas y efectivas.

4. Mantener el enfoque en tareas específicas
A medida que avanzas en la planificación del viaje, te aseguras de mantener el enfoque en las tareas específicas necesarias, como reservar vuelos, organizar el transporte local y confirmar las reservas de alojamiento.

5. Identificar causas de problemas y resolverlos
Cuando surge un problema, como la disponibilidad limitada en un tour popular, utilizas habilidades para identificar la raíz del problema y trabajas en encontrar una solución alternativa que cumpla con los objetivos del grupo.

Ejemplo. El tour que habías planeado para el Louvre ha sido cancelado debido a una huelga. Utilizas habilidades para identificar la causa del problema y rápidamente encuentras una solución alternativa, como visitar otros museos cercanos y sacarle partido a la rica oferta cultural de París.

EL PUZLE DE LAS RELACIONES SOCIALES

Para entenderlo mejor, piensa en las habilidades sociales como si fueran las piezas de un rompecabezas. Cada una de ellas cumple una función específica en las interacciones y conexiones que tejemos con amigos, familiares, colegas y otras personas.

En primer lugar, la pieza de **comunicación efectiva** es como el corazón del rompecabezas. Al encajar con precisión, se crea una base sólida para que se den las relaciones. Sin esta pieza, la imagen completa del puzle estaría incompleta, ya que la comunicación clara es esencial para cualquier interacción significativa.

En segundo lugar, la pieza de la **empatía** actúa como un enlace que conecta diferentes partes del rompecabezas. Sin ella, la imagen resultante estaría desequilibrada y carente de profundidad. Esta pieza añade dimensión al rompecabezas al permitirnos comprender y responder a las emociones de los demás.

En tercer lugar, la pieza de **habilidades de conversación** funciona como un puente que une diferentes áreas. Si esta pieza falta, las conexiones se rompen y la imagen pierde su cohesión. Como parte esencial, esta pieza asegura que las conversaciones fluyan y se mantengan equilibradas.

En cuarto lugar, la pieza de **resolución de conflictos** es como un segmento especial que encaja en lugares difíciles del rompecabezas. Sin esta pieza, el rompecabezas estaría lleno de vacíos y tensiones. Nos ayuda a resolver problemas y a mantener el flujo armónico del conjunto.

En quinto lugar, la **asertividad** funciona como un «punto» que atrae nuestra atención. Si esta pieza falta, la imagen resultante carecería de definición y fuerza. Esta pieza añade vitalidad y nos permite expresar nuestras necesidades de manera saludable.

En sexto lugar, la pieza de **adaptación social** desempeña el papel de un eslabón flexible que se adapta a diferentes situaciones del rompecabezas. Si esta pieza no estuviera presente, la imagen completa se vería como si estuviese inmovilizada y sería difícil ajustarse a distintos escenarios. En esencia, esta pieza asegura que el rompecabezas siga teniendo sentido y mantenga su coherencia sin importar las circunstancias en las que se encuentre.

Por último, la pieza de **desarrollo de relaciones** actúa como una unión de las partes fundamentales del rompecabezas. Sin esta pieza, la imagen completa estaría fragmentada. Esta pieza fortalece las relaciones y proporciona una estructura sólida al conjunto.

¿Crees que cuentas con todas las piezas del rompecabezas?

AUTOEVALUACIÓN. ¿TENGO LAS HABILIDADES SOCIALES SUFICIENTES PARA RELACIONARME?
A continuación, encontrarás una serie de afirmaciones relacionadas con cada una de las piezas mencionadas. Léelas y evalúa en qué medida se ajustan a ti. Luego, al final del test, te daré algunas recomendaciones sobre las habilidades sociales que podrías fomentar para mejorar tus relaciones en sociedad.

Pieza de comunicación efectiva
- Puedo expresar mis pensamientos de manera clara y comprensible.
- Escucho activamente a los demás y presto atención a sus palabras.
- Puedo comunicarme sin malentendidos y aclarar confusiones cuando surgen.

Pieza de empatía y perspectiva
- Siento empatía por las emociones y experiencias de los demás.
- Puedo ponerme en el lugar de otra persona y entender su punto de vista.
- Muestro interés genuino por cómo se sienten los demás en diferentes situaciones.

Pieza de habilidades de conversación
- Mantengo conversaciones fluidas y sin interrupciones excesivas.
- Sé cómo iniciar y mantener un diálogo interesante.
- Evito monopolizar la conversación y permito que los demás participen.

Pieza de resolución de conflictos
- Puedo manejar desacuerdos de manera calmada y constructiva.
- Busco soluciones beneficiosas para todos en lugar de ganar a expensas de otros.
- Sé cómo llegar a compromisos y encontrar puntos en común en situaciones difíciles.

Pieza de asertividad
- Puedo expresar mis opiniones y necesidades sin ser agresivo ni pasivo.
- Defiendo mis derechos mientras respeto los derechos de los demás.
- No tengo miedo de decir «no» cuando es necesario.

Pieza de adaptación social
- Me siento cómodo y capaz de adaptarme a diferentes entornos sociales.
- Puedo modificar mi comportamiento según las normas y expectativas del contexto.
- Mantengo una actitud abierta y flexible en situaciones nuevas o desconocidas.

Pieza de desarrollo de relaciones
- Cultivo relaciones duraderas y significativas con personas cercanas.
- Invierto tiempo y esfuerzo en mantener y fortalecer mis conexiones sociales.
- Sé cómo construir confianza y brindar apoyo emocional a quienes me rodean.

Ahora, suma la cantidad de afirmaciones en las que te sientas bien y competente en comparación con las que crees que necesitas mejorar. A continuación, tienes algunas recomendaciones generales sobre las habilidades sociales que podrías fomentar según los resultados que hayas obtenido.

- **Si tienes mayoría de afirmaciones**, sigue cultivando esas habilidades para mantener y mejorar tus relaciones sociales.

- **Si tienes una cantidad similar de afirmaciones que de áreas de mejora**, enfócate en fortalecer las áreas en las que te sientes menos competente.

- **Si tienes mayoría de áreas de mejora**, considera la posibilidad de trabajar en mejorar las habilidades sociales que sientas que te faltan.

Recuerda que el desarrollo de habilidades sociales es un proceso continuo, y cada persona tiene su propio ritmo de crecimiento.

ADAPTACIÓN SOCIAL

Saber ser, saber estar.
ANÓNIMO

Recuerdo que en el colegio un profesor nos solía decir: «Saber ser, saber estar». Siempre ponía énfasis en que los alumnos comprendiéramos las normas sociales y nos comportásemos de manera respetuosa con nuestros iguales y con los profesores. En realidad, nos hacía darnos cuenta de la importancia de la adaptación social.

La adaptación social se refiere a la capacidad de ajustar nuestro comportamiento, pensamientos y emociones para poder adecuarnos a diferentes situaciones y entornos sociales.

Aprendí que saber adaptarme no solo implicaba ajustar mi comportamiento y actitudes, sino también comprender las necesidades y expectativas de los demás a mi alrededor.

Me viene a la memoria el primer día en la universidad. Aunque estaba nervioso por conocer a nuevos compañeros y acostumbrarme a la vida universitaria, las palabras de mi profesor del colegio me ayudaron a entender la importancia de adaptar mi comportamiento para encajar en este nuevo ambiente. A medida que pasaba el tiempo, aprendí a participar en discusiones en clase, a colaborar en los trabajos de grupo y a establecer fuertes lazos con mis compañeros. Esta capacidad de adaptación social no solo me permitió integrarme con éxito en la vida universitaria, sino que también contribuyó a mi crecimiento personal y a mi desarrollo como individuo.

Al igual que en el entorno educativo, la adaptación social es crucial en otros contextos. Por ejemplo, cuando empezamos en **un nuevo trabajo,** uno debe adaptarse a las normas y la cultura laboral existentes para establecer relaciones positivas con los compañeros y superiores.

Asimismo, **mudarnos a una nueva residencia** también implica que ajustemos nuestra forma de comportarnos a una nueva comunidad y cultura, y puede requerir comprender y respetar las costumbres locales para poder integrarnos adecuadamente en la sociedad.

En conclusión, la adaptación social será clave en **las relaciones interpersonales,** ya sea en amistades, relaciones de pareja o en familia. Percibir las necesidades y expectativas de los demás puede ayudarnos a fortalecer y mantener relaciones saludables.

AUTOEVALUACIÓN. ¿CÓMO ME ADAPTO SOCIALMENTE?

Este test está diseñado para ayudarte a comprender tu nivel de adaptación social y proporcionarte información valiosa sobre tus fortalezas y áreas de mejora. Responde honesta y cuidadosamente a cada pregunta para obtener resultados precisos y útiles que te permitan identificar formas de mejorar tus habilidades de adaptación social.

Cada pregunta debe ser evaluada de acuerdo con tu percepción de tus habilidades y comportamiento en situaciones similares. Utiliza la siguiente escala de puntuación del 1 al 5:

1. No me siento capaz de adaptarme en absoluto.
2. Siento dificultades significativas para adaptarme.
3. Puedo adaptarme de forma moderada en la mayoría de las situaciones.
4. Suelo adaptarme bien en casi todas las situaciones.
5. Me considero muy capaz de adaptarme en cualquier situación social.

¿Cómo te sientes al unirte a un nuevo grupo de personas?	1	2	3	4	5
¿Con qué facilidad puedes ajustar tus hábitos de comunicación para acomodarte a diferentes estilos de interacción?	1	2	3	4	5
¿Cómo te sientes de cómodo al enfrentarte a cambios inesperados en tu entorno social?	1	2	3	4	5
¿Cómo evaluarías tu capacidad para comprender y respetar las normas sociales en diferentes entornos?	1	2	3	4	5
¿Cómo estás de dispuesto a comprometerte y colaborar con otros en situaciones grupales?	1	2	3	4	5
¿Con qué frecuencia buscas nuevas experiencias sociales?	1	2	3	4	5
¿Cómo de eficaz te consideras al interpretar las señales sociales y ajustar tu comportamiento en consecuencia?	1	2	3	4	5
¿Cómo te sientes de seguro al interactuar con personas de distintas culturas y antecedentes sociales?	1	2	3	4	5
¿Cómo sueles responder ante el rechazo o la falta de aceptación en un grupo social?	1	2	3	4	5
¿Cómo de flexible te consideras al adaptarte a situaciones sociales desafiantes o conflictivas?	1	2	3	4	5

Suma la puntuación total y evalúa los resultados.

- **Adaptación social muy baja (10-20).** Es posible que enfrentes dificultades significativas al adaptarte a diferentes situaciones sociales. Puede ser beneficioso buscar formas de mejorar tus habilidades sociales y de adaptación.

- **Adaptación social moderadamente baja (21-30).** Aunque puedes adaptarte en cierta medida, es probable que aún encuentres dificultades para ajustarte en ciertos entornos sociales. Considera la posibilidad de trabajar en el desarrollo de estrategias que te ayuden a mejorar tu adaptabilidad.

- **Adaptación social promedio (31-35).** Tienes una capacidad razonable para adaptarte a diferentes contextos, pero aún puedes beneficiarte de una mayor comprensión y ajuste en ciertas situaciones. Hay margen para mejorar tus habilidades.

- **Adaptación social moderadamente alta (36-40).** Tiendes a adaptarte bien en la mayoría de las situaciones sociales, pero podrías mejorar tu habilidad para ajustarte en contextos más desafiantes. Es importante seguir desarrollando tu capacidad de adaptación en entornos diversos.

- **Adaptación social muy alta (41-50).** Tienes una habilidad excepcional para adaptarte a una amplia gama de situaciones sociales. Tu capacidad para ajustarte en diferentes contextos es notable y puede contribuir a relaciones saludables y exitosas en diversas circunstancias. Continúa fortaleciendo estas habilidades sociales para un mayor éxito interpersonal.

RESILIENCIA: ADAPTACIÓN A CONTEXTOS CAMBIANTES

La resiliencia y la adaptación social están estrechamente relacionadas, ya que ambas se refieren a la capacidad de enfrentar y superar desafíos en entornos sociales. La resiliencia implica la habilidad de recuperarse y adaptarse frente a la adversidad.

Un ejemplo claro de lo que significa ser resiliente es la de un atleta que, a pesar de haber sufrido una lesión grave que amenaza su carrera, logra recuperarse física y mentalmente para volver a competir a un nivel aún más alto. Pongamos el caso del tenista Rafael Nadal, que a lo largo de su carrera ha enfrentado múltiples lesiones, incluidos problemas en las rodillas y en la espalda que han amenazado su continuidad en la competición profesional. Sin embargo, su determinación, enfoque inquebrantable y capacidad para recuperarse y adaptarse a pesar de las lesiones lo han llevado a mantenerse entre los mejores deportistas del mundo. Su habilidad para superar las adversidades y volver aún más fuerte ha sido una inspiración para muchos, y su persistente espíritu competitivo lo ha convertido en un modelo de resiliencia en el mundo del tenis.

CUESTIONARIO. EVALÚA TU RESILIENCIA

Ten en cuenta que este cuestionario proporciona solo una evaluación general de tu nivel de resiliencia.

Por favor, lee cada pregunta con atención y elige la respuesta que mejor refleje tu experiencia y comportamiento en situaciones desafiantes. Responde de manera honesta y sincera.

1. ¿Cómo reaccionas ante un fracaso o contratiempo importante?
    a. Me desanimo y me resulta difícil recuperarme.
    b. Me siento afectado, pero busco formas de superar la situación.
    c. Acepto el revés y comienzo a planificar cómo avanzar.

2. ¿Cómo manejas el estrés en situaciones difíciles?
    a. Me siento abrumado y tengo dificultades para lidiar con el estrés.
    b. Procuro buscar apoyo emocional y adoptar hábitos saludables para manejar el estrés.
    c. Encuentro formas efectivas de manejar y reducir el estrés, como la meditación o el ejercicio.

3. ¿Cómo te adaptas a los cambios inesperados en tu vida?
    a. Me cuesta adaptarme y prefiero mantenerme en mi zona de confort.
    b. Me siento incómodo al principio, pero busco formas de adaptarme y aprender de la experiencia.
    c. Acepto los cambios como una oportunidad para crecer y aprender nuevas habilidades.

4. ¿Cómo gestionas los momentos de adversidad personal o profesional?
    a. Suelo culparme o culpar a otros, lo que me dificulta encontrar soluciones.
    b. Busco comprender la situación y busco apoyo emocional y práctico para enfrentarla.
    c. Afronto la adversidad con determinación y busco soluciones constructivas para superarla.

5. ¿Cómo te recuperas después de una situación estresante o traumática?
    a. Suelo quedarme atrapado en el suceso y me resulta difícil seguir adelante.
    b. Me tomo un tiempo para procesar lo ocurrido y busco actividades que me brinden consuelo y calma.
    c. Acepto lo sucedido y tomo medidas activas para recuperarme y fortalecerme emocionalmente.

Resultados:

- **Mayoría de «a».** Si has elegido principalmente estas respuestas, es posible que te cueste manejar situaciones estresantes y recuperarte de eventos traumáticos. Podrías beneficiarte de aprender estrategias de afrontamiento y fortalecer tu capacidad de adaptación.

- **Mayoría de «b».** Si la mayoría de tus respuestas han sido «b», demuestras un nivel promedio de resiliencia. Cuando te enfrentas a desafíos y estrés, tienes la disposición y las habilidades para superarlos y aprender de esas experiencias.

- **Mayoría de «c».** Si has seleccionado principalmente respuestas «c», muestras un alto nivel de resiliencia. Tienes la capacidad de adaptarte rápidamente a los cambios, gestionar el estrés y recuperarte de situaciones adversas. Este nivel de resiliencia te ayuda a superar desafíos y a encontrar oportunidades de crecimiento personal.

Si después de ver tus resultados piensas que necesitas desarrollar más tu capacidad de resiliencia, considera la posibilidad de trabajar los siguientes ejercicios.

EJERCICIOS. TRABAJA TU RESILIENCIA

Ejercicio 1. Narración

Tómate un momento para reflexionar sobre una situación en tu vida en la que te encuentres «atrapado» repitiendo una narrativa que genera preocupación o ansiedad. A continuación, intenta escribir una nueva versión de esa historia con una interpretación más positiva. A medida que realizas este ejercicio, presta atención a cómo te sientes y cómo cambia tu perspectiva a lo largo del proceso.

Ejemplo:

• *Narrativa anterior*
Siempre me he considerado un fracaso en mis relaciones personales. Cada vez que algo sale mal, tiendo a culparme a mí mismo y pensar que no soy lo suficientemente bueno para mantener una relación duradera. Esto me llena de ansiedad y me impide abrirme emocionalmente a las personas.

• *Nueva narrativa*
Reconozco que he pasado por algunas dificultades en el pasado en mis relaciones, pero entiendo que estas experiencias me han permitido crecer y aprender. Aprecio el valor de la comunicación abierta y me comprometo a ser más comprensivo y empático en mis interacciones. Estoy dispuesto a trabajar en mí mismo y a ser consciente de las necesidades de los demás para construir relaciones más sólidas y significativas en el futuro.

Ejercicio 2. Reflexiona sobre tus propósitos

La adaptación requiere un profundo conocimiento de uno mismo y de los pensamientos que nos guían en diferentes contextos. A través de la reflexión consciente, podemos comprender mejor nuestros propósitos y desarrollar una mentalidad flexible para adaptarnos a los cambios y desafíos.

Utiliza esta práctica de observación de pensamientos como una herramienta continua para fortalecer tu capacidad de adaptación y crecimiento personal.

Ahora te propongo un conjunto de preguntas introspectivas que implicarán que observes detenidamente tus patrones de pensamiento y las narrativas que vas construyendo en torno a tus experiencias y metas.

1. ¿Qué eres y por qué?
Ejemplo. Soy una persona que busca constantemente crecer y contribuir positivamente al mundo que me rodea. Me motiva el deseo de dejar un impacto duradero y significativo en la vida de las personas.

2. ¿Por qué te levantas por la mañana?
Ejemplo. Me levanto por la mañana con la determinación de enfrentar los desafíos que se presenten y de hacer del día un paso más en la dirección de mis metas y sueños.

3. ¿Qué te mantiene despierto por la noche?
Ejemplo. A veces por la noche me mantienen despierto pensamientos sobre cómo puedo mejorar. También reflexiono acerca de nuevas formas de abordar los desafíos que enfrento.

4. ¿Cuándo estás más vivo?
Ejemplo. Me siento más vivo cuando estoy ayudando a los demás y cuando estoy inmerso en actividades que me desafían y me permiten crecer personal y profesionalmente.

5. ¿Qué significa para ti tener éxito?
Ejemplo. Para mí, el éxito significa lograr un equilibrio armonioso entre el logro de mis propias metas y la capacidad de influir de manera positiva en las personas que me rodean. También implica una sensación de realización y crecimiento continuo.

6. ¿Cómo podrías aplicar tus dones a una actividad que te interese profundamente y que ayude a otros?
Ejemplo. Puedo aplicar mis habilidades de comunicación y empatía en proyectos que involucren educación y desarrollo comunitario, lo que me permitiría compartir mis conocimientos y experiencias para beneficiar a otros.

7. ¿Qué puedes hacer hoy para marcar una diferencia en la vida de una persona?
Ejemplo. Hoy puedo dedicar tiempo a escuchar activamente a un amigo que necesita apoyo emocional y ofrecerle orientación y aliento.

8. ¿Cómo podría resumirse tu propósito en una oración corta?
Ejemplo. Mi propósito es inspirar a otros a alcanzar su máximo potencial y a vivir una vida llena de significado.

9. Si dices que sí a vivir con un propósito, ¿a qué le dices que no?
Ejemplo. Si digo que sí a vivir con un propósito, le digo que no a la complacencia y a la pasividad en mi desarrollo personal y en mis esfuerzos por ayudar a los demás.

10. Si conocieras una versión anterior de ti mismo, ¿qué sabio consejo te daría?

Ejemplo. Me aconsejaría que confiase en mi intuición y en mis habilidades, y que siempre buscara oportunidades para aprender y crecer, incluso en tiempos de adversidad.

Lo que queda claro es que no hay una fórmula única que funcione para todos, ya que las personas tienen formas diferentes de enfrentar situaciones estresantes. Las diferencias culturales también desempeñan un papel importante en la forma en que las personas afrontan la adversidad. Es esencial identificar qué **consejos** y estrategias pueden ser más efectivos y cómo pueden integrarse de manera personal.

1. Cultiva relaciones dentro y fuera de la familia para tener un sistema de apoyo sólido que proporcione modelos que seguir y seguridad emocional.
2. Evita ver las crisis como obstáculos insuperables y busca formas de sentirte mejor mientras te enfrentas a situaciones difíciles.
3. Acepta que el cambio es una parte inevitable de la vida y enfócate en las circunstancias que sí puedes mejorar.
4. Establece metas realistas y trabaja constantemente hacia su logro, centrándote en pequeños avances diarios.
5. Toma decisiones resolutivas en lugar de evitar los problemas y las tensiones, enfrentándote a ellos de manera proactiva.
6. Busca oportunidades para el autodescubrimiento y el crecimiento personal, aprendiendo de las experiencias desafiantes y convirtiéndolas en oportunidades para tu propio desarrollo.
7. Mejora tus habilidades de comunicación y resolución de problemas para manejar conflictos interpersonales de manera efectiva y reducir el estrés.
8. Cultiva una visión positiva de ti mismo reconociendo tus fortalezas y áreas de mejora, aceptándote tal como eres y trabajando en tu desarrollo personal.
9. Mantén la esperanza y el optimismo, enfocándote en visualizar lo que deseas lograr en lugar de preocuparte en exceso por lo que temes que suceda.
10. Cuida tu bienestar físico y emocional mediante actividades que disfrutes y que te brinden relajación, como el ejercicio regular y la atención a tus propias necesidades y deseos.

INTELIGENCIA SOCIAL

La inteligencia social desempeña un papel crucial en la adaptación social. Esta habilidad nos permite comprender las interacciones sociales en diferentes entornos, lo que nos ayuda a ajustar nuestro comportamiento y responder de manera adecuada a diversas situaciones y contextos.

Imagina que estás en una fiesta donde la mayoría de las personas parecen estar disfrutando de una conversación animada y relajada. Sin embargo, observas a un grupo más pequeño de personas que se encuentran en una esquina, aparentemente más calladas y reservadas. Al «leer» el ambiente y las señales sociales, te das cuenta de que este grupo puede preferir una conversación más tranquila y profunda. En lugar de interrumpirles desde tu punto de vista extrovertido, ajustas tu comportamiento y te adaptas a su ritmo, acercándote con una actitud más relajada y preguntas reflexivas.

AUTOEVALUACIÓN. ¿TIENES INTELIGENCIA SOCIAL?

Este test te permitirá evaluar cómo percibes las emociones y comportamientos de los demás y cómo reaccionas ante ellos. Al comprender tu nivel de inteligencia social, podrás identificar áreas en las que puedes mejorar y desarrollar tus habilidades para adaptarte más eficazmente a diferentes entornos y grupos de personas. Al asignar una valoración a tus respuestas, obtendrás una puntuación que reflejará tu nivel de inteligencia social.

1. **¿Con qué frecuencia muestras de verdad interés en las experiencias y emociones de los demás?**
    a. Nunca o casi nunca.
    b. Ocasionalmente.
    c. A menudo.
    d. Siempre.

2. **¿Cómo describirías tu capacidad para comprender el lenguaje corporal y las señales sociales?**
    a. Muy limitada.
    b. Alguna comprensión.
    c. Relativamente buena comprensión.
    d. Excelente comprensión.

3. **¿Con qué frecuencia practicas la escucha activa durante conversaciones con amigos, familiares o colegas?**
    a. Raramente.
    b. A veces.
    c. A menudo.
    d. Siempre.

4. **¿Cómo reaccionas ante las emociones intensas de los demás, como la tristeza o la ira?**
    a. Me cuesta manejarlas.
    b. Suelo ser empático, pero me resulta difícil lidiar con ellas.
    c. Las manejo con empatía y comprensión.
    d. No suelo prestarles mucha atención.

5. **¿Tienes facilidad para adaptarte a diferentes entornos sociales y grupos?**
    a. Me siento incómodo y evito situaciones sociales difíciles.
    b. Puedo adaptarme, pero a veces me cuesta.
    c. Me adapto bien a la mayoría de los entornos.
    d. Me siento completamente cómodo en cualquier situación social.

Asigna los siguientes puntos a cada respuesta:

1 punto.
2 puntos.
3 puntos.
4 puntos.

Una vez que hayas sumado los puntos totales, puedes utilizar la siguiente escala de resultados:

- **5-9 puntos.** Considera la opción de trabajar en tus habilidades sociales para mejorar tu capacidad de adaptación y comprensión social.

- **10-14 puntos.** Aunque te manejas razonablemente bien en distintas situaciones sociales, aún puedes trabajar en mejorar tu comprensión y adaptabilidad en diferentes entornos.

- **15-19 puntos.** Eres consciente de las señales sociales y demuestras empatía y comprensión en la mayoría de las situaciones.

- **20 puntos.** Tienes una gran comprensión y habilidades para adaptarte a diferentes entornos sociales y grupos de personas. Continúa desarrollando tus habilidades sociales.

Si necesitas fortalecer tu inteligencia social, a continuación te brindo algunos **consejos** valiosos que te ayudarán a mejorar tus habilidades en este campo crucial:

1. Escucha de manera activa
No se trata solo de oír las palabras, sino también de comprender el significado que hay detrás de ellas. Presta atención al tono de voz y a las expresiones para captar el mensaje completo.

Ejemplo. Estás hablando con un amigo que parece distante o preocupado. Notas que su voz suena tensa y su mirada es esquiva. Entonces decides indagar más allá de sus palabras y le preguntas con empatía si algo le preocupa. Escuchas con atención, detectas sus preocupaciones subyacentes y le ofreces tu apoyo.

2. Observa tu entorno
Dedica tiempo a mirar con atención lo que te rodea. A veces, los cambios sutiles pueden revelar mucho más de lo que te imaginas. Esta práctica puede ampliar tu comprensión de las dinámicas sociales.

Ejemplo. Mientras estás en una reunión, te da la impresión de que un compañero de trabajo parece incómodo y nervioso. Ves que constantemente juega con su bolígrafo y evita el contacto visual. A partir de estas señales, te das cuenta de que tal vez no esté de acuerdo con la idea presentada. Decides abordarlo después de la reunión para escuchar sus preocupaciones y comprender su perspectiva más profundamente.

3. Mantén contacto visual
Al interactuar con los demás, asegúrate de mantener contacto visual. Intenta que no sea una mirada incómoda, pero demuestra interés y compromiso mirando a los ojos a tu interlocutor durante la conversación.

Ejemplo. Estás en una entrevista de trabajo y el entrevistador hace preguntas. Te aseguras de mantener un contacto visual adecuado para demostrar tu interés y compromiso con la conversación. Tu objetivo es establecer una conexión positiva y mostrar confianza en ti mismo.

4. Cuida tus gestos

El lenguaje corporal es un medio poderoso de comunicación. Aprender a controlarlo te permitirá mejorar tus interacciones y establecer conexiones más sólidas con los demás. Recuerda: una sonrisa amistosa puede marcar la diferencia.

Ejemplo. Durante una presentación, mantienes una postura erguida y abierta. Utilizas gestos suaves y amigables para enfatizar tus puntos clave y mantener el interés de la audiencia. Cuando te encuentras con un colega, le saludas con una sonrisa genuina y un apretón de manos firme, lo que demuestra tu disposición a interactuar y tu actitud positiva.

5. Comunicación asertiva

Practica la comunicación asertiva para expresar tus opiniones y sentimientos de manera clara y respetuosa. Aquí hay algunos ejercicios que puedes hacer:

- Expresa tus pensamientos considerando los de los demás.
- Repite palabras clave para mostrar interés y comprensión.
- Pide aclaraciones cuando sea necesario para evitar malentendidos.
- Evita los conflictos y plantéate la posibilidad de posponer conversaciones y retomarlas más tarde si es necesario.

Ejemplo. En una reunión de equipo, compartes tus ideas y sugerencias de manera clara y respetuosa. Expresas tus pensamientos con confianza y aportas argumentos sólidos para respaldar tus propuestas. Al mismo tiempo, muestras interés por las opiniones de los demás y estás dispuesto a considerar diferentes perspectivas para encontrar soluciones efectivas en equipo.

PERSONALIDAD Y ADAPTACIÓN SOCIAL

La personalidad es un conjunto de rasgos, comportamientos y patrones de pensamiento que conforman el modo en que percibimos el mundo y respondemos a él.

Nuestra personalidad repercute en la manera en la que nos adaptamos a nuestro entorno. La forma en la que nos relacionamos con los demás y nos integramos en el ambiente social se ve influenciada por nuestras características personales.

Supongamos que, en una cena con los compañeros de trabajo, muestras una actitud extrovertida, participas activamente en las conversaciones y te relacionas fácilmente con los demás. Tu carisma y tu habilidad para conectar con otras personas te permiten integrarte sin problemas y disfrutar de la reunión. Por otro lado, tu compañero Joaquín prefiere una dinámica más tranquila y se siente más cómodo interactuando en grupos pequeños o uno a uno. A pesar de su naturaleza introvertida, puede disfrutar de conversaciones más «profundas» con algunos de los presentes y crear conexiones significativas en un entorno más íntimo. Aunque al principio puede parecer reservado, su habilidad para escuchar y mostrar empatía le ayuda a forjar relaciones sólidas y duraderas con aquellos con quienes interactúa.

En este caso, tu naturaleza extrovertida y la de tu amigo Joaquín, con su enfoque más introvertido, pueden influir en la forma en que interactuáis en un contexto social.

Esto solo es un ejemplo de la existencia de diferentes tipos de personalidades. ¿Cuál es la tuya?

AUTOEVALUACIÓN. ¿ERES EXTROVERTIDO O INTROVERTIDO?

Este es un método simple y rápido para darte una idea aproximada de tu comportamiento y evaluar tu inclinación hacia la extroversión o la introversión. Responde según lo que mejor se ajuste a tus preferencias habituales.

1. **¿Prefieres socializar en grupos grandes o pasar tiempo con unas pocas personas cercanas?**
   a. Grupos grandes.
   b. Unas pocas personas cercanas.

2. **¿Te sientes con más energía después de pasar tiempo solo o tras socializar con otras personas?**
   a. Después de pasar tiempo solo.
   b. Después de socializar con otras personas.

3. **Cuando tienes un problema personal, ¿sueles compartirlo con amigos o tratas de resolverlo por ti mismo?**
   a. Lo comparto con amigos.
   b. Trato de resolverlo por mí mismo.

4. **En una fiesta, ¿te sientes cómodo siendo el centro de atención o prefieres estar en un segundo plano?**
   a. Me siento cómodo siendo el centro de atención.
   b. Prefiero estar en un segundo plano.

5. **¿Disfrutas conociendo gente nueva y entablando conversaciones con extraños?**
   a. Sí, me gusta.
   b. No, no me gusta mucho.

6. **¿Te consideras una persona habladora y expresiva en situaciones sociales?**
   a. Sí, desde luego.
   b. No, suelo ser más reservado.

7. **¿Sientes que necesitas tener tiempo a solas regularmente para recargar tus energías?**

a. Sí, lo necesito.
b. No, no lo necesito.

8. ¿Te resulta fácil entablar conversaciones con desconocidos en situaciones sociales?
a. Sí, me resulta fácil.
b. No, me resulta difícil.

9. ¿Prefieres actividades que te permitan interactuar con otras personas en lugar de realizarlas en solitario?
a. Sí, prefiero las actividades grupales.
b. No, prefiero las actividades en solitario.

10. ¿Te sientes cómodo expresando tus emociones y pensamientos en público?
a. Sí, me siento cómodo.
b. No, me resulta incómodo.

Puntuación:

- Por cada respuesta «a» suma 2 puntos.
- Por cada respuesta «b» suma 1 punto.

Resultados:

- **16-20 puntos.** Inclinación clara hacia la extroversión.
- **11-15 puntos.** Rasgos equilibrados o ambivalentes entre la extroversión y la introversión.
- **1-10 puntos.** Inclinación clara hacia la introversión.

Una puntuación alta reflejará una preferencia y comodidad en entornos sociales más extrovertidos, mientras que una puntuación baja indicará una tendencia hacia la reflexión y la comodidad en entornos íntimos y privados.

Independientemente de si te identificas como introvertido, extrovertido o en algún punto intermedio, existen estrategias clave con las que aumentar tu comodidad en diferentes entornos sociales y fomentar relaciones sociales sólidas.

CONSEJOS. GUÍA DE SOCIALIZACIÓN PARA EL INTROVERTIDO
Para los introvertidos, las interacciones sociales pueden resultar desafiantes, pero existen estrategias que facilitan su adaptación y participación en diferentes situaciones. Aquí te presento algunas de ellas.

1. Llega temprano
Cuando vayas a asistir a reuniones sociales, intenta llegar temprano. Esto te permitirá adaptarte progresivamente al ambiente, familiarizarte con el entorno y tener conversaciones individuales con las personas que van llegando. Comenzar

con interacciones uno a uno puede ser más cómodo que integrarse en un grupo de personas grande.

2. Observa los detalles del entorno

Presta atención a los detalles del ambiente en el que te encuentras. Puedes iniciar una conversación con comentarios sobre la comida, la decoración u otros elementos presentes en el entorno. Estos pequeños detalles pueden servir como excelentes puntos de partida para iniciar y mantener una charla amigable.

3. Prepara tu conversación

Una vez hayas iniciado una conversación, recuerda prestar atención a tres aspectos clave: el nombre de la persona con la que interactúas, a qué se dedica y el motivo de su presencia en la reunión. Estos detalles pueden ayudarte a mantener la conversación y demostrar tu interés por ella.

4. Busca intereses comunes

Trata de identificar intereses que compartas con la otra persona. Encontrar temas en común puede hacer que la conversación sea más fluida y agradable para ambos.

5. Intégrate en grupos de conversación

Si te encuentras en un grupo de personas, tómate tu tiempo para observar y escuchar antes de unirte a la conversación. Asegúrate de mostrar interés en lo que están discutiendo y encuentra un momento adecuado para unirte a la discusión de manera natural y cómoda.

6. Finaliza la conversación de manera amable

Cuando decidas terminar una conversación, asegúrate de expresar tu agradecimiento por el tiempo dedicado y resalta algo que hayas disfrutado de la charla. Esto demuestra que estuviste atento y presente durante la interacción. Además, ofrece la posibilidad de mantener el contacto en el futuro.

Con práctica y paciencia, es posible disfrutar y participar en reuniones sociales de una manera cómoda y gratificante. Recuerda que cada pequeño paso cuenta en tu camino hacia una adaptación social exitosa.

CONSEJOS. GUÍA DE SOCIALIZACIÓN PARA EL EXTROVERTIDO

Para los extrovertidos, la socialización puede ser algo natural y enriquecedor, pero existen formas de asegurarse de que las interacciones sean positivas y significativas para todos los involucrados.

1. Sé consciente de tu entusiasmo

Asegúrate de no abrumar a los demás con tu entusiasmo y energía. Si bien es genial ser extrovertido, recuerda también dar espacio para que los demás participen y se expresen.

2. Fomenta un ambiente acogedor

Ayuda a crear un ambiente acogedor para aquellos que pueden sentirse más tímidos o reservados. Procura incluir al conjunto de los presentes en la conversación y fomentar un ambiente donde todos se sientan cómodos y escuchados.

3. Practica la escucha activa

Aunque puedas ser naturalmente extrovertido, también es importante practicar la escucha activa. Presta atención a lo que los demás comunican y muestra interés genuino en sus experiencias y opiniones.

4. Fomenta la participación grupal

Al interactuar en grupos, anima a todos a compartir sus ideas y contribuciones. Asegúrate de no monopolizar la conversación y de permitir que otros también tengan la oportunidad de expresarse.

5. Adapta tu nivel de energía

Aunque tu entusiasmo resulte contagioso, ten en cuenta que no todos pueden mantener tu nivel de energía constantemente. Trata de adaptarte al ritmo del grupo y de demostrar empatía hacia aquellos que pueden necesitar un enfoque más tranquilo.

6. Facilita la conexión personal

Aprovecha tu habilidad para conectar fácilmente con los demás para fomentar relaciones más profundas y significativas. Asegúrate de no quedarte solo en la superficie y de establecer conexiones profundas con aquellos que te rodean.

Al utilizar estas estrategias, podrás disfrutar de tu naturaleza extrovertida y al mismo tiempo crear un entorno inclusivo y acogedor para aquellos que te rodean. Recuerda que cada interacción social es una oportunidad para aprender y crecer tanto individualmente como en conjunto con los demás.

CONSEJOS. GUÍA DE SOCIALIZACIÓN PARA EL QUE TIENE RASGOS EQUILIBRADOS ENTRE INTROVERSIÓN Y EXTROVERSIÓN

Si te encuentras en equilibrio entre la extroversión y la introversión, es probable que te sientas cómodo en una variedad de entornos sociales. Estos son algunos consejos para tus interacciones sociales:

1. Adapta tu energía al entorno

Reconoce cuándo es apropiado mostrar mucha energía y cuándo es mejor adoptar un enfoque más bien reservado. Asegúrate de no abrumar a los demás con tu entusiasmo y de no retirarte por completo, permitiendo que tu flexibilidad te guíe en la interacción social.

2. Encuentra el equilibrio en las conversaciones

Aprovecha tu capacidad tanto para participar en conversaciones como para escuchar. Busca momentos para compartir tus ideas y también para permitir que otros compartan las suyas. Practica la escucha activa y muestra interés genuino en las experiencias y opiniones de los demás.

3. Fomenta un ambiente inclusivo

Contribuye a crear un entorno donde todos se sientan cómodos y escuchados. Aprovecha tu capacidad para comprender tanto las necesidades de los extrovertidos como las de los introvertidos y fomenta una interacción que se adapte a diversas preferencias sociales.

4. Promueve la conexión personal

Utiliza tu flexibilidad para conectar con una amplia gama de personas y personalidades. Aprovecha tu habilidad para adaptarte y crear conexiones auténticas con aquellos que te rodean, fomentando una interacción social significativa y satisfactoria.

5. Haz un esfuerzo por ampliar tus horizontes sociales

Aprovecha tu capacidad para adaptarte a diferentes entornos sociales y distintos grupos de personas. No te limites a un solo tipo de interacción social y busca oportunidades para involucrarte en una variedad de contextos y dinámicas grupales.

Tu versatilidad te posibilita adaptarte a una variedad de situaciones sociales y te brinda la oportunidad de disfrutar de la diversidad de interacciones humanas. Tu capacidad para cambiar de roles y ajustarte a lo que sea necesario te permite conectarte con una amplia gama de personas y experiencias.

LA TORPEZA SOCIAL

La expresión «torpe social» se refiere a una persona que tiene dificultades para interactuar y relacionarse con los demás de manera efectiva. Estos inconvenientes pueden manifestarse de varias maneras e incluir respuestas o comportamientos sociales inapropiados, ansiedad en ciertas situaciones o dificultad para comprender las señales sociales sutiles.

AUTOEVALUACIÓN. ¿TE CONSIDERAS TORPE SOCIAL?

Este breve test puede ayudarte a evaluar tu nivel de torpeza social. Responde a cada pregunta de acuerdo con tu experiencia y comportamiento. Asigna una puntuación con honestidad y según lo que creas que se ajusta mejor a ti. La escala de puntuación va del 1 al 5:

1. Nunca.
2. Raramente.
3. A veces.
4. Frecuentemente.
5. Siempre.

¿Con qué frecuencia te encuentras en situaciones sociales en las que no estás seguro de qué decir o cómo comportarte?	1	2	3	4	5
¿Con qué frecuencia sientes que no entiendes el humor o los chistes que los demás de un grupo social encuentran divertidos?	1	2	3	4	5
¿Te sientes incómodo o ansioso en situaciones sociales?	1	2	3	4	5
¿Con qué frecuencia te has encontrado diciendo algo que otros consideran ofensivo o inapropiado en un contexto social?	1	2	3	4	5
¿Te sientes perdido al tratar de interpretar el lenguaje corporal y las señales no verbales de los demás en una conversación?	1	2	3	4	5

Resultados:

- **5-10.** Baja torpeza social: muestras un entendimiento sólido de las señales sociales.
- **11-15.** Torpeza social moderada: puedes enfrentar algunos desafíos en situaciones sociales.
- **16-25.** Alta torpeza social: es posible que necesites mejorar tus habilidades sociales y tu comprensión de las señales sociales sutiles.

COMPORTAMIENTOS INAPROPIADOS

Imagina a una persona de nombre, por ejemplo, Álex, que suele actuar de manera inapropiada en situaciones sociales sin darse cuenta. Durante una cena de trabajo con su jefe y otros compañeros, comienza a contar chistes con un humor muy ácido que podrían ser considerados fuera de lugar para la ocasión.

Su falta de conciencia sobre las expectativas sociales y el tono que utiliza en la cena hacen que sus compañeros de trabajo se sientan incómodos y sorprendidos. A pesar de no tener malas intenciones, Álex no logra percibir la seriedad de la situación y sigue adelante con sus comentarios inapropiados, lo que genera tensiones y malentendidos en la interacción social.

Si no quieres que te pase como a Álex, te recomiendo que sigas estos consejos prácticos.

CONSEJOS. GUÍA PARA NO CAER EN COMPORTAMIENTOS INAPROPIADOS

Estas estrategias pueden ayudarte a evitar comportamientos inapropiados y mejorar tus habilidades sociales en todo tipo de situaciones.

1. Escucha activamente

Presta atención a las conversaciones y demuestra interés en lo que los demás tienen que decir. Evita interrumpir y dale a cada persona la oportunidad de expresarse.

2. Lee el lenguaje corporal

Observa las señales no verbales de las personas durante las interacciones sociales. Presta atención a su postura, expresiones faciales y gestos, lo que te ayudará a comprender mejor sus emociones y reacciones.

3. Practica la empatía

Trata de ponerte en el lugar de los demás y considera cómo podrían sentirse con tus acciones o palabras. Practicar la empatía te permitirá ser más consciente de las necesidades y sentimientos de tus interlocutores, lo que también te ayudará a evitar comentarios o comportamientos que puedan resultar inapropiados o hirientes.

4. Respeta los límites personales

Aprende a reconocer los límites de las personas con las que interactúas. Respeta su espacio personal y evita hacer preguntas o comentarios intrusivos que puedan incomodarlas.

5. Comprende el contexto

Presta atención al contexto y al tono general de una conversación. Asegúrate de adaptar tu comportamiento y tus palabras al entorno y a las personas con las que interactúas.

6. Practica la autorreflexión

Tómate un tiempo para reflexionar sobre tus interacciones sociales pasadas. Identifica situaciones en las que podrías haber actuado de manera inapropiada y piensa en cómo podrías mejorar en el futuro. La reflexión te ayudará a desarrollar una mayor conciencia de tus propias acciones y palabras.

7. Busca retroalimentación

No dudes en pedir retroalimentación a amigos cercanos o familiares de confianza sobre tu comportamiento social. Acepta sus comentarios de manera abierta y utiliza sus sugerencias para mejorar tus habilidades sociales.

Al implementar estos consejos en tu vida diaria, podrás fortalecer tus habilidades sociales y evitar caer en comportamientos inapropiados, lo que te permitirá interactuar con los demás de manera más efectiva y armoniosa.

ANSIEDAD SOCIAL

La ansiedad social es un tipo de torpeza social que se refiere a situaciones en las que una persona se siente incómoda y ansiosa cuando interactúa con los demás, lo que puede llevar a comportamientos o respuestas inesperadas o inapropiadas. Estas respuestas son el resultado de la tensión y el miedo que experimenta el individuo en situaciones sociales, lo que puede interferir con su capacidad para comunicarse de manera efectiva o comportarse con naturalidad. La ansiedad social puede manifestarse de diversas maneras, como sudoración excesiva, bloqueos mentales, tartamudeo o respuestas incoherentes.

Por ejemplo, supón que estás en una fiesta y alguien se acerca para saludarte con un apretón de manos. Tus manos comienzan a sudar y te sientes nervioso. Cuando intentas devolver el saludo, tu mano está húmeda y el apretón de manos se vuelve incómodo, lo que hace el momento embarazoso.

¿Alguna vez te ha pasado algo así? Te recomiendo que, si te ves en una situación como esta, te comportes de manera **honesta**. Puedes decir: «Disculpa, tengo las manos un poco sudorosas». La honestidad suele aliviar la tensión.

Hacer un comentario **humorístico** sobre la incómoda situación, como «parece que mi mano decidió darse un baño antes de saludarte», también puede ayudar a romper el hielo.

Después del apretón de manos incómodo, trata de cambiar de tema y **seguir con la conversación** para distraeros tu interlocutor y tú cuanto antes de la situación incómoda.

Otro ejemplo de este tipo de torpeza social se da, por ejemplo, cuando estás en una reunión y tu jefe comienza a hablar. A medida que va exponiendo la presentación, sientes que tu mente se queda en blanco. Cuando te pide tu opinión al respecto, no puedes articular una respuesta coherente y solo balbuceas o dices cosas que no tienen sentido, lo que te hace sentir más ansioso y avergonzado.

Si alguna vez te ha pasado algo así y no quieres que vuelva a suceder, te recomiendo que te **prepares con antelación.** Estudia la agenda o la presentación que se discutirá para sentirte más seguro y capacitado para responder a preguntas.

Además, durante la presentación, **enfócate en escuchar** y tomar notas si es necesario. Esto puede ayudarte a mantener la mente ocupada y concentrarte en el contenido.

Si tu jefe o la persona que está hablando te pide opinión y te sientes abrumado, no dudes en **pedir aclaraciones** sobre lo que se está discutiendo. Esto demuestra que estás comprometido y dispuesto a comprender mejor la cuestión.

Cuando respondas, **evita apresurarte**. En el caso de que no estés seguro de la respuesta que debes dar, puedes decir que necesitas más información o que te gustaría reflexionar sobre ello antes de pronunciarte.

El objetivo principal en la gestión de la torpeza social debido a la ansiedad social es reducir la angustia, mejorar las habilidades sociales y aumentar la comodidad en situaciones sociales.

CONSEJOS. GUÍA GENERAL PARA GESTIONAR LA TORPEZA SOCIAL DEBIDO A LA ANSIEDAD

Estos son algunos consejos para lidiar con la angustia que provoca la posibilidad de demostrar torpeza social:

1. Reconoce y acepta tus sentimientos

El primer paso es ser consciente de tu ansiedad social y aceptar que es normal sentirse nervioso en situaciones sociales.

2. Respira profundamente

Practica técnicas de respiración profunda para calmar la ansiedad en el momento. Inspirar y espirar lentamente puede ayudar a reducir la tensión.

3. Visualiza el éxito

Antes de participar en una interacción social, visualiza un resultado exitoso. Imagina que te sientes cómodo y seguro interactuando con otras personas.

4. Prepárate

Si sabes que tendrás una interacción social importante, prepárate con anticipación. Investiga el tema de conversación o ten algunas ideas en mente para evitar sentirte desprevenido.

5. Inicia conversaciones simples

Comienza con conversaciones sencillas antes de abordar temas más complejos: irás ganando confianza de forma gradual.

6. Escucha activamente

Presta atención a lo que dicen los demás en lugar de preocuparte por lo que deberías decir. La escucha activa te ayudará a mantener la conversación de una manera natural.

7. Usa el lenguaje corporal positivo

Una postura relajada y una sonrisa pueden hacer que te sientas seguro y parezcas accesible.

8. Aprende de tus errores

Todos cometemos errores en las interacciones sociales. En lugar de lamentarte por ellos, úsalos como oportunidades de aprendizaje.

DIFICULTADES PARA INTERPRETAR LAS SEÑALES NO VERBALES

En este caso me refiero a situaciones en las que una persona tiene dificultades para comprender y responder de manera adecuada a las expresiones faciales, gestos, tono de voz y otros aspectos no verbales de la comunicación. Esto puede llevar a malentendidos y a una falta de empatía en las interacciones sociales.

Por ejemplo, piensa en las ocasiones en que mantienes una conversación con un amigo que parece estar molesto. Su expresión facial muestra signos de enfado, como cejas fruncidas y labios apretados. Sin embargo, debido a tus dificultades para interpretar las señales no verbales, no reconoces esta emoción y continúas la conversación como si no ocurriese nada. Esto provoca que tu amigo se sienta incomprendido y se enfade todavía más, lo que resulta desagradable.

CONSEJOS. GUÍA GENERAL PARA INTERPRETAR LAS SEÑALES NO VERBALES

A continuación, te propongo unos consejos acerca del lenguaje no verbal de las personas que te facilitarán las interacciones sociales.

1. Educación y concienciación

Aprende sobre el lenguaje corporal y las señales no verbales. Lee libros, haz cursos o busca recursos para mejorar tu comprensión de estas señales.

2. Observación activa

Presta atención a los gestos, expresiones faciales y tono de voz de los demás para obtener pistas sobre sus emociones y pensamientos.

3. Pregunta y clarifica

Si no estás seguro de lo que alguien parece comunicar a través de señales no verbales, no temas preguntar. Puede ser tan simple como decir: «Parece que te pasa algo. ¿Me lo puedes explicar?».

4. Practica con amigos

Pídeles que te den retroalimentación sobre cómo interpretas sus señales no verbales.

5. Evita suposiciones precipitadas

No saques conclusiones apresuradas basadas únicamente en señales no verbales. A veces, las apariencias pueden ser engañosas, así que mantén la mente abierta y considera múltiples posibilidades.

6. Tómatelo con calma

No te sientas presionado por responder rápidamente a las señales no verbales. Tómate el tiempo necesario para interpretarlas de manera precisa.

7. Comunicación abierta

Comparte tus dificultades en la interpretación de señales no verbales con amigos y seres queridos. Seguramente serán comprensivos y pueden ofrecerte apoyo.

LA COMUNICACIÓN EFECTIVA

Empezaré este capítulo con una historia extraída de un libro de cuentos de Jorge Bucay. Había una señora sentada sola en la mesa de un restaurante, y tras leer la carta decidió pedir una apetitosa sopa en la que se había fijado. El camarero, muy amable, le sirvió el plato a la mujer y siguió haciendo su trabajo. Cuando volvió a pasar cerca de la señora, vio que le hacía un gesto y rápidamente fue hacia su mesa.

—¿Qué desea, señora?

—Quiero que pruebe la sopa.

El camarero, sorprendido, reaccionó rápidamente con amabilidad, preguntando a la señora si no estaba rica o no le gustaba.

—No es eso, solo quiero que pruebe la sopa.

Tras pensarlo un poco más, el camarero imaginó que posiblemente el problema sería que la sopa estuviera algo fría y no dudó en decírselo a la mujer, en parte disculpándose y en parte preguntando:

—Quizá es que esté fría, señora. No se preocupe, que le cambio la sopa sin ningún problema...

—No, no, la sopa no está fría. Lo que querría es que la probara, por favor.

El camarero, desconcertado, dejó atrás la amabilidad y se concentró en resolver la situación. No era de recibo probar los platos de los clientes, pero la mujer insistía y a él ya no se le ocurrían más opciones. ¿Qué le pasaba a la sopa? Disparó su último cartucho:

—Señora, dígame qué ocurre. Si la sopa no está mala y no está fría, dígame qué pasa y, si es necesario, le cambio el plato.

—Por favor, discúlpeme, pero he de insistir en que, si quiere saber qué le pasa a la sopa, solo tiene que probarla.

Finalmente, ante la petición tan rotunda de la señora, el camarero accedió a probar la sopa. Se acercó el plato y se dispuso a coger una cuchara. Miró a un lado y otro de la mesa, y entonces se dio cuenta: ¡no había cuchara! Antes de que pudiera reaccionar, la mujer sentenció:

—¿Lo ve? Falta la cuchara. Eso es lo que le pasa a la sopa, que no me la puedo comer.

Esta historia pone de manifiesto que algunas personas prefieren la comunicación indirecta, dando rodeos y evitando expresar claramente sus pensamientos o sentimientos. Esperan que los demás adivinen sus intenciones, lo que puede complicar la comunicación. A menudo, damos por sentado que los otros entienden nuestras razones y acciones, pero la realidad es que no pueden leer nuestras mentes. Cada individuo es único y tiene su propia perspectiva, lo que hace que la comprensión mutua resulte siempre un desafío. En lugar de dar rodeos, la comunicación directa y honesta puede facilitar la comprensión y evitar malentendidos innecesarios.

Es evidente que, en este cuento, el camarero y la señora se enfrentan a un problema de comunicación, especialmente la clienta del restaurante.

¿Has vivido alguna vez una situación parecida a esta? Si recuerdas que a ti o a alguien de tu entorno os haya pasado lo mismo que a ellos, hay varias cosas que puedes hacer para mejorar tu comunicación efectiva: la **escucha activa**, ser **claro y conciso**, plantear **preguntas abiertas**, utilizar la **comunicación no verbal** y la **comunicación verbal**, **adaptar tu mensaje**, **eliminar las distracciones**, **expresar tus emociones** y practicar la **empatía** y la **asertividad**.

La comunicación efectiva y abierta es imprescindible en las relaciones interpersonales porque puede fortalecer las relaciones, fomentar un mayor entendimiento mutuo y construir una base sólida para el apoyo emocional entre individuos.

Imagina que tienes el siguiente diálogo con un amigo, con tu pareja o con algún familiar.

Ejemplo:

AMIGO.— *¿Te pasa algo?*
TÚ.— *No.*
AMIGO.— *¿Estás seguro?*
TÚ.— *Te he dicho que no.*

En este breve diálogo, puedes ver que la comunicación no es efectiva. Es decir, presenta ciertas limitaciones en cuanto a claridad y apertura.

Cuando tu amigo te pregunta si te pasa algo, aunque muestra interés por tu situación emocional, tus respuestas son breves y superficiales porque puedes estar sintiéndote incómodo o inseguro y no deseas compartir detalles sobre lo que te ocurre.

Tu respuesta inicial, «no», puede interpretarse de diferentes maneras. Quizá signifique que no está pasando nada o una falta de disposición por tu parte para abrirte y compartir tus sentimientos. Esta ambigüedad puede dificultar que tu amigo comprenda verdaderamente tu estado emocional.

La insistencia de tu amigo al preguntar si estás seguro sugiere que podría haber percibido ciertas señales o indicios de que algo te ocurre. Sin embargo, tu respuesta repetitiva: «Te he dicho que no», refuerza tu falta de apertura a la conversación. No solo eso, sino que esta manera de acabar este diálogo indica una posible frustración o irritación por tu parte debida a la insistencia de tu amigo. Esto podría generar tensión en la interacción y afectar la calidad de la comunicación.

Es evidente que en el cuento de Bucay los personajes tienen un problema de comunicación, en especial la clienta del restaurante. A continuación, te ofrecemos algunas estrategias para tener una comunicación efectiva y clara y no termines imitando la actitud de la señora del cuento. Así, podrías transformar el diálogo antes propuesto en un ejemplo de comunicación más efectiva.

Ejemplo:

AMIGO.— *¿Te pasa algo?*
TÚ.— *No me he sentido muy bien emocionalmente en los últimos días. Estoy lidiando con algunas preocupaciones personales.*
AMIGO.— *Lamento escuchar eso. ¿Quieres hablar al respecto?*
TÚ.— *Gracias por tu preocupación. Aprecio que estés dispuesto a escuchar. Sí, me gustaría contarte lo que me pasa.*

Este ejemplo muestra que una conversación inicialmente superficial y poco reveladora puede evolucionar hacia una interacción con más «significado» y ser más comprensiva.

En el primer diálogo, se observa una falta de apertura emocional y una tendencia a ofrecer respuestas superficiales. Esto puede dificultar la comprensión real de lo que la persona está viviendo, lo que a su vez limita nuestra capacidad de brindar apoyo y empatía.

En cambio, el segundo ejemplo demuestra una comunicación más abierta y receptiva. Se fomenta un entorno propicio para compartir sentimientos y preocupaciones, lo que permite que ambas partes se conecten en un nivel más profundo. Además, el tono de apoyo muestra un mayor grado de empatía y disposición para comprender la situación del otro.

TEST. ¿CÓMO ES TU COMUNICACIÓN?
¿Consideras que tu comunicación es siempre efectiva? Compruébalo.

Responde a cada pregunta honestamente y al final podrás ver tus resultados. Asigna 1 punto a cada respuesta «sí» y 0 puntos a cada respuesta «no». Al final, sumarás tus puntos y podrás interpretar tus resultados.

1. ¿Suelo prestar atención y mantener contacto visual cuando alguien me habla?
2. ¿Evito interrumpir a los demás mientras hablan?
3. ¿Hago preguntas abiertas para fomentar una conversación más profunda?
4. ¿Tengo cuidado de usar un lenguaje claro y conciso al comunicarme?
5. ¿Muestro empatía y trato de entender las emociones y perspectivas de los demás?
6. ¿Evito distracciones, como el teléfono o la televisión, cuando estoy en una conversación?
7. ¿Ajusto mi mensaje a la audiencia para que sea comprensible y relevante?
8. ¿Pido retroalimentación para asegurarme de que mi mensaje se ha entendido correctamente?
9. ¿Expreso mis emociones de manera adecuada sin ser abrumadoramente emocional o agresivo?
10. ¿Soy paciente y doy espacio para que los demás se expresen en una conversación?
11. ¿Estoy dispuesto a aprender y aplicar nuevas técnicas de comunicación?
12. ¿Reflexiono sobre mis conversaciones para identificar áreas de mejora en mi comunicación?

Después de sumar los puntos obtenidos, aquí tienes una guía para interpretar tus resultados:

- **0-4 puntos.** Puede haber oportunidades para mejorar tu comunicación. Identifica las áreas en las que obtuviste menos puntos y trabaja en ellas.
- **5-8 puntos.** Tienes una base sólida en la comunicación efectiva, pero aún puedes desarrollar algunas habilidades.
- **9-12 puntos.** ¡Excelente! Parece que ya estás practicando una comunicación efectiva y puedes considerarte un buen comunicador.

LA ESCUCHA ACTIVA

La escucha activa es una habilidad de comunicación en la que prestas **atención completa** a la persona que habla, buscando entender y comprender sus palabras, emociones y perspectivas. Implica no solo oír las palabras, sino también captar el **tono**, el **lenguaje corporal** y las **emociones** que acompañan al mensaje.

Para ello, es fundamental entender qué prácticas debes evitar para asegurar que tu interacción con los otros sea efectiva. Si no estás acostumbrado a practicar la escucha activa, pueden surgir errores comunes que dificultan una comunicación exitosa. Entre estos errores puedes encontrar los siguientes:

- **Distraerte durante la conversación.** Las distracciones externas o internas pueden conducir a una comprensión parcial de lo que dice el otro.

Ejemplo:

> AMIGO.— *Estuve pensando en nuestras próximas vacaciones y creo que sería genial ir a la playa.*
> TÚ.— *¡Sí, por supuesto! También necesito comprar algunas cosas en el centro comercial.*

- **Interrumpir al que habla.** Irrumpir en una conversación antes de que tu interlocutor termine de decir lo que quiere puede obstaculizar su flujo de pensamiento y dificultar la transmisión del mensaje completo.

Ejemplo:

> AMIGO.— *Estuve pensando en nuestras próximas vacaciones. Creo que sería genial ir a la playa y...*
> TÚ.— *(Antes de que tu amigo acabe). Yo también he tenido la idea de ir a la montaña, creo que sería emocionante.*

- **Juzgar y querer imponer tus ideas.** Si no escuchas de manera abierta y empática, la comunicación se vuelve unilateral y la otra persona podría sentirse menos valorada.

Ejemplo:

> AMIGO.— *Estuve pensando en nuestras próximas vacaciones y creo que sería genial ir a la playa.*
> TÚ.— *¿En serio? Yo pienso que ir a la montaña es mucho mejor porque hay más actividades que hacer.*

- **Rechazar y no validar lo que el otro siente.** Si no reconoces las emociones que la otra persona expresa, puedes invalidar sus sentimientos y generar una falta de empatía en la conversación.

Ejemplo:

> AMIGO.— *Estuve pensando en nuestras próximas vacaciones y creo que sería genial ir a la playa.*
> TÚ.— *¿En serio? No entiendo cómo puedes preferir eso en lugar de algo más emocionante.*

- **Descalificar al dar tu opinión.** Puede desalentar a la otra persona a compartir sus opiniones abiertamente contigo.

Ejemplo:

> AMIGO.— *Estuve pensando en nuestras próximas vacaciones y creo que sería genial ir a la playa.*
> TÚ.— *Bueno, personalmente pienso que la playa es aburrida y que la montaña es mucho más interesante.*

- **Contar tu propia historia en vez de escuchar la del otro.** De esta manera restas valor a la experiencia de la otra persona y reduces la efectividad de la comunicación.

Ejemplo:

> AMIGO.— *Estuve pensando en nuestras próximas vacaciones y creo que sería genial ir a la playa.*
> TÚ.— *Oh, sí, una vez fui a la playa con mis amigos y tuvimos una experiencia increíble.*

Si te has visto reflejado en alguno de estos errores, es posible que necesites trabajar tu escucha activa.

EJERCICIOS. MEJORA TU ESCUCHA ACTIVA

Se puede cultivar y mejorar la capacidad de escucha activa, al igual que cualquier otra habilidad. Ello implica que te despojes de interferencias, como preocupaciones, miedos y la necesidad de responder de inmediato. Para conseguirlo te muestro algunos ejercicios.

EJERCICIO 1. BENEFÍCIATE DEL SILENCIO

El silencio forma el telón de fondo de todos los sonidos y constituye nuestra única ocasión para permitir que nuestros oídos descansen y para conferir sentido a las palabras. De este modo, resulta significativo que puedas reservar un mínimo de **tres minutos diarios** para sumergirte por completo en el silencio.

EJERCICIO 2. TRABAJA EL RECONOCIMIENTO DE PATRONES EN EL ENTORNO

Aun en entornos con un alto nivel de ruido, conservamos la habilidad de discernir entre diversas fuentes de sonidos. Es aconsejable que practiques la evaluación del ruido que te rodea y que te esfuerces por identificar quién está hablando o qué ruidos particulares se entrelazan. Este ejercicio se presenta como una excelente manera de elevar la calidad de tu habilidad auditiva.

EJERCICIO 3. USA EL MÉTODO RASA

Para mejorar tu habilidad de escucha activa, puedes aplicar **el método** conocido como **RASA,** un acrónimo que se refiere a los cuatro pasos necesarios para una escucha activa verdaderamente efectiva:

1. Recibir (Receive). Se trata de prestar atención plena a la persona que está hablando, evitando cualquier distracción externa, como revisar tu teléfono móvil o interrumpirla. Es importante prestar atención tanto a lo que se dice como a cómo se dice y tratar de captar cualquier mensaje no verbal que pueda estar presente.

2. Apreciar (Appreciate). Se refiere a confirmar al interlocutor que estás prestando atención a lo que dice. Esto puede implicar:

- Repetir las últimas palabras.

Ejemplo:

AMIGO.— Estoy teniendo algunos problemas en mi nuevo trabajo.
TÚ.— Problemas en tu nuevo trabajo, ¿verdad?

- Asentir con la cabeza.

Ejemplo:

AMIGO.— Estoy francamente emocionado por el próximo proyecto que estamos planificando.
TÚ.— (Asientes con una sonrisa).

- Interjecciones para demostrar atención.

Ejemplo:

AMIGO.— Anoche fuimos a una cena en un restaurante increíble.
TÚ.— ¡Oh, interesante! ¿Cómo fue?

- Parafrasear y validar.

Ejemplo:

AMIGO.— Estoy un poco preocupado por cómo van las cosas en la escuela.
TÚ.— Parece que estás sintiendo inquietud con relación a tu experiencia en la escuela.

- Hacer preguntas de seguimiento.

Ejemplo:

AMIGO.— He terminado de leer ese nuevo libro que te recomendé.
TÚ.— ¡Genial! ¿Qué impresión te dejó el final?

3. Resumir (Summarize). Se trata de reformular el mensaje con las ideas que hemos entendido para confirmar con la otra persona que lo que nos ha transmitido y lo que nosotros hemos recibido coinciden. «Entonces, lo que has dicho es que...» es una fórmula que se presenta como una herramienta útil para aplicar la escucha activa de manera efectiva.

Ejemplo:

AMIGO.— Creo que deberíamos barajar la posibilidad de cambiar el enfoque de nuestro proyecto para alcanzar a un público más amplio.
TÚ.— (Aplicando la reformulación). Entonces, lo que dices es que sería una buena idea ajustar la estrategia de nuestro proyecto para llegar a una audiencia mayor, ¿verdad?

4. Preguntar (Ask). Solo a través de este último paso podrás aclarar cualquier duda o incertidumbre que pueda haber entre tu amigo y tú sobre el mensaje, asegurando una comprensión perfecta.

SER CLARO Y CONCISO EN EL MENSAJE

Tener una comunicación efectiva implica transmitir tus ideas de manera directa, fácil de entender y sin excesos de información innecesaria. Cuando te comunicas de forma clara y concisa, facilitas que la otra persona (el receptor) capte rápidamente el mensaje principal sin confusiones ni ambigüedades.

Ejemplo. Imagina que quieres ir a cenar con tu pareja y reflexionas sobre cómo comunicar tu mensaje: «Estaba pensando que este fin de semana podríamos salir a cenar a ese nuevo restaurante que han abierto cerca de casa. Quiero decir que, como hemos estado comiendo en casa la mayoría de las veces, podría ser una buena idea cambiar un poco. ¿Qué opinas al respecto?».

Si optas por esta manera de comunicarte, conseguirás transmitir un mensaje largo y lleno de «laberintos» que no hará más que confundir a la otra persona y poner trabas a la comunicación. Es decir, cuantas menos palabras utilices para dar el mensaje, más sencilla y clara será la comunicación.

Ejemplo. Sería preferible que te expresaras con la siguiente frase: «¿Te gustaría salir a cenar este fin de semana al restaurante que han abierto aquí cerca?».

Para conseguir un mensaje claro es importante que practiques eliminando las muletillas cada vez que hables. Así, tu discurso será más breve y conciso, evitando la pérdida de atención y aumentando la eficacia de lo que quieres transmitir.

También puedes practicar realizando el siguiente ejercicio.

EJERCICIO. EXPRÉSATE DE MANERA CLARA Y CONCISA

Para elaborar mensajes que no den lugar a dudas intenta seguir las siguientes recomendaciones.

1. Elige un tema sobre el cual deseas comunicarte de manera clara y concisa. Puede ser cualquier cuestión que te interese, desde tus planes para el fin de semana hasta una opinión sobre una película.

   Ejemplo. Planificar una salida de fin de semana con un amigo.

2. Antes de comunicarte, identifica la idea principal que deseas transmitir. Enfócate en el mensaje central que pretendes que la otra persona entienda.

   Ejemplo. Quiero proponerle una actividad para el fin de semana y ver si está disponible.

3. Revisa tu mensaje y elimina cualquier palabra o frase que no añada valor o que repita información innecesaria.

   Ejemplo. Puedes decir: «Quiero hablar contigo sobre nuestros planes para el fin de semana».

4. Organiza tu mensaje en una estructura simple y directa. Evita rodeos y divagaciones.

   Ejemplo. Ve directo a la cuestión: «¿Estás libre este fin de semana para hacer algo juntos?».

5. Selecciona palabras precisas y claras que transmitan tu mensaje de manera efectiva. Evita el uso de jergas o términos innecesariamente complicados.

   Ejemplo. Podrías preguntar: «¿Puedes salir este fin de semana para hacer algo divertido?».

6. Si bien los detalles pueden ser importantes, evita proporcionar demasiados para evitar que el mensaje principal se pierda.

   Ejemplo. Plantea directamente a tu amigo: «¿Puedes quedar conmigo este fin de semana?».

7. Escribe y practica diferentes versiones de tu mensaje, tratando de hacerlo cada vez más claro y conciso. Pide retroalimentación a amigos o familiares si es posible.

   Ejemplo. Puedes decir: «Hola, ¿te gustaría que quedásemos este fin de semana? Tenemos muchas opciones para elegir».

8. Ten en cuenta con quién te estás comunicando y adapta tu mensaje para que sea comprensible para esa audiencia en particular.

9. Graba un mensaje de voz o escribe tu mensaje de manera concisa. Luego, repasa y analiza si con él logras transmitir la idea principal de manera efectiva.

10. Revisa tus mensajes anteriores y compáralos con las versiones más recientes. Observa si has mejorado en expresar tus ideas de manera clara y concisa.

HACER PREGUNTAS ABIERTAS

Las preguntas abiertas requieren respuestas detalladas y reflexivas, lo que enriquece la conversación. A través de ellas, las personas expresan sus ideas y emociones en profundidad, evitando respuestas simples de «sí» o «no». Además, fomentan un diálogo fluido y significativo, promoviendo la empatía y la conexión emocional. Este tipo de preguntas estimulan la creatividad, permiten explorar nuevas perspectivas y alientan una mayor participación en la conversación. En conjunto, generan un ambiente comunicativo enriquecedor y valioso.

Ejemplo. Imagina que estás con un amigo y le preguntas:

TÚ.— ¿Te gusta pintar?
AMIGO.— Sí, me gusta.

Si utilizas preguntas cerradas, como la de este ejemplo, obtendrás una respuesta limitada a opciones específicas, por lo general «sí» o «no». Es cierto que estas preguntas son útiles cuando se busca obtener información específica de manera rápida y directa, pero pueden limitar la amplitud de la conversación y no brindan la oportunidad de explorar los pensamientos y emociones de manera más completa.

Si quieres que tu amigo te dé respuestas más detalladas y que haya una conversación más enriquecedora, podrías optar por preguntas que den pie a respuestas más extensas.

Ejemplo:

TÚ.— ¿Qué te llevó a interesarte en la pintura?
AMIGO.— Siempre me ha fascinado cómo los colores y las formas pueden transmitir emociones y contar historias.

DINÁMICA. CONVERSACIÓN EN PAREJA

Con este ejercicio podrás practicar la formulación de preguntas abiertas y desarrollar habilidades de escucha activa. Para ello practica la siguiente propuesta:

1. Busca una pareja y entre los dos elegid quién será el «entrevistador» y quién será el «entrevistado» para una primera ronda. Luego, para la siguiente ronda cambiad de roles.

Ejemplo. Ana y Carlos forman una pareja. Ana será la «entrevistadora» y Carlos será el «entrevistado» en la primera ronda. Luego, cambiarán de roles para la siguiente ronda.

2. Piensa en un tema de conversación que sea de interés mutuo. Puede ser un recuerdo, una experiencia, un objetivo o cualquier otro asunto que consideréis relevante.

Ejemplo. Ana y Carlos escogen hablar sobre un viaje que les gustaría hacer en el futuro.

- Ronda 1. El entrevistador comienza haciendo una pregunta abierta relacionada con el tema. El entrevistado responde de manera detallada y completa, compartiendo sus pensamientos y emociones.

    Ejemplo. Ana empieza planteando una pregunta abierta: «Carlos, cuéntame, ¿qué tipo de viaje te gustaría hacer en el futuro?». Carlos responde de manera detallada y completa, compartiendo sus ideas sobre el destino, actividades y emociones.

    A medida que el entrevistado responde, el entrevistador debe escuchar activamente y formular preguntas de seguimiento basadas en las respuestas del entrevistado. Estas preguntas deben ser abiertas y fomentar una conversación más profunda.

    Ejemplo. A medida que Carlos responde, Ana escucha activamente y formula preguntas de seguimiento: «¿Qué aspecto del viaje te emociona más?», «¿has pensado en algún lugar en particular?», «¿cómo imaginas que sería la experiencia?».

- Ronda 2. Después de unos minutos, cambiad los roles. El que era entrevistado ahora será el entrevistador, y viceversa.

    Repetid el proceso con el nuevo rol. El objetivo es explorar diferentes aspectos del tema a través de realizar preguntas abiertas y dar respuestas detalladas.

    Ejemplo. Ahora, Carlos será el entrevistador y Ana será la entrevistada. Carlos pregunta a Ana sobre el mismo tema y utiliza preguntas abiertas para explorar diferentes aspectos del viaje.

3. Después de ambas rondas, tomaos un momento para discutir cómo os habéis sentido durante la dinámica. ¿Os resultó fácil formular preguntas abiertas? ¿Qué créeis que habéis aprendido al escuchar las respuestas detalladas de vuestro compañero?

Ejemplo. Después de ambas rondas, Ana y Carlos se toman un momento para discutir acerca de cómo se han sentido durante la dinámica. Ambos comparten cómo ha sido formular preguntas abiertas y escuchar respuestas detalladas y lo que han aprendido.

COMUNICACIÓN NO VERBAL

Más allá de las palabras que se pronuncian, la comunicación no verbal incluye **gestos, expresiones faciales, posturas corporales, contacto visual** y otros elementos que complementan y enriquecen el mensaje verbal. Estos aspectos contribuyen significativamente a la comprensión mutua y al establecimiento de conexiones más sólidas entre las personas.

La comunicación no verbal supone el 65 % de lo que transmitimos. Además, puede influir en cómo se interpreta y percibe el mensaje verbal. Por ejemplo, un gesto de entusiasmo al hablar sobre un tema puede reforzar la idea de que realmente se siente emoción por ello. Del mismo modo, una mirada evasiva o una postura cerrada pueden indicar incomodidad o desinterés en la conversación.

La congruencia entre la comunicación verbal y no verbal es esencial para que se dé una comunicación efectiva. Cuando las palabras expresan una cosa y el lenguaje corporal transmite otra, se pueden generar confusión y desconfianza en el receptor del mensaje. En cambio, cuando la comunicación no verbal está en sintonía con las palabras, se refuerzan la credibilidad y la autenticidad del mensaje.

LOS GESTOS

Los gestos son movimientos de manos, brazos y otras partes del cuerpo que aportan énfasis y claridad a lo que se dice. Pueden ser gestos ilustrativos que acompañan a las palabras, gestos emblemáticos con significados culturales específicos (como el pulgar hacia arriba) o gestos de adaptación que surgen de manera espontánea en respuesta a lo que se está discutiendo.

Supón que un amigo te saluda mientras mantiene una expresión neutral y no realiza ningún gesto específico. Tu respuesta también es neutral en términos de expresión facial y gestos. Aquí, la comunicación se basa principalmente en las palabras.

Ejemplo:

AMIGO.— ¡Hey! ¿Cómo estás?
TÚ.— ¡Hola! Muy bien, ¿y tú?

En cambio, si tu amigo levanta las cejas, sonríe y abre los brazos en un gesto acogedor, sus gestos añaden un elemento visual y emocional a su mensaje que transmite una actitud positiva y amigable. Al responder, tú también sonríes, te acercas para un abrazo y mantienes una comunicación no verbal amigable. En este caso, los gestos refuerzan el tono cálido y la conexión emocional de la conversación.

La diferencia clave entre un mensaje acompañado de gestos y otro que se emite sin ellos radica en que el primero transmite emociones, actitudes y detalles adicionales que van más allá de las palabras. Por tanto, los gestos pueden enriquecer la comunicación, establecer conexiones emocionales más fuertes y agregar claridad y contexto a las interacciones verbales.

JUEGOS. ESTIMULA LA EXPRESIÓN MEDIANTE GESTOS

Los juegos sin palabras son ideales para trabajar nuestra capacidad para comunicarnos solo por medio de gestos. De este modo, aprendemos a utilizar el propio cuerpo para expresarnos.

JUEGO 1. HAZ MÍMICA

El juego de mímica es una actividad divertida que ayuda a desarrollar la habilidad de percibir y comprender señales no verbales en la interacción social. Antes de comenzar, se selecciona a alguien para ser el «conductor del juego», que será responsable de elegir palabras o frases para que los participantes las representen solo con gestos y movimientos.

Los jugadores se dividen en dos equipos y se posicionan a cierta distancia del conductor del juego. Por turnos, un miembro de cada equipo se acerca al conductor, que le hace saber la palabra que debe representar mediante mímica. Sus compañeros de equipo observan atentamente los gestos y movimientos del jugador y tratan de adivinar la palabra correcta.

Cuando lo consiguen, pasa el turno al segundo equipo y el proceso se repite: uno de sus miembros intenta comunicar por mímica a sus compañeros la palabra que le ha tocado. El objetivo es que ambos equipos adivinen correctamente todas las palabras que se les asignen.

Este juego es una excelente manera de practicar la observación de señales no verbales y la capacidad de interpretar gestos y movimientos. También se puede adaptar el juego y sustituir las palabras que hay que adivinar por títulos de películas, profesiones u otros temas con el fin de añadir diversidad al juego y fomentar la comunicación efectiva a través de la mímica. Ganará el equipo que logre adivinar más palabras o frases correctamente. Es una actividad entretenida y educativa al mismo tiempo.

JUEGO 2. CADENA DE GESTOS

La cadena de gestos es un juego que no solo promueve la expresión corporal, sino que también nos ayuda a desarrollar la memoria y la atención. Para comenzar el juego, los participantes se sientan en el suelo formando un círculo de manera que todos puedan verse fácilmente.

El juego comienza con un jugador que realiza un gesto utilizando su rostro, las manos o los pies. Luego, el jugador que está ubicado a su derecha repite ese mismo gesto y agrega uno nuevo y diferente. La idea es que cada jugador siga la secuencia de gestos que se va estableciendo hasta que llega su turno y agrega su propio gesto único a la serie.

A medida que el juego avanza, cada jugador debe repetir todos los gestos de los jugadores anteriores y añadir uno nuevo. Esto crea una cadena de gestos en constante crecimiento.

El juego continúa hasta que la cadena de gestos haya recorrido todo el círculo de participantes o hasta que alguien se equivoque y no pueda recordar uno de los gestos.

Este juego es una excelente manera de fomentar la expresión corporal creativa, así como de estimular la memoria y la atención de manera divertida y participativa. Cada jugador debe estar atento y recordar los gestos previos mientras piensa en uno nuevo para agregar, lo que lo convierte en un desafío entretenido y beneficioso para el desarrollo de diversas capacidades.

JUEGO 3. IMITACIÓN EN ESPEJO

Se trata de un juego por parejas. Los participantes se agrupan de dos en dos, que se colocan uno frente al otro. Durante el juego, se pone en marcha un cronómetro con una duración de un minuto. En ese tiempo uno de los participantes realiza una serie continua de gestos y movimientos y su pareja debe imitarlos de manera precisa. Además, el imitador debe observar una regla importante: tiene prohibido reírse.

El objetivo del juego es mantener la imitación de los gestos y movimientos el mayor tiempo posible sin romper la seriedad. Si el jugador que está imitando a su compañero se ríe antes de que pase el minuto, pierde la partida. Una vez que haya transcurrido un minuto, los roles se intercambian: el jugador que estaba imitando se convierte en el que realiza los gestos, y viceversa.

Este juego es un desafío divertido que requiere concentración y habilidades sociales. Cada participante debe estar atento a los gestos y movimientos de su compañero y tratar de reproducirlos con precisión. La regla de no reírse agrega un elemento de autocontrol y autoconciencia, ya que mantener la compostura puede ser más difícil de lo que parece. Además, al intercambiar los roles, los jugadores tienen la oportunidad de experimentar ambos lados de la dinámica de imitación, lo que fomenta la empatía y la comprensión de la perspectiva del otro. En general, este juego no solo es entretenido, sino que también promueve la concentración, la interacción social y el desarrollo de habilidades de comunicación no verbal.

EXPRESIONES FACIALES

Las expresiones faciales también son una parte crucial de la comunicación no verbal. Son gestos involuntarios y conscientes en el rostro que transmiten emociones y actitudes. Estas expresiones complementan lo que decimos verbalmente y ayudan a entender cómo nos sentimos. En la comunicación efectiva, las expresiones faciales alinean emociones, aclaran intenciones, refuerzan mensajes, permiten detectar emociones en los demás y trascienden barreras culturales. En resumen, son una herramienta poderosa para facilitar la comprensión y conectarnos en las interacciones cotidianas.

La sonrisa es una de las mejores expresiones faciales para dotar de significado a una conversación: asegura al interlocutor que la información que está transmitiendo está siendo bien recibida y le motiva para seguir hablando. Por tanto, actúa como reforzador, además de dar un mensaje de empatía.

EJERCICIO. PRACTICA TU SONRISA

La sonrisa es una de las expresiones faciales que más ayuda a los interlocutores a establecer entre ellos una buena comunicación. Escoge personas de confianza con las que seguir los pasos de esta práctica.

1. Busca a un amigo o un familiar con quien te sientas cómodo.

Ejemplo. Decides practicar con tu amigo Juan, quien está dispuesto a ayudarte en el ejercicio.

2. Elige un tema ligero y agradable para hablar durante la práctica.

Ejemplo. Optáis por hablar sobre planes relajantes y positivos para el fin de semana.

3. Comienza la conversación con tu compañero sobre el tema seleccionado. Asegúrate de que los dos estáis tranquilos y listos para practicar.

Ejemplo:

TÚ.— ¡Hola, Juan! ¿Tienes algún plan interesante para el fin de semana?
JUAN.— ¡Hola! Sí, estaba pensando en ir a hacer senderismo cerca del lago. ¿Y tú?

4. Mientras hablas y escuchas a tu compañero, mantén una sonrisa ligera en tu rostro. No es necesario que sea un gesto exagerado; simplemente relaja los músculos faciales y curva ligeramente los labios hacia arriba.

Ejemplo. Mientras escuchas a Juan hablar sobre sus planes, mantienes una sutil sonrisa en tu rostro. No es una sonrisa aparatosa; es amigable y relajante.

5. Presta atención a cómo responde tu compañero a tu expresión facial. Deberías notar que tu sonrisa crea un ambiente amigable y acogedor en la conversación.

Ejemplo:

JUAN.— Es genial que haga buen tiempo para salir. Estoy emocionado por poder salir al aire libre.
TÚ.— ¡Qué buen plan! Me encanta la idea de disfrutar de la naturaleza.

6. Luego, cambia los roles y permite que tu compañero practique la sonrisa ligera mientras tú hablas. Observa cómo te sientes al ser el receptor de una sonrisa ligera.

7. Al final del ejercicio, tomaos un momento para compartir cómo os habéis sentido al ofrecer y al recibir esa sonrisa. Discutid si habéis notado alguna diferencia en la dinámica de la conversación.

Ejemplo. Después de la conversación, os detenéis un momento para comentar cómo os habéis sentido durante el ejercicio.

TÚ.— *Pienso que la sonrisa ha hecho que la conversación fuera relajada y positiva. Creo que ayuda a crear un ambiente amigable.*
JUAN.— *Estoy de acuerdo. Cuando te vi sonreír mientras hablabas, me sentí muy cómodo al compartir mis planes. Definitivamente es preferible que tu interlocutor sonría mientras le hablas a que mantenga un gesto serio.*

EL *MIRRORING*

El *mirroring* en la escucha activa se refiere a la práctica de reflejar inconscientemente las expresiones faciales y gestos de la persona que está hablando. Es una señal de empatía y conexión emocional, ya que muestra que sintonizas con las emociones y el estado de ánimo del interlocutor.

Imagina una conversación con un amigo que comparte contigo una experiencia emocionalmente intensa. Mientras habla, notas que tus propias expresiones faciales y gestos reflejan de manera involuntaria sus emociones. Por ejemplo, si tu amigo muestra tristeza, es posible que sin darte cuenta frunzas el ceño o tu expresión se torne más seria. Esto indica que has conectado emocionalmente con él y reflejas sus sentimientos en tu propio cuerpo.

EJERCICIO. PRACTICA EL *MIRRORING*

Este ejercicio puede ayudarte a desarrollar la habilidad de la escucha activa al tiempo que fortalece la conexión emocional con la otra persona. Recuerda que el *mirroring* debe ser sutil y natural.

1. Elige a un compañero con quien practicar la escucha activa.

   Ejemplo. Estás en una reunión virtual con tu compañero de trabajo, Juan. Habéis estado trabajando en un proyecto juntos y habéis decidido reuniros para discutir los detalles.

2. Durante la conversación, presta atención a las expresiones faciales de tu compañero y trata de imitarlas de manera sutil y natural. Por ejemplo, si tu compañero sonríe, puedes responder con una sonrisa ligera.

   Ejemplo. Mientras Juan comienza a dar su opinión sobre el proyecto, notas que se muestra entusiasta y sonríe. Como parte de la práctica, respondes con una sonrisa ligera para reflejar su expresión de emoción.

3. Asegúrate de que tu *mirroring* sea sutil y no exagerado, ya que de otra manera podría resultar incómodo o distraer a tu compañero.

   Ejemplo. Te aseguras de no exagerar la sonrisa y simplemente la mantienes en un nivel sutil y natural, evitando que parezca forzada o poco auténtica.

4. Continúa practicando la escucha activa y el *mirroring* durante toda la conversación.

> *Ejemplo. A medida que la conversación avanza y Juan comparte sus ideas y preocupaciones sobre el proyecto, sigues manteniendo un nivel sutil de* mirroring. *Cuando él habla sobre desafíos, adoptas una expresión facial de comprensión para demostrar empatía con su perspectiva.*

POSTURAS CORPORALES

Son las posiciones que adopta nuestro cuerpo durante una conversación y transmiten información sobre nuestra actitud, nivel de interés y emociones. La alineación entre las palabras habladas y la postura corporal es esencial para una comunicación coherente y efectiva, y su interpretación varía según el contexto cultural y la situación en la que nos encontremos.

Por ejemplo, si te digo que hagas la señal de OK con tu mano, seguramente que, si eres español, la realices formando un círculo con el dedo pulgar y el índice mientras que los otros tres dedos permanecen extendidos lejos de la palma. Sin embargo, en la cultura japonesa, en lugar de aprobación o confirmación, este gesto se utiliza para indicar dinero o moneda.

En la misma línea, el gesto de cruzar los brazos poniendo cada uno en el regazo, aunque es similar en diferentes culturas, puede transmitir significados distintos según el contexto cultural en el que se utilice.

En España, cuando alguien cruza los brazos durante una conversación, suele interpretarse como una actitud defensiva o de desacuerdo. Esta postura puede indicar que la persona se siente incómoda con lo que se está discutiendo y está protegiendo su espacio personal. En Estados Unidos, en cambio, cruzar los brazos a menudo se interpreta como una actitud desafiante.

JUEGO. INTERPRETA LA POSTURA

Esta actividad ayudará a los participantes a comprender que las posturas corporales pueden influir en la comunicación y cómo ajustarlas para transmitir diferentes emociones y actitudes de manera efectiva. Propón este juego a algunos amigos o familiares de confianza y sigue los siguientes pasos:

1. Crea tarjetas con descripciones de posturas corporales y sus respectivos significados.

- **Tarjeta 1.** «Brazos cruzados»: actitud defensiva o desacuerdo.
- **Tarjeta 2.** «Manos en las caderas»: confianza o seguridad.
- **Tarjeta 3.** «Brazos extendidos»: disposición abierta y receptiva.

2. Dividíos en equipos pequeños.

3. Por turnos, un miembro de un equipo selecciona una tarjeta al azar y representa la postura corporal descrita. Podría ser de la siguiente manera:

- **Jugador 1:** selecciona una tarjeta y representa la postura «Brazos cruzados».
- **Jugador 2:** elige la tarjeta y muestra la postura «Manos en las caderas».
- **Jugador 3:** saca la tarjeta y representa la postura «Brazos extendidos».

4. Los demás miembros del equipo deben adivinar qué significado está intentando transmitir el jugador a través de su postura.

- **Equipo 1:** adivina que Jugador 1 muestra una actitud defensiva o de desacuerdo.
- **Equipo 2:** adivina que Jugador 2 demuestra confianza o seguridad.
- **Equipo 3:** adivina que Jugador 3 está transmitiendo una disposición abierta y receptiva.

5. Después de cada representación, se debe llevar a cabo una discusión en equipo sobre cómo se interpretaron las posturas y si se alinearon con su significado real.

- **Equipo 1:** «Notamos que los brazos cruzados de Jugador 1 hicieron que pareciera que no estaba de acuerdo con algo».
- **Equipo 2:** «Vimos que Jugador 2 se encontraba seguro y confiado al poner las manos en las caderas».
- **Equipo 3:** «La postura de brazos extendidos de Jugador 3 hizo que pareciera amigable y abierto a la conversación».

6. Preguntad a los participantes cómo creen que podrían ajustar su postura para comunicar diferentes emociones o actitudes en una conversación.

CONTACTO VISUAL

Mantener un contacto visual saludable con tu interlocutor durante una conversación es esencial para demostrar interés y establecer una conexión efectiva. Supón que eres profesor en la universidad. Durante todo el tiempo de clase miras hacia abajo y evitas el contacto visual con los alumnos. Aunque tu presentación es sólida, la falta de contacto visual transmite falta de confianza y puede hacer que los estudiantes se sientan desconectados o poco involucrados en la clase.

Imagina ahora a otro profesor que imparte una materia similar. Esta persona mantiene contacto visual con los alumnos, a los que mira a los ojos mientras habla. Su lenguaje corporal muestra confianza y compromiso, lo que aumenta la conexión emocional con la audiencia. Esta actitud mejora la comunicación y provoca que los estudiantes se sientan involucrados al percibir el mensaje del docente con claridad.

A continuación expongo algunas estrategias para mejorar el contacto visual con otras personas.

ESTRATEGIAS. LOGRA UN CONTACTO VISUAL ADECUADO

Para que el contacto visual con los demás consiga una buena conexión con otras personas puedes utilizar las siguientes tácticas:

1. Equilibrio

Encuentra un equilibrio entre mirar a los ojos de tu interlocutor y desviar la mirada ocasionalmente. Mantener un contacto visual constante puede ser intimidante, así que permite momentos de pausa visual para evitar que la otra persona se sienta incómoda.

Ejemplo. Durante una reunión de equipo, compartes ideas con tus colegas. Mientras hablas, mantienes el contacto visual con cada uno de los presentes de manera rotatoria para asegurarte de que todos se sientan involucrados en la discusión.

2. Descanso en puntos clave

Alterna entre mirar a los ojos a tu interlocutor y centrar tu atención en su rostro en general. Esto alivia la presión constante en el contacto visual directo y crea una sensación de comodidad.

Ejemplo. Durante una cita mantienes una conversación interesante con tu acompañante. De vez en cuando, apartas la mirada y centras tu atención en la decoración del lugar para aliviar la intensidad del contacto visual constante.

3. Observa las señales

Presta atención a las señales verbales y no verbales de tu interlocutor. Si notas que se siente incómodo o se aparta, puedes reducir el contacto visual temporalmente.

Ejemplo. Estás hablando con un amigo que parece incómodo con el contacto visual directo. Notas que desvía la mirada ocasionalmente, así que optas por mantener el contacto visual de manera más sutil y breve para que se sienta más cómodo.

4. Parpadea de manera natural

No te sientas obligado a mantener los ojos abiertos sin parpadear. Para mantener tus ojos hidratados y evitar que parezcas tenso o incómodo es importante parpadear de manera natural.

Ejemplo. Durante una entrevista de trabajo, mantienes un contacto visual constante con el entrevistador mientras respondes a sus preguntas. Parpadeas naturalmente para mantener tus ojos cómodos y no dar impresión de nerviosismo.

5. Enfoque suave

Si mantener el contacto visual directo te resulta desafiante, puedes enfocarte suavemente en el área de la cara de tu interlocutor, como el puente de la nariz. Esto puede proporcionar la sensación de contacto visual sin sentir la presión directa en los ojos.

6. Expresión facial

Acompaña el contacto visual con una expresión facial amigable y abierta. Una leve sonrisa indica que estás escuchando con atención y que estás interesado en la conversación.

Ejemplo. Mientras charlas con un amigo, mantienes un contacto visual constante y acompañas tu expresión facial con una sonrisa amigable para demostrar que estás atento y receptivo a lo que dice.

7. Gestos naturales

Utiliza gestos naturales y movimientos de cabeza para demostrar que sigues la conversación. Asentir con la cabeza de manera ocasional o inclinarte ligeramente hacia delante indica que estás involucrado en la comunicación.

Ejemplo. Estás en una reunión familiar y ves que tu primo va a empezar a contar una anécdota. Asientes con la cabeza ocasionalmente y realizas movimientos naturales con las manos para mostrar que estás siguiendo su historia.

LA COMUNICACIÓN VERBAL

La comunicación verbal supone el 35 % del mensaje que transmitimos. Incluye el uso de palabras y el tono de voz para expresar pensamientos, sentimientos e ideas.

USO DE PALABRAS

Hay palabras que transmiten información de manera directa y pueden incluir preguntas, comentarios y respuestas. En el contexto de la escucha activa, los cumplidos deberían ser parte de las señales verbales que se utilicen.

Estas expresiones verbales refuerzan el mensaje del hablante al transmitir la validación de su punto de vista. Fórmulas como «tus palabras son muy claras y convincentes», «aprecio tu honestidad en esta conversación» o «demuestras un gran conocimiento sobre el tema» manifiestan un compromiso activo por parte de quien escucha. Sin embargo, es esencial tener en cuenta que el uso excesivo de estas afirmaciones puede también desviar la atención del emisor. Por lo tanto, es recomendable emplearlas con moderación para garantizar una comunicación efectiva y centrada en el contenido de la conversación.

EJERCICIO. ELABORA UNA LISTA DE CUMPLIDOS

A continuación, te dejo una lista de cumplidos que podrás utilizar según el contexto de la conversación.

- *Tus ideas son muy interesantes y bien fundamentadas.*
- *Admiro tu perspectiva y enfoque en este asunto.*
- *Es evidente que has invertido tiempo en investigar este tema.*
- *Tu pasión por este proyecto es realmente inspiradora.*

- *Estoy impresionado por la claridad con la que expresas tus pensamientos.*
- *Tus habilidades en este campo son notables.*
- *Me agrada cómo te enfrentas a los desafíos con creatividad.*
- *Tu honestidad al compartir tus experiencias es admirable.*
- *Se ve que has considerado todas las posibilidades.*
- *Estás demostrando una gran habilidad para comunicar tus ideas.*
- *Me gusta cómo encuentras soluciones innovadoras para los problemas.*
- *Tienes una gran empatía al comprender las necesidades de los demás.*
- *Tus palabras demuestran que comprendes la situación.*
- *Estoy agradecido por tu disposición a colaborar y aportar ideas.*
- *Tus contribuciones enriquecen nuestra discusión de manera significativa.*

EJERCICIO. HAZ DE ESPEJO

Esta habilidad implica la capacidad de reformular o expresar con nuestras propias palabras el contenido que el hablante acaba de transmitir. Este enfoque permite al receptor verificar si ha comprendido de manera precisa el mensaje original. Hacer de espejo no solo demuestra que estamos atentos a lo que se ha dicho, sino que también brinda la oportunidad al hablante de aclarar o ampliar sus pensamientos.

Un ejemplo concreto podría ser cuando escuchamos a alguien describir sus experiencias laborales. Podríamos responder diciendo: «Entonces, si entiendo bien, durante ese proyecto te enfrentaste a desafíos inesperados y tuviste que trabajar en equipo para superarlos, ¿correcto?». Este modo de hacer de espejo al que nos habla demuestra que estamos escuchando activamente, comprendiendo y validando su narrativa mientras alentamos una conversación más profunda y significativa.

EJERCICIO. CONSEJOS PARA EL PARAFRASEO

El parafraseo es una herramienta valiosa en la comunicación efectiva, ya que demuestra tu comprensión y muestra al hablante que estás comprometido en la conversación. Para ello, sigue los siguientes consejos:

1. Escucha atentamente

Presta atención a los detalles y las ideas principales del mensaje del hablante. Esto te ayudará a parafrasear de manera más precisa.

Ejemplo. Imagina que estás hablando con un amigo que está compartiendo su experiencia en un nuevo trabajo. Estás atento a los detalles y a las ideas principales que menciona, como los desafíos que ha enfrentado y los aspectos que disfruta de su trabajo.

AMIGO.— Me está yendo bastante bien en mi nuevo trabajo, pero a veces los plazos son muy ajustados y me siento un poco abrumado.
TÚ.— Veo que has comenzado con buen pie en tu nuevo empleo, pero te sientes presionado por lo ajustado de los plazos que manejas.

2. Simplifica el mensaje

Parafrasea el mensaje de manera simple y clara, evitando añadir información innecesaria.

Ejemplo. Tu compañero te está hablando sobre una receta de cocina complicada que intentó hacer.

COMPAÑERO.— *He estado probando diferentes recetas de cocina últimamente, y ayer intenté hacer un plato complicado de cocina italiana, pero no me salió como esperaba.*
TÚ.— *Así que intentaste hacer una receta complicada de cocina italiana y no salió como tenías planeado.*

3. Usa tus propias palabras

Expresa el mensaje con tus propias palabras manteniendo su significado original.

Ejemplo. Tu amigo te habla sobre sus planes de viaje para el fin de semana.

AMIGO.— *El próximo fin de semana voy a viajar a un lugar en el que nunca he estado. He oído que tiene paisajes impresionantes y se pueden hacer muchas actividades al aire libre.*
TÚ.— *Entonces, planeas hacer un viaje el próximo fin de semana a un destino que nunca has visitado y te emociona lo que has escuchado sobre sus paisajes hermosos y las oportunidades de actividades al aire libre que presenta.*

4. Pregunta para aclarar

Si no estás seguro de haber comprendido completamente lo que te han dicho, haz preguntas para obtener claridad antes de parafrasear.

Ejemplo. Tu amiga comparte su opinión sobre una película que ha visto, pero no estás seguro de entender completamente su punto de vista.

AMIGA.— *La película que vi anoche fue increíble. El final fue totalmente inesperado y me dejó sin palabras.*
TÚ.— *Entiendo que te impactó mucho la película que viste anoche. ¿Podrías explicarme más sobre por qué encontraste el final tan sorprendente?*

5. Sé abierto a la corrección

No pasa nada si tu parafraseo no es exacto en el primer intento. Estás aprendiendo y ajustando tu habilidad a medida que avanzas.

Ejemplo. Estás hablando con tu hermano sobre su nuevo trabajo y parafraseas su descripción de las responsabilidades.

HERMANO.— *En mi nuevo trabajo, estoy a cargo de varios proyectos y debo coordinarme con diferentes equipos para garantizar la entrega puntual.*

TÚ.— Entonces, en tu nuevo trabajo, tienes la responsabilidad de liderar proyectos y colaborar con varios equipos para asegurarte de que todo se entregue a tiempo.

HERMANO.— Sí, también estoy supervisando la implementación de nuevas estrategias para mejorar la eficiencia.

TÚ.— ¡Entiendo! Suena emocionante estar involucrado en la aplicación de nuevas estrategias para aumentar la eficiencia.

6. Practica regularmente

Como con cualquier habilidad, la práctica constante y regular es clave para mejorar. Realiza ejercicios de parafraseo regularmente con el fin de fortalecer tu habilidad.

Ejemplo. Te encuentras en una reunión de grupo en la que cada miembro comparte sus objetivos para el mes siguiente. Practicas el parafraseo al repetir con tus propias palabras lo que cada persona menciona, asegurándote de capturar los puntos clave de cada objetivo.

COMPAÑERO 1.— Mi objetivo para el próximo mes es completar un proyecto importante que hemos estado planeando durante meses.

TÚ.— Así que tu objetivo es finalizar el proyecto que habéis estado planeando durante meses para el próximo mes. Es un logro significativo.

COMPAÑERO 2.— Mi objetivo es mejorar mis habilidades de comunicación y trabajar en la construcción de relaciones más sólidas con el equipo.

TÚ.— Entonces, tu enfoque es desarrollar tus habilidades de comunicación y fortalecer las relaciones con el equipo para el próximo mes. ¡Es una meta valiosa!

TONO DE VOZ

Se refiere a la calidad y la modulación de la voz al hablar y puede influir en cómo se percibe el mensaje por parte del que lo recibe. Un tono de voz adecuado puede fortalecer la comprensión y la conexión entre las personas, mientras que un tono inapropiado puede llevar a malentendidos o interpretaciones equivocadas.

En la comunicación efectiva, es esencial ser consciente de cómo se está utilizando el tono de voz y ajustarlo a lo que la situación requiera. Un tono de voz cálido y amigable puede transmitir empatía y alentar una comunicación abierta y receptiva. Por el contrario, un tono de voz agresivo o elevado puede generar tensión, desencadenar actitudes defensivas y obstaculizar que la conversación sea productiva.

La congruencia entre el tono de voz y el mensaje verbal es fundamental. Por ejemplo, si alguien dice: «Estoy muy emocionado» con un tono monótono y sin entusiasmo, puede generar confusión en el receptor. Además, el tono puede ser un indicador de la relación entre los interlocutores. Hablar con un tono calmado y suave puede sugerir cercanía y confianza, mientras que un tono brusco podría reflejar distancia o falta de interés.

JUEGO. TONO DE VOZ EMOCIONAL

Este juego ayudará a los participantes a comprender cómo puede afectar el tono de voz a la interpretación de un mensaje y la comunicación en general.

1. Reúne a los participantes en un espacio cómodo y sin distracciones.

2. Pide a cada participante que elija una emoción básica (como alegría, tristeza, enojo, sorpresa, etc.) en secreto y la mantenga en mente.

Ejemplo. Ana elige alegría, Juan elige enfado.

3. Formad parejas entre los participantes. Cada pareja consistirá en un Hablante y un Oyente.

4. El Hablante comenzará a hablar sobre un tema casual o cotidiano, pero deberá hacerlo utilizando el tono de voz de la emoción que eligió en el paso 2. El objetivo es que el Oyente adivine la emoción que el hablante está tratando de comunicar a través del tono de voz.

Ejemplo. Ana, como Hablante, comienza a hablar sobre su día utilizando el tono de voz de alegría y dice: «¡Hola, Juan! ¡Qué día tan increíble he tenido! ¡Hice muchas cosas emocionantes!».

5. Después de escuchar al Hablante, el Oyente adivinará la emoción que cree que estaba expresando. Luego, el Hablante revelará la emoción que eligió y ambos discutirán cómo el tono de voz les ha podido influir en la interpretación de la conversación.

Ejemplo. Después de escuchar a Ana, Juan, como Oyente, adivina que estaba expresando alegría. Ana confirma que Juan adivinó correctamente y luego discuten cómo su tono de voz ha sido determinante en la interpretación de la emoción.

6. Luego, cambian los roles: el Oyente será el Hablante, y viceversa, y el proceso se repite.

Ejemplo. Ahora, Juan se convierte en el Hablante. Juan ha elegido expresar enfado y dice: «¡Hola, Ana! Estoy realmente molesto porque mi tren se ha retrasado nuevamente esta mañana».

7. A medida que los participantes se sientan más cómodos, pueden intentar expresar variedad de emociones en sus conversaciones, lo que permite una práctica más completa.

Ejemplo. En la siguiente ronda, Juan puede expresar sorpresa y Ana puede expresar tristeza, lo que permitirá transmitir variedad de emociones.

ALGUNOS CONSEJOS PARA EL JUEGO
Para que resulte más atractivo este juego, seguid estas recomendaciones:

- Fomentad la exageración del tono de voz para que las emociones sean más evidentes.

- Al final del ejercicio, tomaos un momento para discutir cómo el tono de voz influye en la interpretación de las emociones. De este modo, se adquiere mayor conciencia sobre la importancia del tono en la comunicación.

ADAPTA TU MENSAJE

Adaptar el mensaje significa ajustar la forma en que transmitimos información para que sea comprensible y relevante para nuestro público. En cualquier interacción comunicativa, cada individuo tiene su propio conjunto de experiencias, conocimientos y perspectivas y trata de presentar su mensaje de manera que sea accesible y significativo para su audiencia.

Supón que estás tratando de explicar a un niño una fórmula química y algunos conceptos científicos complicados. Sabes que los niños no están familiarizados con estos términos y que no es fácil para ellos entenderlo todo de inmediato. Adaptar el mensaje en este caso sería como traducir la fórmula y los conceptos científicos a un lenguaje que el pequeño pueda entender.

En lugar de usar palabras difíciles, podrías decir algo así: «Imagina que los átomos son como pequeñas piezas de Lego. Cada fórmula química es como una receta para construir cosas con estos Legos. Cuando juntamos ciertas piezas, obtenemos cosas diferentes, como un coche o una casa. Y los científicos estudian cómo funcionan los Legos y cómo hacer cosas nuevas con ellos».

Al adaptar el mensaje de esta manera, haces que la información sea mucho más accesible y emocionante para el niño. Estás usando ejemplos simples y analogías que él pueda relacionar con su experiencia, en lugar de usar palabras complicadas que solo lo confundirían. Esto hace que la comunicación sea mucho más efectiva y le ayuda a conectar con el tema de manera más significativa.

AUTOEVALUACIÓN. ¿SABES ADAPTAR EL MENSAJE QUE QUIERES DAR?
Con esta prueba puedes medir tu habilidad para adaptar mensajes según quién sea el oyente. Lee cada situación y elige la opción que consideres más apropiada para comunicarte con tu interlocutor. Luego suma los puntos obtenidos siguiendo esta clasificación:

- Opción «a»: 1 punto.
- Opción «b»: 3 puntos.
- Opción «c»: 2 puntos.

1. Tienes que explicarle a tu abuelo cómo usar el ordenador para enviar correos electrónicos. ¿Cómo te comunicarías?

a. Le daría una explicación detallada sobre cada botón y función en la computadora.
b. Le mostraría paso a paso cómo encender la computadora y abrir el programa de correo electrónico.
c. Le diría que es fácil y que debería poder averiguarlo por sí mismo.

2. Estás enseñando a un grupo de niños pequeños la importancia de ahorrar energía. ¿Cómo lo explicarías?

a. Usando términos técnicos y estadísticas sobre el consumo de energía.
b. Contando una historia con personajes que aprenden a apagar las luces y usar menos agua.
c. Les daría una larga conferencia sobre los beneficios del ahorro de energía.

3. Te encuentras en una reunión de trabajo y debes presentar un nuevo proyecto a tus compañeros. Uno de ellos es experto en el tema, pero los demás no tienen experiencia previa. ¿Cómo abordarías la presentación?

a. Te enfocarías en los detalles técnicos y en el análisis profundo del proyecto.
b. Harías una introducción general al proyecto y luego profundizarías en los detalles para el experto.
c. Ignorarías a los demás y te dirigirías únicamente al experto.

4. Quieres explicarle a tu hijo adolescente los peligros de compartir información personal en internet. ¿Cómo lo harías?

a. Usando lenguaje técnico y hablando sobre ciberseguridad y encriptación.
b. Mostrando ejemplos de situaciones en las que compartir información personal podría tener consecuencias negativas.
c. Le darías un folleto sobre seguridad en línea y le dirías que lo lea por su cuenta.

5. Estás conversando con un grupo de amigos sobre una película que todos habéis visto, excepto uno de vosotros. ¿Cómo participarías en la conversación?

a. Le contarías toda la trama y los detalles para ponerlo al día.
b. Le darías una breve descripción general de la película sin revelar demasiado.
c. Ignorarías al amigo que no la ha visto y continuarías la conversación con los demás.

Resultados:

- **15-10 puntos: excelente.** Tu habilidad para adaptar mensajes según el oyente es sobresaliente. Eres capaz de identificar las necesidades y el nivel de comprensión de tu audiencia y ajustar tu comunicación de manera efectiva.

- **9-6 puntos: bien.** Tienes una habilidad razonable para adaptar tus mensajes, pero aún hay margen para mejorar. Puedes considerar cómo ajustar aún más tu enfoque según las necesidades específicas del oyente.

- **5-0 puntos: mejorable.** Puede que a veces tengas dificultades para adaptar tus mensajes a diferentes oyentes. Trabajar en esta habilidad te permitirá comunicarte de manera más efectiva en diversas situaciones.

CONSEJOS. APRENDE A ADAPTAR TU MENSAJE

Si tus resultados indican que debes mejorar, aquí te dejo algunos consejos para que aprendas a adaptar tu mensaje a la audiencia:

1. **Conoce a tu audiencia**
   Antes de comunicarte, investiga y comprende quiénes son tus interlocutores. Ten en cuenta su nivel de conocimiento, experiencias, cultura y expectativas.

2. **Ajusta el lenguaje**
   Utiliza un lenguaje que sea adecuado y comprensible para tu audiencia. Evita términos técnicos si no son familiares para tu auditorio y utiliza un tono conversacional.

3. **Destaca lo relevante**
   Identifica los puntos clave que son relevantes para la audiencia y enfatízalos. Esto le permitirá conectar con la información de manera más significativa.

4. **Ejemplos concretos**
   Utiliza ejemplos concretos y situaciones que puedan relacionarse con la vida o experiencia de la audiencia. Es una manera de ilustrar tus ideas y hacerlas más tangibles.

5. **Solicita retroalimentación**
   Durante la conversación, busca señales de comprensión y claridad en la audiencia. Si es necesario, pregunta si hay cuestiones que no han quedado claras o si alguien desea más información.

ELIMINAR LAS DISTRACCIONES

En la era digital actual, las distracciones son una constante en la comunicación, lo que a menudo afecta negativamente la calidad de las interacciones humanas y la comunicación efectiva.

EL TELÉFONO MÓVIL

Los teléfonos móviles y los dispositivos electrónicos son algunos de los mayores culpables de nuestras distracciones. La constante notificación de mensajes de texto, correos electrónicos, redes sociales y aplicaciones para mandar mensajes puede interrumpir una conversación «real». Seguro que alguna vez te has visto en esta situación: has quedado a tomar algo con un amigo, porque estás ansioso de contarle algo que te ha ocurrido y necesitas consejo. Comienzas a explicarle lo que te ha estado preocupando y compartes tus sentimientos de una manera honesta y abierta.

Sin embargo, mientras estás en medio de tu relato, notas que tu amigo saca su teléfono móvil y comienza a revisar sus mensajes de texto y redes sociales. A pesar de tu esfuerzo por expresarte y compartir tus pensamientos, sientes que tu amigo está distraído y no te presta atención.

Mientras tú deseas tener una conversación significativa con tu amigo, su atención dividida te hace sentir poco valorado y escuchado.

AUTOEVALUACIÓN. ¿ERES DE LOS QUE USA EL MÓVIL MIENTRAS CONVERSA CON OTRO?

Este test es solo una evaluación básica para concienciarte de tus hábitos como primer paso para mejorar la comunicación. Si descubres que tu teléfono móvil te distrae con frecuencia, considera la posibilidad de tomar medidas para reducir estas distracciones y mejorar la calidad de tus conversaciones.

Responde a las siguientes preguntas de manera sincera, asignando una puntuación del 1 al 5 tal y como se indica a continuación:

1. Nunca.
2. Raramente.
3. A veces.
4. Frecuentemente.
5. Siempre.

¿Con qué frecuencia revisas tu teléfono móvil durante una conversación cara a cara?	1	2	3	4	5
¿Te sientes tentado a revisar tu teléfono móvil cuando suena una notificación durante una conversación?	1	2	3	4	5
¿Has interrumpido una conversación para responder a una llamada telefónica o un mensaje?	1	2	3	4	5
¿Has sentido que tu teléfono móvil distrae tu atención de la conversación en curso?	1	2	3	4	5
¿Has experimentado momentos en los que no recuerdas lo que alguien dijo en una conversación porque estabas distraído por tu teléfono?	1	2	3	4	5

Suma tus puntuaciones:

- **5-10.** No te distraes fácilmente por tu teléfono móvil durante las conversaciones.
- **11-15.** A veces te distraes por tu teléfono móvil, pero aún puedes mantener el enfoque en la conversación.

- **16-20.** Experimentas distracciones frecuentes debido a tu teléfono móvil en las conversaciones.
- **21-25.** Tu teléfono móvil suele ser una fuente significativa de distracción en tus interacciones.

Si eres de los que se distrae con el teléfono móvil, aquí tienes unos **consejos útiles** para evitarlo.

1. Activa el modo silencio
Antes de iniciar una conversación importante, pon tu teléfono en modo silencio o activa el modo avión para minimizar las notificaciones que puedan interrumpirte.

2. Coloca el teléfono fuera de la vista
Pon tu teléfono en un lugar donde no esté a la vista durante la conversación. Esto reduce la tentación de mirarlo constantemente.

3. Comunica tus intenciones
Si estás esperando una llamada importante o un mensaje urgente, comunica a la otra persona que podrías necesitar revisar tu teléfono en caso de que suceda, pero asegúrate de hacerlo de manera breve y discreta si es necesario.

4. Establece límites de tiempo
Si tienes que revisar tu teléfono, establece límites de tiempo estrictos para hacerlo. Por ejemplo, puedes decir: «Permíteme responder a este mensaje rápidamente y luego continuamos nuestra conversación».

5. Usa la regla de los dos minutos
Si recibes una llamada o mensaje que consideras importante, aplaza tu respuesta durante dos minutos. Esto te da tiempo para valorar si la interrupción es realmente urgente.

6. Reflexiona sobre las consecuencias
Toma conciencia de cómo la distracción del teléfono puede afectar tus relaciones y la calidad de tu comunicación. Cuanto más te des cuenta de los efectos negativos, más motivado estarás para cambiar tus hábitos.

LA MULTITAREA

La **multitarea** es otra tendencia en nuestra sociedad que implica abundantes distracciones determinantes. Muchos de nosotros intentamos realizar múltiples tareas mientras conversamos. Si no, recuerda esa ocasión en la que hablabas por teléfono mientras intentabas responder los correos electrónicos del trabajo y comprar unas entradas para un concierto por internet.

Seguramente, la conversación telefónica se volvió confusa, con detalles importantes que se te pasaron por alto. El correo electrónico que creíste haber mandado con carácter urgente resulta que quedó en la bandeja de borradores, lo que generó malentendidos y retrasos en las tareas laborales. Y, además, las entradas del concierto las compraste en una zona de asientos que no te gusta.

Aunque piensas que puedes hacerlo todo, terminas cometiendo errores y no das la atención debida a ninguna de las tareas.

AUTOEVALUACIÓN. ¿LA MULTITAREA AFECTA A TU COMUNICACIÓN EFECTIVA?

Lee estas afirmaciones y responde con honestidad, indicando si cada afirmación es verdadera (V) o falsa (F) en tu caso:

1. A menudo reviso mi teléfono o realizo otras tareas en mi dispositivo móvil mientras estoy conversando con alguien.
2. Me resulta difícil concentrarme completamente en una conversación sin sentir la necesidad de revisar mensajes, notificaciones o redes sociales en mi teléfono.
3. Suelo responder llamadas telefónicas o mensajes de texto mientras mantengo una conversación cara a cara con otra persona.
4. Cuando estoy en una reunión o conversación, a veces tengo la sensación de estar «aquí físicamente, pero no mentalmente» debido a la distracción del teléfono u otras tareas.
5. Tiendo a interrumpir mis conversaciones para atender llamadas telefónicas o responder mensajes, incluso si no son urgentes.
6. Me han hecho comentarios sobre mi tendencia a estar distraído por el teléfono u otras tareas mientras converso con alguien.
7. A menudo me encuentro pensando en las tareas pendientes o en otras actividades mientras hablo con alguien.
8. Siento que mi capacidad para escuchar y comprender plenamente a la otra persona se ve afectada por la multitarea o la distracción del teléfono.

Una vez que hayas respondido a estas afirmaciones, cuenta las respuestas verdaderas (V) que tienes. Cuantas más respuestas verdaderas, mayor es la probabilidad de que la multitarea esté afectando tu capacidad para mantener una conversación efectiva y prestar atención plena a los demás.

Si ese ha sido el caso, aquí tienes algunos consejos para evitar que la multitarea afecte tu comunicación efectiva:

1. Establece prioridades

Antes de iniciar una conversación, identifica tus prioridades. Decide si es más importante la charla que vas a tener o la tarea que estás realizando. Establecer prioridades te ayudará a centrarte en lo que sea más importante en cada momento.

2. Silencia las notificaciones

Pon en silencio las notificaciones de tu teléfono o dispositivo electrónico mientras mantienes una conversación importante. Así evitarás que las notificaciones te distraigan.

3. Usa técnicas de escucha activa

Practica la escucha activa, que implica prestar completa atención a la persona que habla. Haz preguntas para clarificar y muestra interés en el tema de conversación.

4. Programa tiempos de descanso

Si tienes una jornada muy ocupada, reserva tiempos de descanso específicos para revisar mensajes o realizar otras tareas. Esto te permite concentrarte completamente en la conversación cuando sea necesario.

5. Evalúa tu efectividad

De vez en cuando, piensa en cómo has manejado la multitarea en tus conversaciones. ¿Te ha afectado negativamente? ¿Has perdido información importante? Utiliza esta reflexión para mejorar tu enfoque en el futuro.

EL RUIDO AMBIENTAL

En entornos ruidosos, como cafeterías o lugares públicos, el ruido de fondo puede dificultar la concentración en una conversación y llevar a malentendidos. Imagina que estás teletrabajando y tienes una videollamada importante con un cliente, pero el ruido de fondo de la televisión de otra habitación de casa, el ladrido de tu perro o las obras del vecino de arriba dificultan la comprensión mutua y provoca distracciones constantes.

AUTOEVALUACIÓN. ¿TE AFECTA EL RUIDO AMBIENTAL PARA LLEVAR A CABO UNA CONVERSACIÓN EFECTIVA?

Lee cada pregunta y selecciona la respuesta que mejor describa tu experiencia en situaciones similares. Al final, contarás tus respuestas para obtener tu puntuación.

1. ¿Cómo te sientes cuando intentas mantener una conversación en un lugar ruidoso, como un restaurante lleno de gente?

a. Me resulta muy difícil concentrarme en la conversación.
b. Puedo concentrarme, pero me distraigo ocasionalmente.
c. No me afecta, puedo mantener la concentración sin problema.

2. ¿Sientes que necesitas hacer un esfuerzo adicional para escuchar y entender a la persona con la que conversas en un entorno ruidoso?

a. Sí, a menudo tengo que esforzarme mucho para entender.
b. A veces, pero no siempre.
c. No, generalmente puedo escuchar y entender sin esfuerzo adicional.

3. ¿Has notado que evitas ciertos lugares o situaciones ruidosas porque sabes que te dificultarán tener una conversación efectiva?

a. Sí, evito estos lugares siempre que puedo.

b. En ocasiones, dependiendo de la importancia de la conversación.

c. No, no evito este tipo de situaciones.

4. ¿Cómo te sientes cuando estás en una conversación importante y de repente se produce un ruido fuerte e inesperado, como un claxon o una alarma?

a. Me desconcentra completamente y me cuesta volver a enfocarme.

b. Me distrae momentáneamente, pero puedo recuperar la concentración con rapidez.

c. No me afecta en absoluto, puedo seguir la conversación sin problemas.

5. ¿Has notado que en situaciones ruidosas tiendes a interrumpir o hablar más fuerte para que te escuchen mejor?

a. Sí, a menudo tengo que elevar el tono de mi voz o interrumpir.

b. Lo hago ocasionalmente si es necesario.

c. No, trato de mantener un tono de voz constante.

Puntuación:

- **Mayoría de respuestas «a».** El ruido ambiental tiende a afectar significativamente tu concentración durante las conversaciones. Puedes considerar estrategias para minimizar este impacto, como elegir lugares más tranquilos o usar auriculares con cancelación de ruido en entornos ruidosos.

- **Mayoría de respuestas «b».** El ruido ambiental te afecta ocasionalmente, pero aún puedes mantener una conversación efectiva en la mayoría de las situaciones. Considera la posibilidad de seguir desarrollando técnicas para mejorar tu concentración en entornos ruidosos.

- **Mayoría de respuestas «c».** El ruido ambiental tiene un impacto mínimo en tu concentración durante las conversaciones. Tienes una buena capacidad para mantener la atención en entornos ruidosos.

Si la mayoría de tus respuestas han sido «a», quiere decir que el ruido ambiental afecta tus conversaciones. Para evitar que esto ocurra, aquí tienes algunos consejos y estrategias que puedes seguir:

1. Elige el lugar adecuado

Siempre que sea posible, escoge lugares tranquilos y silenciosos para mantener conversaciones importantes. Evita entornos ruidosos o con mucho tráfico.

2. Habla más despacio y claro

En lugar de elevar el tono de voz, intenta hablar despacio y de manera más clara. De esta manera, facilitarás que la otra persona te escuche mejor sin tener que gritar.

3. Pide aclaraciones

Si no has entendido a la otra persona debido al ruido, no dudes en pedirle que repita o aclare lo que haya dicho. La comunicación efectiva implica asegurarse de que ambos os entendáis correctamente.

4. Usa gestos y expresiones faciales

Acompaña tu comunicación verbal con gestos y expresiones faciales que refuercen tu mensaje. Esto puede ayudar a transmitir tus emociones incluso cuando el ruido dificulte la audición.

5. Mantén contacto visual

Trata de mantener el contacto visual con la otra persona tanto como sea posible: indica que estás prestando atención y puede ayudar a compensar la interferencia del ruido.

6. Haz descansos

Si te encuentras en un entorno muy ruidoso durante un período prolongado, reserva momentos de descanso para relajarte y reducir la fatiga auditiva.

LA DIFICULTAD PARA DESCONECTAR

Cada vez hay más personas que tienen dificultades para desconectar del trabajo o las preocupaciones personales debido al estrés, lo que puede llevar a distracciones mentales. Has estado trabajando todo el día y, cuando finalmente acabas y quedas para hablar con un amigo, sigues preocupado por los problemas laborales y las tareas pendientes, lo que dificulta tu capacidad para estar presente en la conversación.

AUTOEVALUACIÓN. ¿TIENES DIFICULTADES PARA DESCONECTAR Y TU COMUNICACIÓN EFECTIVA SE VE AFECTADA?

A continuación, te presento un test para evaluar si tienes dificultades para desconectar del trabajo o las preocupaciones personales debido al estrés, lo que podría interferir en tu comunicación efectiva con otros. Responde a las siguientes afirmaciones con «sí» o «no», según corresponda a tu experiencia:

1. ¿Sientes que a menudo piensas en temas laborales o preocupaciones personales durante tus conversaciones con otras personas?
2. ¿Te resulta difícil concentrarte en una conversación debido a que tu mente está ocupada con asuntos laborales o personales?
3. ¿Sientes que tu nivel de estrés o ansiedad afecta negativamente tu capacidad para comunicarte de manera efectiva?
4. ¿Te encuentras constantemente revisando correos electrónicos de trabajo o mensajes relacionados con preocupaciones personales durante el tiempo de ocio?
5. ¿Has notado que tu falta de desconexión del trabajo o tus preocupaciones personales han causado malentendidos o conflictos en tus relaciones personales?
6. ¿A menudo te sientes agotado mentalmente debido a la dificultad para separar el trabajo y las preocupaciones personales de tu vida social?

Calcula tu puntuación sumando el número de respuestas «sí». Cuantas más respuestas afirmativas tengas, mayor puede ser la dificultad para desconectar del trabajo o de las preocupaciones personales, lo que potencialmente podría afectar tu comunicación efectiva con los demás.

- **0-1 respuestas afirmativas.** Es posible que tengas un buen equilibrio entre el trabajo, las preocupaciones personales y la comunicación efectiva.

- **2-3 respuestas afirmativas.** Puedes estar experimentando cierta dificultad para desconectar, lo que podría afectar ocasionalmente tu comunicación. Considera la opción de adoptar medidas para gestionar el estrés.

- **4 o más respuestas afirmativas.** Es probable que tengas dificultades significativas para desconectar del trabajo o de las preocupaciones personales, lo que podría estar afectando negativamente tu comunicación efectiva. Es importante que abordes este problema y busques formas de gestionar el estrés de manera efectiva.

Aquí tienes algunos consejos para lograr desconectar del trabajo y de las preocupaciones si lo necesitas:

1. **Establece límites de tiempo**
   Dedica un tiempo específico a tus tareas laborales y personales y luego desconecta. Evita llevar el trabajo o las preocupaciones personales a todas partes.

2. **Crea una rutina de desconexión**
   Establece una rutina al final del día de trabajo que te ayude a hacer la transición de forma efectiva hacia tu tiempo libre. Esto podría incluir apagar el ordenador, silenciar las notificaciones del móvil o realizar una actividad relajante.

3. **Planifica momentos de descanso**
   Reserva espacios de tu día a día para revisar tus preocupaciones y luego déjalas de lado. Saber que tendrás tiempo para abordarlas más tarde puede ayudarte a mantener la concentración en la conversación actual.

4. **Habla de tus preocupaciones**
   A veces, compartir tus preocupaciones con alguien de confianza puede ayudarte a liberar la tensión y a dejar de darle vueltas en tu cabeza.

EXPRESAR TUS EMOCIONES

Expresar las emociones de manera efectiva a la hora de comunicarte es fundamental para construir relaciones sólidas y que exista comprensión mutua entre ambas partes.

IDENTIFICA EMOCIONES

Antes de poder expresar tus emociones, debes ser consciente de lo que tu interlocutor y tú sentís. Identificar emociones es un aspecto fundamental de la inteligencia emocional y de la comunicación efectiva. Esta habilidad implica reconocer, comprender y etiquetar adecuadamente las emociones propias y las de los demás.

El primer paso es ser consciente de lo que sientes. Antes de expresar una emoción, identifícala en ti mismo. Pregúntate cómo te sientes y por qué. Por ejemplo, si te sientes frustrado, reflexiona sobre la causa de esa desilusión.

Ahora vamos a comprobar cuál es tu capacidad para identificar las emociones de los demás.

AUTOEVALUACIÓN. ¿SOY CAPAZ DE IDENTIFICAR EMOCIONES AJENAS EN UNA CONVERSACIÓN?
Evalúa tu capacidad de identificar las emociones de otros en una conversación. Lee cada situación y selecciona la opción que mejor describa cómo te sentirías o interpretarías las emociones en esa situación.

1. **Imagina que estás hablando con un amigo que ha estado sonriendo y riendo durante toda la conversación. ¿Qué emociones identificarías en él?**

a. Está feliz y contento.
b. Está aburrido y quiere que termine la conversación.
c. Se encuentra molesto por algo que le ha sucedido antes.

2. **Estás hablando con tu compañero de trabajo sobre un proyecto importante, y notas que frunce el ceño, cruza los brazos y mira hacia abajo. ¿Qué emociones identificarías en él?**

a. Está concentrado y pensando en soluciones.
b. Está enfadado o frustrado por algún aspecto del proyecto.
c. No presta atención y está distraído.

3. **Durante una conversación con tu pareja, te das cuenta de que evita el contacto visual, suspira con frecuencia y tiene los hombros caídos. ¿Qué emociones identificarías?**

a. Está relajado y tranquilo.
b. Se siente triste o desanimado por algo.
c. Está impaciente y quiere que la conversación termine.

4. **Estás hablando con un colega que utiliza un tono de voz alto y entusiasta mientras comparte sus ideas sobre un proyecto importante. ¿Qué emociones identificarías en él?**

a. Está emocionado y motivado.
b. Se encuentra molesto y enojado por algo.
c. No está seguro de lo que está hablando.

5. Durante una conversación con un amigo, notas que está inquieto, moviendo las piernas nerviosamente y jugando con un bolígrafo. ¿Qué emociones identificarías en él?

a. Se aburre y quiere irse.
b. Está ansioso o preocupado por algo.
c. Está interesado y prestando atención.

Puntuación:

- Cada respuesta «a» vale 2 puntos.
- Cada respuesta «b» vale 1 punto.
- Cada respuesta «c» vale 0 puntos.

Resultados:

- **8-10 puntos.** Tienes una buena capacidad para identificar emociones en una conversación. Eres sensible a las señales emocionales de los demás y puedes interpretarlas con precisión.

- **4-7 puntos.** En general, sabes identificar emociones en una conversación, pero a veces te resulta difícil. Puede ser útil prestar más atención a las señales emocionales de los demás.

- **0-3 puntos.** Puedes tener dificultades para identificar emociones en una conversación. Practicar la empatía y la observación activa te ayudará a mejorar esta habilidad.

SÉ HONESTO CONTIGO MISMO

A veces, podemos tratar de ocultar o minimizar nuestras emociones, especialmente si son negativas o incómodas. La honestidad contigo mismo es el primer paso para una comunicación efectiva.

Supón que has hecho planes para salir con unos amigos el fin de semana, pero en el fondo no te sientes muy emocionado por la idea. Puede que no te apetezca o simplemente necesites tiempo para descansar y recargar pilas.

En lugar de ser honesto contigo mismo, podrías tratar de ocultar tus sentimientos y seguir adelante con los planes solo para no decepcionar a tus amigos. Sin embargo, conforme se acerca el momento, te estresas porque sabes que realmente no vas a disfrutar del encuentro. Finalmente, te das cuenta de que necesitas un día tranquilo para ti mismo. Entonces, hablas con tus amigos, les explicas cómo te sientes y les pides disculpas por cancelar los planes. Al hacerlo, te sientes aliviado y auténtico, y tus amigos, que valoran tu sinceridad, comprenden y apoyan tu necesidad de descanso.

AUTOEVALUACIÓN. ¿ERES HONESTO CONTIGO MISMO?

Este test puede ayudarte a evaluar tu nivel de homestidad contigo mismo. Responde cada pregunta con sinceridad, eligiendo la opción que mejor te describa. Recuerda que este es solo un indicador general y no un diagnóstico definitivo.

1. **¿Con qué frecuencia te tomas un tiempo para reflexionar sobre tus emociones y pensamientos?**

   a. A menudo.
   b. De vez en cuando.
   c. Rara vez.
   d. Casi nunca.

2. **¿Cuando se presenta una situación desafiante o emocional tiendes a evitarla o la afrontas de manera directa?**

   a. Siempre la enfrento de manera directa.
   b. La enfrento a veces y otras la evito.
   c. La evito la mayoría de las veces.
   d. Siempre la evito.

3. **¿Sientes que a veces ocultas lo que realmente sientes para huir de conflictos o desacuerdos?**

   a. Nunca oculto lo que siento.
   b. A veces lo hago, pero no siempre.
   c. Lo hago con frecuencia para evitar conflictos.
   d. Siempre oculto lo que siento.

4. **¿Eres capaz de reconocer tus errores y admitir que te has equivocado en una discusión o conflicto?**

   a. Siempre reconozco mis errores.
   b. A veces lo hago, pero no siempre.
   c. Raramente reconozco mis errores.
   d. Nunca reconozco mis errores.

5. **¿Tienes dificultades para expresar las emociones que te hacen parecer vulnerable, como el miedo o la tristeza, incluso ante personas cercanas?**

   a. No tengo problemas para expresar mis emociones, incluso las que me hacen parecer vulnerable.
   b. A veces me cuesta, pero lo hago cuando es necesario.
   c. Sí, tengo dificultades para expresar esas emociones.
   d. Nunca expreso ese tipo de emociones.

Puntuación:

- Por cada respuesta «a» suma 1 punto.
- Por cada respuesta «b» suma 2 puntos.
- Por cada respuesta «c» suma 3 puntos.
- Por cada respuesta «d» suma 4 puntos.

Luego, suma los puntos correspondientes a tus respuestas y obtendrás un número total de puntos. Basándote en ese total, los resultados son los siguientes:

- **5-7 puntos.** Tienes una buena capacidad para ser honesto contigo mismo y expresar tus emociones de manera auténtica.

- **8-11 puntos.** A veces eres honesto contigo mismo, pero podría haber margen para mejorar en ciertas áreas.

- **12-15 puntos.** Puedes tener dificultades para ser honesto contigo mismo en diversas situaciones. Considera la posibilidad de trabajar para mejorar tu comunicación efectiva y tu bienestar emocional.

ESCOGE EL MOMENTO Y EL LUGAR ADECUADO

No todas las situaciones son apropiadas para expresar emociones intensas. Elije un momento oportuno en el que tanto tú como la otra persona estéis disponibles y dispuestos a escuchar.

Imagina que estás en una cena familiar y surge una conversación en torno a una cuestión delicada, como la política, sobre la que tienes opiniones enérgicas y emocionales. Sabes que algunos miembros de tu familia tienen puntos de vista opuestos y las discusiones anteriores sobre este tema han terminado en confrontaciones.

En lugar de expresar tus opiniones en medio de la cena, eliges un momento más adecuado. Después de la cena, cuando estás tomando café en la sala de estar y la mayoría de los invitados se han ido, decides abordar el tema de manera calmada y respetuosa. Invitas a aquellos que estén dispuestos a hablar sobre el asunto y les explicas que quieres expresar tus puntos de vista y emociones, pero prefieres hacerlo en un entorno tranquilo y con menos personas alrededor.

Esta elección proporciona un espacio más adecuado para discutir el tema sin que las emociones se desborden en medio de una cena familiar. Todos están disponibles y dispuestos a escuchar, y puedes compartir tus opiniones y emociones de manera más efectiva sin crear una confrontación innecesaria.

EJERCICIO. EXPRESA TUS EMOCIONES EN UN ENTORNO ADECUADO

Los siguientes pasos te servirán para trabajar la manera más efectiva de expresar a los demás tus emociones y que tus interlocutores reciban tu mensaje de manera positiva.

1. **Utiliza «yo» en lugar de «tú»**
   Cuando compartas tus emociones, en lugar de acusar o culpar a la otra persona, enfócate en tus propios sentimientos.

   Ejemplo. En lugar de decir: «Tú me haces sentir enfadado», puedes decir: «Me enfado cuando suceden estas cosas».

2. **Sé específico**
   Cuanto más específico seas al expresar tus emociones, mejor comprenderá la otra persona lo que estás experimentando.

   Ejemplo. En lugar de decir: «Estoy molesto», puedes explicar algo así: «Me siento molesto porque sentí que no estabas escuchando mis opiniones».

3. **Utiliza lenguaje corporal y expresiones faciales**
   Tu lenguaje corporal y tus expresiones faciales también comunican tus emociones. Asegúrate de que tu lenguaje no verbal sea coherente con tus palabras.

4. **Escucha activamente**
   La comunicación efectiva no solo implica expresar tus emociones, sino también escuchar a la otra persona cuando las expone. Presta atención a su lenguaje verbal y no verbal para comprender mejor su punto de vista emocional.

5. **Evita la exageración**
   Aunque es importante expresar tus emociones, evita dramatizar o exagerar. Mantén un tono de voz y un lenguaje apropiados para la situación.

6. **Acepta las reacciones de los demás**
   Reconoce que no todas las personas reaccionarán de la misma manera a tus emociones. Algunas pueden responder con empatía, mientras que otras quizá necesiten tiempo para procesar lo que has compartido.

7. **Busca soluciones constructivas**
   Si tus emociones están relacionadas con un problema o conflicto, trabaja en conjunto para encontrar soluciones constructivas, en lugar de quedarte atrapado en la expresión de emociones negativas.

SER PACIENTE

Seguro que alguna vez te ha pasado lo siguiente: estás en una cena con amigos en un restaurante. Mientras uno de tus amigos comparte una gran historia sobre un viaje reciente, sientes la urgencia de interrumpir con tus propias anécdotas para no quedarte atrás. Sin darle tiempo a concluir, saltas con entusiasmo para contar tu propia experiencia, superponiendo tus palabras a las suyas.

Esta falta de paciencia interrumpe el flujo natural de la conversación. Las historias se entrelazan de manera desordenada, y algunos amigos pueden sentirse ignorados. La comunicación se vuelve más superficial, ya que la prisa por expresarte eclipsa la posibilidad de una interacción más profunda y significativa.

En un mundo donde el tiempo parece fluir a una velocidad vertiginosa, cultivar la paciencia se convierte en un acto de resistencia que nos permite tomarnos el tiempo necesario para comprender y ser comprendidos. La paciencia nos invita a escuchar con atención, a esperar el momento adecuado para expresar nuestras ideas y a dar a los demás espacio para compartir sus pensamientos sin sentirse apresurados. Precisamente, la comunicación se nutre de la paciencia, que fomenta un diálogo abierto y honesto como forma de superar malentendidos y fortalecer los lazos entre las personas.

Por lo tanto, en lugar de interrumpir de inmediato con tus propias anécdotas, decides cultivar la paciencia. Escucha atentamente y disfruta de la historia sin sentir la necesidad de interrumpir. Luego, cuando llegue el momento adecuado, con calma y claridad, comparte tus propias experiencias. Esta pausa consciente no solo permite que cada historia se desarrolle completamente, sino que también crea un espacio para una comunicación fluida y significativa.

AUTOEVALUACIÓN. ¿SOY DE LOS QUE INTERRUMPEN A SU INTERLOCUTOR?

Este test te ayudará a determinar si eres propenso a interrumpir a tu interlocutor y ser más consciente de tus patrones de comunicación. Aquí tienes algunas preguntas que podrían ayudarte a evaluar tu comportamiento:

¿Suelo interrumpir frecuentemente a las personas mientras hablan?	Sí	No
¿Me encuentro a mí mismo pensando en lo que voy a decir a continuación mientras escucho a alguien más?	Sí	No
¿He recibido comentarios de otras personas sobre mi tendencia a interrumpir?	Sí	No
¿A veces termino las oraciones de los demás antes de que tengan la oportunidad de hacerlo?	Sí	No
¿Me siento incómodo o impaciente cuando alguien habla durante mucho tiempo sin que pueda interrumpir?	Sí	No
¿Suelo tener la sensación de que lo que tengo que decir es más importante que lo que la otra persona está diciendo?	Sí	No
¿He notado que las personas a mi alrededor tienden a callarse cuando estoy hablando?	Sí	No
¿Me es difícil recordar detalles importantes de lo que alguien más ha compartido porque mi mente está ocupada pensando en mi respuesta?	Sí	No
¿Intento dirigir la conversación hacia mis propios temas o experiencias con frecuencia?	Sí	No
¿Me esfuerzo por practicar la escucha activa o tiendo a centrarme más en mi propia participación en la conversación?	Sí	No

Despúes de responder estas preguntas, reflexiona sobre tus respuestas. Si encuentras que has respondido «sí» a varias de ellas, es posible que en tus interacciones tengas tendencia a interrumpir. La toma de conciencia es el primer paso para mejorar estos patrones y fomentar una comunicación efectiva y respetuosa.

Según los resultados, ¿eres de esas personas que tienen tendencia a interrumpir la conversación cuando alguien habla? Aquí te ofrezco algunos consejos prácticos para que puedas dejar de interrumpir y mejorar tus habilidades de comunicación.

CONSEJOS. DEJA DE INTERRUMPIR A LOS DEMÁS
Una comunicación eficaz y fructífera exige que los interlocutores sigan las siguientes pautas:

1. Reduce la velocidad
Si hablas rápido o sientes la urgencia de expresarte, ralentiza el ritmo de la conversación. Hablar despacio y hacer pausas crea un ambiente más cómodo, permitiendo que cada persona tenga tiempo para reflexionar antes de hablar. Además, reduce la probabilidad de interrupciones y superposiciones y mejora el flujo de la conversación.

Ejemplo. Imagina que compartes con tus compañeros una gran idea en una reunión de trabajo, pero notas que tus colegas parecen estar desconectados. En lugar de apresurarte, reduces la velocidad, permitiendo pausas estratégicas para que tu audiencia asimile la información. El ambiente se vuelve más relajado y tus compañeros participan de manera más activa.

2. Conviértete en un gran oyente
Observa las señales no verbales, reflexiona sobre lo que escuchas y muestra expresividad. Este tipo de escucha mejora la calidad de las conversaciones y fortalece la conexión interpersonal.

Ejemplo. Estás hablando con un amigo que parece preocupado. En lugar de solo escuchar sus palabras, observas su lenguaje corporal y adviertes gestos de inquietud. Entonces te sumerges en la conversación, haciéndole preguntas que van más allá de lo que parece evidente. Tu amistad se fortalece al demostrar empatía y comprensión.

3. Resiste los impulsos de interrumpir
Identifica los impulsos de interrumpir sin actuar sobre ellos. Retrocede, respira profundamente y muérdete la lengua si es necesario. Esta «resistencia» debilitará esos impulsos con el tiempo, lo que te dará un mayor control sobre tu participación en las conversaciones.

Ejemplo. Un grupo de amigos os juntáis un sábado para tomar algo y contáis las anécdotas que os han ocurrido durante la semana. Aunque sientes la urgencia de interrumpir para compartir tu historia, te contienes. Respiras profundamen-

te, permites que los demás concluyan y, cuando llega tu momento, tu anécdota se percibe como más valiosa.

4. Espera una pausa en la conversación

Intenta no interrumpir cuando alguien esté hablando. Espera una pausa natural para intervenir. En situaciones formales, busca puntos de transición adecuados. Paciencia y respeto son la clave para evitar superposiciones y mantener una conversación fluida.

Ejemplo. Participas en una discusión bastante animada. En lugar de intervenir abruptamente, esperas a que la conversación fluya de forma natural hacia una pausa. Tu participación se integra de manera armoniosa en el diálogo.

5. Pide turno para hablar

Solicita, cuando convenga, el turno de palabra de manera sutil. Establece contacto visual, pregunta si es apropiado hacer un comentario. Pedir turno es una forma respetuosa de participar en la conversación.

Ejemplo. En una reunión, tienes una idea importante, pero observas que el momento para exponerla no es propicio. Haces contacto visual con el grupo y, al notar una pausa, pides educadamente la palabra. Este acto muestra respeto por el flujo de la conversación y garantiza que tu aporte sea bien recibido.

6. Busca señales sociales

Aprende a leer las señales no verbales para saber cuándo hablar y cuándo callar. Observa el lenguaje corporal y las expresiones faciales para comprender si la otra persona está receptiva o prefiere concluir la conversación.

Ejemplo. Estás charlando con un compañero, pero percibes que tu colega se muestra distante. Notas su lenguaje corporal «cerrado» y decides esperar a un momento más propicio para hablar.

7. Haz que tus palabras valgan

Si tiendes a hablar mucho, intenta comunicarte con menos palabras. Establece límites, haz pausas y formula preguntas para involucrar a los demás. Menos palabras permiten más tiempo para que otros participen.

Si te das cuenta de que hablas de detalles innecesarios en tus conversaciones, sería conveniente que te desafiaras a ti mismo a comunicar tus ideas de manera más concisa. Al limitar tu discurso y hacer preguntas reflexivas, permites que otros participen y contribuyan más activamente.

8. Escribe los puntos clave

Evita interrupciones anotando los puntos clave antes de la conversación. Esto te facilitará recordar lo importante sin sentir la presión de interrumpir para compartir información esencial.

Ejemplo. Antes de una presentación importante, anotas los puntos clave que no quieres olvidar. Así, mantendrás el flujo de la conversación sin interrupciones innecesarias, ya que la información esencial está organizada y accesible.

9. Anima a otros a hablar más

Busca equilibrio entre hablar y escuchar. Formula preguntas abiertas, muestra interés en los temas que interesan a la otra persona y crea un ambiente cálido para alentar la apertura y la participación.

Ejemplo. En una reunión de equipo, ves que algunos compañeros son más reservados que otros. Haces preguntas abiertas que invitan a la participación y fomentan un ambiente colaborativo. Al mostrar interés, animas a los demás a compartir sus ideas y perspectivas.

EMPATÍA Y PERSPECTIVA

> *Solo se ve bien con el corazón.*
> *Lo esencial es invisible a los ojos.*
> ZORRO. EL PRINCIPITO

Y volvió hacia el zorro:

—Adiós, dijo.

—Adiós –dijo el zorro–. He aquí mi secreto. Es muy simple: no se ve sino con el corazón. Lo esencial es invisible a los ojos.

—Lo esencial es invisible a los ojos –repitió el principito para acordarse.

—El tiempo que perdiste por tu rosa hace que tu rosa sea tan importante.

—El tiempo que perdí por mi rosa... –dijo el principito para recordarlo.

—Los hombres han olvidado esta verdad –dijo el zorro–. Pero tú no debes olvidarla. Eres responsable de tu rosa.

—Soy responsable de mi rosa –repitió el principito para acordarse.

En esta conversación el zorro le enseña al principito que es crucial ver más allá de las apariencias y conectar con el corazón de las personas y las criaturas con las que se encuentra en su viaje. Es decir, ser empático y comprender las necesidades de los demás.

Este diálogo sugiere que las cosas más importantes de la vida, como el amor, la amistad y la comprensión, solo se pueden percibir cuando somos capaces de conectarnos emocionalmente con los demás. El principito aprende a mirar con el corazón, a comprender y a apreciar los sentimientos y los deseos del otro, y esta lección resalta la importancia de la empatía en nuestras relaciones.

EJERCICIO. PONTE EN SU LUGAR

Este ejercicio te ayudará a practicar la empatía al esforzarte por entender a los demás desde su punto de vista y a mejorar tus relaciones interpersonales al crear un espacio para la comprensión mutua. Recuerda que la empatía es una habilidad que se puede cultivar con la práctica, y puede fortalecer tus vínculos con los demás y tu comprensión del mundo que te rodea.

1. Elige a alguien

Piensa en una persona , ya sea un amigo, un miembro de la familia o un conocido, con la que a veces tengas desacuerdos o malentendidos.

Ejemplo. Imagina que has elegido a tu hermano menor para este ejercicio. A veces, tienes desacuerdos con él debido a la diferencia de edad y a que sus intereses son distintos a los tuyos.

2. Reflexiona sobre su perspectiva

Dedica un tiempo a pensar en la situación desde su punto de vista. Trata de comprender sus sentimientos, pensamientos y preocupaciones. ¿Qué podría estar experimentando esta persona en este momento?

Ejemplo. Comienzas a pensar en cómo debe sentirse al ser el hermano pequeño. Te das cuenta de que a menudo se ve excluido o menospreciado, ya que te dedicas a tus actividades y amigos sin incluirlo.

3. Haz preguntas

Si es apropiado, puedes hablar con esta persona y hacerle preguntas abiertas para conocer mejor su perspectiva. Por ejemplo, podrías preguntar: «¿Cómo te has sentido respecto a esta situación?» o «¿qué piensas que deberíamos hacer al respecto?».

Ejemplo. Decides hablar con tu hermano sobre cómo se siente. Le preguntas abiertamente: «¿Cómo te sientes cuando estamos juntos? ¿Hay algo que te gustaría que hiciéramos juntos que no hayamos hecho?».

4. Practica la escucha activa

Cuando hables con esta persona, escucha atentamente lo que dice sin interrumpir. Intenta entender sus emociones y pensamientos en lugar de juzgarla.

Ejemplo. Cuando tu hermano comienza a compartir sus sentimientos, escuchas atentamente sin interrumpirlo. Observas sus gestos y emociones para entender mejor su perspectiva.

5. Reflexiona sobre lo aprendido

Después de haber considerado su punto de vista y, si has hablado con la persona, de haber escuchado atentamente, reflexiona sobre lo que has aprendido. ¿Cómo te sientes ahora respecto a la situación? ¿Ha cambiado tu percepción?

Ejemplo. Después de la conversación, reflexionas sobre lo que has aprendido. Te das cuenta de que, aunque no lo hacías a propósito, tus acciones pueden haber herido los sentimientos de tu hermano. Ahora entiendes mejor su perspectiva y te sientes más motivado para fortalecer tu relación con él.

EL DESARROLLO DE LA EMPATÍA

Conectar con los demás es una habilidad social fundamental que implica establecer una relación significativa y auténtica con quienes nos rodean. Se trata de desarrollar empatía, comprensión y la capacidad de establecer vínculos sólidos que fomenten la confianza y el apoyo mutuo. Al conectar con otras personas, podemos ver más allá de lo superficial y comprender sus necesidades emocionales.

La **empatía** es la habilidad de comprender los sentimientos y emociones de alguien, incluso cuando esa persona atraviese un momento difícil. Por tanto, es fundamental para construir relaciones saludables y comunicarnos eficazmente.

Imagina que un amigo tuyo acaba de perder el trabajo. Te sientes triste por él y puedes entender que esté pasando por un momento difícil. Te acercas a él y le dices: «Sé que esto debe ser muy duro para ti. Si necesitas hablar o si hay algo en lo que pueda ayudarte, por favor, házmelo saber». De este modo muestras empatía al comprender sus sentimientos y ofrecer tu apoyo.

En cambio, otro amigo escucha la misma noticia sobre la pérdida de empleo y le comenta con indiferencia: «No entiendo por qué estás tan preocupado por eso. Seguro que encuentras otro trabajo en poco tiempo». En su caso, está minimizando los sentimientos de su amigo y no demuestra empatía hacia su situación.

La empatía, como se ve en tu manera de relacionarte con tu amigo, te permite conectar con sus sentimientos y ofrecerle apoyo cuando más lo necesita. En cambio, la falta de empatía del segundo amigo puede alejar al que ha perdido el trabajo y dificultar la comunicación entre ellos.

El desarrollo de esta habilidad es un proceso continuo que comienza en la **infancia** y se fortalece a lo largo de la vida. Implica la **educación**, la **práctica activa** y la **conciencia** de nuestras propias **emociones** y las de los demás. Cultivar la empatía es esencial para construir relaciones positivas y contribuir a una sociedad más comprensiva y solidaria.

INFANCIA TEMPRANA

Hace poco charlaba con una persona que había sido recientemente padre. Me decía que su vida seguía igual porque su hijo era tan pequeño que todavía no se enteraba de nada. Por su puesto, esta afirmación es una falacia que no se sostiene desde el punto de vista del desarrollo infantil y la empatía.

Los estudios sobre el desarrollo infantil demuestran que los bebés y los niños pequeños son sorprendentemente receptivos a su entorno y a las emociones de las personas que los rodean desde una edad muy temprana. A pesar de que pueden no entender completamente el significado de las palabras, son altamente sensibles a las señales emocionales de su entorno.

De este modo, el desarrollo de la empatía en la infancia temprana es un proceso fundamental que sienta las bases para las futuras relaciones y la inteligencia emocional de los seres humanos. Un niño se nutre de la observación, el afecto de los cuidadores, la identificación de emociones propias y ajenas, y la exploración de las experiencias emocionales a través de la lectura y la narración de historias.

OBSERVACIÓN E IMITACIÓN

A través de la **observación** y la **imitación** de las expresiones faciales, el lenguaje corporal y las vocalizaciones de las personas que hay a su alrededor, los bebés y los niños pequeños comienzan a desarrollar empatía.

Piensa en un bebé que tenga solo ocho meses de edad y se encuentre en casa con su madre y su padre. Ambos mantienen una conversación animada en la sala de estar, riendo y compartiendo chistes.

El pequeño, que está en su cuna en la misma habitación, escucha las risas de sus padres y observa sus expresiones faciales felices. Como ve a sus padres riendo, el bebé comienza a sonreír y termina por reírse también. Aunque no entiende completamente las palabras o el contenido de la conversación de sus padres, el niño está respondiendo a las emociones positivas que percibe en ellos.

DINÁMICA. OBSERVA Y RESPONDE A LAS EMOCIONES

Este ejercicio tiene como objetivo ayudar a los participantes a comprender cómo los bebés y los niños pequeños comienzan a desarrollar empatía al observar y responder a las emociones de las personas que les rodean.

1. Preparación

Reúne a un grupo de participantes y presenta una historia parecida a la del ejemplo de un bebé de ocho meses.

2. Reflexión individual

Pide a cada participante que se tome un momento para reflexionar sobre la historia del bebé de ocho meses. ¿Qué emociones crees que experimentó el bebé al observar a sus padres riendo y felices? ¿Cómo crees que estas observaciones podrían haber influido en su estado de ánimo?

Ejemplo. Imagina que eres uno de los participantes en el ejercicio. Tras escuchar la historia del bebé, reflexionas sobre cómo se habrá sentido. Piensas que, al ver a sus padres riendo y felices, podría haber experimentado emociones positivas, como alegría y satisfacción. Además, es posible que su propio estado de ánimo se volviera más alegre debido a la atmósfera positiva que percibió.

3. Discusión en grupo

Anima a los participantes a compartir sus reflexiones en grupo. Esto puede incluir sus suposiciones sobre las emociones del bebé y cómo esta observación podría haber afectado su propio estado emocional.

Ejemplo. En el grupo, compartes tus reflexiones sobre las emociones del bebé. Otros participantes también comparten sus opiniones. Algunos creen que el bebé podría haber sentido curiosidad y empatía hacia las emociones de sus padres, mientras que otros sugieren que podría haber sentido seguridad al ver a sus padres felices.

4. Relato personal

Luego, pide a cada participante que comparta una experiencia personal en la que haya observado a un bebé o un niño pequeño respondiendo a las emociones de los adultos que había a su alrededor. Puede ser una anécdota propia o una experiencia que haya presenciado.

Ejemplo. Compartes tu propia experiencia. Recuerdas una ocasión en la que estabas en una reunión familiar y un bebé de tu familia comenzó a reírse contagiosamente cuando todos estaban disfrutando de la conversación y la risa. Explicas cómo la risa del bebé hizo que todos se sintieran aún más felices y cómo esta experiencia te hizo comprender la influencia de las emociones de los adultos en los niños.

5. Debate

Después de escuchar las experiencias personales de los participantes, fomenta un debate sobre cómo la empatía se desarrolla desde una edad temprana a través de la observación y la imitación de las emociones de los adultos.

Ejemplo. Tras escuchar las experiencias de los demás participantes, el grupo discute la forma en que las emociones de los adultos pueden afectar a los niños y cómo los niños pueden reflejar las emociones de los adultos. Algunos participantes sugieren que esto destaca la responsabilidad de mantener un ambiente emocionalmente positivo para los niños.

6. Conclusiones

Finaliza el ejercicio subrayando la importancia de ser conscientes de nuestras propias emociones y cómo pueden influir en los niños que nos rodean. Anima a los participantes a ser modelos positivos de emociones y a fomentar un ambiente emocionalmente saludable para los niños.

EL AFECTO

La empatía también se desarrolla a través del **afecto**, es decir, en un ambiente en el que los cuidadores brindan afecto y responden a las necesidades emocionales de los niños. Cuando un niño llora porque se ha hecho daño y uno de sus padres se acerca, muestra preocupación y lo consuela, el niño comienza a aprender que sus emociones son reconocidas y validadas. Esto contribuye a desarrollar la empatía porque el niño comienza a entender cómo se sienten las personas y cómo se puede responder a las emociones de los demás.

Ahora piensa en un niño llamado Martín, de tres años de edad. Un día, mientras juega en el parque, se tropieza, cae y se lastima la rodilla. Martín comienza a llorar porque le duele. Su madre, Ana, que estaba cerca, corre a su lado.

Ana abraza a Martín, lo levanta y lo sostiene en sus brazos mientras él llora. Ella le acaricia suavemente la espalda y le dice palabras reconfortantes: «Ya está, Martín, mamá está aquí. Yo te cuidaré». Ana también le señala su rodilla lastimada y le dice: «Vamos a limpiar la herida y poner una tirita para que te sientas mejor».

Martín experimenta el consuelo y el afecto de su madre en ese momento. A medida que Ana responde con empatía a las emociones de Martín, él comienza a comprender que sus emociones son reconocidas y validadas por su madre. Aprende que, cuando se siente herido o triste, puede buscar apoyo y consuelo de los demás.

Con el tiempo, este tipo de interacciones repetidas con su madre o con su padre, en las que sus emociones son atendidas y validadas, contribuyen al desarrollo de la empatía en Martín. Así aprende cómo se sienten las personas y cómo responder de manera compasiva cuando otros están pasando por momentos difíciles. Esto es fundamental para su crecimiento como una persona empática.

EJERCICIO. RECUERDOS DE AFECTO
Este ejercicio te ayudará a explorar la conexión entre el afecto temprano y la empatía en tu propia vida. También puede ayudarte a comprender cómo los momentos de afecto en la infancia de otras personas pueden influir en su capacidad de empatizar y relacionarse emocionalmente con los demás.

1. Recuerda tu infancia
Piensa durante un momento en tu propia infancia y en las personas que eran significativas en tu vida en esa época, como tus padres, abuelos, hermanos, cuidadores, etc.

Ejemplo. Estás reflexionando sobre tu infancia. Recuerdas a tus abuelos maternos, quienes solían cuidarte mientras tus padres trabajaban. Eran personas cariñosas y afectuosas que pasaban tiempo contigo cuando eras pequeño.

2. Identifica momentos de afecto
Ahora, trata de rememorar momentos específicos en los que recibiste muestras de afecto de esas personas. Pueden ser abrazos, palabras cariñosas, gestos de apoyo, consuelo en momentos difíciles, o cualquier otra muestra de amor y afecto que puedas recordar.

Ejemplo. Un recuerdo específico que tienes es cuando te lastimaste un día que jugabas en un parque. Tenías cinco años y te caíste de la bicicleta. Estabas asustado y te pusiste a llorar, pero tu abuela te levantó y te consoló. Te abrazó con ternura, te secó las lágrimas y te dijo palabras amables para tranquilizarte.

3. Reflexiona sobre los sentimientos
Piensa en cómo te hicieron sentir esas muestras de afecto. ¿Te sentiste amado, seguro, comprendido, valorado? Anota estos sentimientos.

Ejemplo. En ese momento, te sentiste amado y protegido por tu abuela. Sus gestos de afecto te hicieron sentir seguro y comprendido. Dejaron una huella profunda en tu memoria, y esos sentimientos cálidos de esa experiencia aún están contigo.

4. Haz la conexión
Ahora, reflexiona sobre cómo esos sentimientos de afecto en tu infancia pueden haber influido en tu capacidad para comprender y empatizar con las emociones

de los demás. ¿Crees que haber experimentado el afecto te ha hecho más empático o sensible a las necesidades emocionales de los demás?

Ejemplo. Ahora, al reflexionar sobre cómo esos sentimientos de afecto en tu infancia pueden haber influido en tu capacidad para comprender y empatizar con las emociones de los demás, te das cuenta de que esa experiencia te enseñó lo que significa ser consolado y cuidado. Aprendiste a comprender cómo las muestras de afecto pueden aliviar el dolor emocional y conectar con las necesidades emocionales de los demás.

5. Ejemplo de empatía

Finalmente, piensa en situaciones recientes en las que hayas demostrado empatía hacia otra persona. ¿Cómo te sentiste al ser capaz de comprender y apoyar sus emociones? ¿Crees que tu capacidad de empatía podría estar relacionada con las muestras de afecto que recibiste en tu infancia?

Ejemplo. Recientemente, un amigo tuyo pasó por un momento difícil en su vida: perdió su empleo y estaba visiblemente angustiado. Te acercaste a él, le expresaste tu apoyo y lo escuchaste atentamente mientras compartía sus preocupaciones. Tu capacidad para comprender y empatizar con su situación se basó en parte en las experiencias de afecto que viviste en tu infancia, especialmente en aquella con tu abuela.

RECONOCER LAS PROPIAS EMOCIONES

A medida que los niños crecen, se les enseña a **reconocer y nombrar sus propias emociones.** Los padres y cuidadores pueden ayudarlos al preguntar, por ejemplo: «¿Cómo te sientes?», y luego proporcionarles palabras para describir esas emociones. Este proceso permite a los niños comprender sus propios sentimientos y, por lo tanto, ser más sensibles a los de los demás.

En este caso, imagina a una niña llamada Valentina, de seis años, que ha tenido un día difícil en el colegio. Cuando llega a casa, su madre, María, nota que parece molesta y triste.

La madre se acerca a la niña y le pregunta: «Valentina, ¿cómo te sientes hoy después del colegio?». Valentina, que todavía está aprendiendo a identificar sus emociones, no sabe exactamente cómo expresar lo que siente.

María continúa: «¿Estás triste? ¿Enfadada? ¿O tal vez te sientes frustrada?». Valentina piensa durante un momento y finalmente dice: «Creo que estoy triste, mamá. Algunos niños de la escuela han sido groseros conmigo».

María sonríe y la abraza. Luego, le dice: «Gracias por decirme cómo te sientes, Valentina. Es normal sentirse triste cuando algo no va bien. Si alguna vez necesitas hablar sobre lo que te preocupa, siempre estoy aquí para escucharte».

En este ejemplo, la madre ayuda a su hija a reconocer y nombrar sus emociones al hacerle preguntas y ofrecerle palabras para expresar lo que siente. Esto permite a la niña comprender mejor sus propios sentimientos.

EJERCICIO. RECONOCE Y NOMBRA EMOCIONES DE TU INFANCIA

Este ejercicio te lleva a explorar cómo el reconocimiento temprano de las emociones en tu propia infancia puede haber sentado las bases de tu capacidad para empatizar y entender las emociones de los demás.

1. Recuerda tu infancia

Imagina que estás sentado, reflexionando sobre tu infancia. Trata de evocar recuerdos de cómo te sentías en situaciones emocionales cuando eras niño.

Ejemplo. Cierra los ojos e imagina que eres un niño pequeño de cuatro años. Estás en tu casa jugando con tus juguetes favoritos. De repente, tu hermano mayor llega y se lleva uno sin permiso. Esto te hace sentir una mezcla de enfado y tristeza, pero en ese momento no comprendes completamente tus emociones.

2. Identifica momentos de reconocimiento emocional

Piensa en un recuerdo específico en el que reconociste y nombraste una emoción.

Ejemplo. En ese mismo recuerdo, se te viene a la cabeza un día en el que, después de que tu hermano te quitase el juguete, fuiste a buscar a tu madre. Cuando ella te preguntó qué te pasaba, le contestaste: «Estoy enfadado porque mi hermano se ha llevado uno de mis juguetes sin pedirme permiso».

3. Reflexiona sobre los sentimientos

Ahora, reflexiona sobre cómo te sentiste al reconocer y nombrar esa emoción. ¿Te sentiste aliviado, comprendido o con control de la situación?

Ejemplo. Mientras recuerdas ese momento, te das cuenta de que al nombrar tu emoción te sentiste aliviado y comprendido por tu madre. Ella te explicó que es normal sentirte enojado cuando alguien se lleva algo tuyo sin permiso, y eso te hizo sentirte mejor.

4. Haz la conexión

Conecta este recuerdo con tu capacidad para empatizar con las emociones de los demás. ¿Cómo crees que aprender a reconocer y nombrar tus propias emociones en la infancia podría haber influido en tu capacidad para entender las emociones de los demás?

Ejemplo. Ahora, intenta relacionar este recuerdo con tu capacidad para empatizar con las emociones de los demás. Te das cuenta de que, gracias a la experiencia de reconocer y nombrar tus emociones en la infancia, has desarrollado la habilidad de comprender cómo se sienten los demás cuando expresan sus emociones.

5. Ejemplo de empatía

Imagina ahora que estás hablando con un amigo que está pasando por un momento emocional difícil. Gracias a tu habilidad para reconocer y nombrar emociones desde una edad temprana, eres capaz de percibir su tristeza. Le preguntas con empatía: «¿Te sientes triste por lo que ha sucedido?».

Ejemplo. Estás en el trabajo y notas que tu compañera, María, parece triste y preocupada. Te acercas a ella y le preguntas con empatía: «¿Te sientes triste por algo?». María asiente y empieza a contarte un problema personal que está enfrentando. Tu habilidad para reconocer y nombrar emociones desde tu infancia te permite mostrar comprensión y apoyo hacia María en un momento difícil.

JUEGO Y JUEGOS DE ROLES

Valentina, mi hija de cuatro años, es una fuente constante de inspiración cuando la veo jugar. Una tarde la observé mientras creaba su propio mundo. Había reunido una colección de muñecas y peluches. Mientras jugaba, iba asignando personalidades a cada uno de sus juguetes. Sus muñecos tenían voces y emociones distintas, y ella los hacía interactuar como si fueran personajes en una obra de teatro. Había una muñeca tímida que necesitaba el apoyo de otra más segura de sí misma, y un oso de peluche que siempre daba los mejores consejos al que lo necesitaba.

Mientras la observaba, veía en ella un profundo nivel de empatía. No solo jugaba, sino que también estaba practicando la comprensión y la consideración hacia los sentimientos de sus juguetes. Cuando uno de ellos «se lastimaba», ella rápidamente se acercaba para cuidarlo y mostrarle afecto.

Y es que jugar no es simplemente entretenerse, sino mucho más. El juego es una parte esencial del desarrollo infantil, y, entre las diversas formas de juego, los **juegos de roles** desempeñan un papel destacado en la construcción de la empatía en los niños. Los juegos de roles involucran la representación de personajes o situaciones, permitiendo a los niños experimentar diferentes perspectivas y emociones. Esta experiencia es fundamental para el desarrollo de la empatía, ya que les brinda la oportunidad de ponerse en el lugar de otros y comprender sus sentimientos y necesidades.

Existen muchos tipos de juegos de roles. En mi caso, creo que he practicado con todo tipo de temáticas. Por ejemplo, el **juego de médicos y pacientes,** con el que los niños pueden asumir roles de facultativos y enfermos. Mientras interpretan al médico, aprenden a cuidar y mostrar preocupación por el paciente. Como enfermos, experimentan qué se siente al ser atendido y comprenden la importancia de la empatía en el cuidado de la salud.

Otro **juego** interesante es el del **supermercado o restaurante,** en el que los jugadores pueden hacer turnos asumiendo el rol de cliente y empleado en una tienda o restaurante imaginario. De este modo, experimentan lo que es servir a los demás y entender las necesidades de los clientes.

El favorito de mi hija es el **juego de maestros y alumnos,** en el que un niño puede asumir el rol de profesor y otro el de estudiante. El maestro enseña algo nuevo al alumno, frente a cuyas dificultades se comporta con paciencia y comprensión.

Por su parte, el juego de **dramatización de situaciones cotidianas,** como resolver conflictos entre amigos, consolar a alguien que está triste o ayudar a un compañero de clase que tiene dificultades, les ayuda a practicar cómo responder de manera empática en la vida real.

Por último, me viene a la mente el **juego de roles con personajes de cuentos,** con el que los pequeños pueden usar personajes imaginarios para representar escenas en las que enfrentan desafíos emocionales. Esto les permite explorar y comprender las emociones de los personajes y cómo podrían ayudarlos.

En conclusión, los juegos de roles proporcionan un espacio seguro y divertido para que los niños practiquen la empatía al ponerse en el lugar de otros y experimentar diferentes emociones y perspectivas. Además, a los adultos nos dan la oportunidad para compartir un momento de juego y aprendizaje para nosotros mismos y, por qué no, también para ponernos en la piel de un niño.

DINÁMICA. EN LA PIEL DE UN NIÑO

Esta dinámica permitirá a los participantes practicar la empatía al ponerse en la piel de un niño y comprender mejor las experiencias y preocupaciones de los menores de diferentes edades. Asimismo, fomenta la reflexión sobre la importancia de ser comprensivos y empáticos con los niños en la vida real.

1. Preparación
Reúne a un grupo de amigos o participantes. Cada uno asumirá el papel de un niño y todos tendrán diferentes edades comprendidas entre cuatro y doce años.

2. Asignación de roles
A cada participante se le asignará el rol de un niño de una edad específica. Por ejemplo, uno podría ser un niño de cuatro años, otro de siete años y otro de diez años.

Ejemplo. En este caso, asignas a tus amigos los siguientes roles: Juan será un niño de cuatro años, María, una niña de siete años y Carlos, un niño de diez años.

3. Escenario
El coordinador del juego establece un escenario ficticio, como un parque, un colegio, una fiesta de cumpleaños infantil o un día en casa.

Ejemplo. Estableces el escenario de una fiesta de cumpleaños infantil en un parque de juegos.

4. Juego de roles

Los participantes deben actuar en ese escenario específico como niños de la edad que se les ha asignado. Esto implica comportarse, hablar y reaccionar como si fueran realmente niños de esa edad.

Ejemplo. Cuando comienza el juego, Juan se comporta como un niño de cuatro años: se tropieza, necesita ayuda para subir al tobogán y se comunica de manera simple. María actúa como una niña de siete años: está emocionada por la fiesta, juega con muñecos y tiene una energía inagotable. Carlos representa a un niño de diez años: está más interesado en conversar con los adultos, juega al fútbol con otros niños mayores y es más independiente.

5. Interacción

Los participantes interactúan entre sí y con el entorno como si fueran niños en el escenario dado. Deben asumir la personalidad y las preocupaciones propias de esa edad.

Ejemplo. Mientras juegan en el parque, Juan pide ayuda para subir al tobogán, María organiza juegos con otros niños de su edad y Carlos trata de unirse a un partido de fútbol con niños mayores.

6. Reflexión

Después de un período de juego, reuníos para una reflexión en grupo. Cada participante comparte sus experiencias y cómo se ha sentido asumiendo el papel de un niño. ¿Qué le ha resultado más difícil? ¿Qué han aprendido sobre las preocupaciones y perspectivas de los niños de esa edad?

Ejemplo. Después de jugar durante un tiempo, los participantes se reúnen y reflexionan. Juan menciona lo frustrante que ha sido para él no poder hacer las mismas cosas que los niños mayores y cómo aprecia más a sus padres por ayudarle en situaciones cotidianas. María habla sobre lo divertido que ha sido jugar con sus amigos y de que a veces se sentía presionada para ser la «hermana mayor» y cuidar de su hermano menor. Carlos comparte que a veces sentía que sus padres le pedían que fuese más responsable de lo que le gustaría y cómo anhelaba más independencia.

EDUCACIÓN Y MODELADO

Los modelos, como los padres, los profesores y las figuras de autoridad, pueden influir en el desarrollo de la empatía en los niños. También es crucial la enseñanza de la empatía en el colegio y en el hogar a través de historias, ejemplos y actividades.

Siempre recuerdo un día en particular en que una madre me planteó una pregunta sobre cómo podría evitar que su hijo utilizara la violencia para resolver conflictos con sus amigos en lugar de recurrir a soluciones más pacíficas. La respuesta que le proporcioné resultó sorprendentemente simple. Decidí indagar sobre cómo ella misma afrontaba situaciones conflictivas cuando su hijo hacía algo que no le gustaba. Le pregunté:

«¿Cómo reaccionas tú cuando tu hijo hace algo que consideras que no debe?». Su respuesta fue reveladora: «A veces le doy un azote en el trasero…». Al mismo tiempo que me lo explicaba se dio cuenta de lo que ocurría por sí misma.

En este caso, la madre se había convertido en un modelo negativo de resolución de conflictos para su hijo. Cuando él hacía algo que no le gustaba, ella respondía con violencia física. Esta conducta, en lugar de enseñar empatía y habilidades para resolver problemas, le estaba mostrando al niño que la agresión era una forma aceptable de lidiar con las frustraciones y los conflictos.

Cuando reflexionó sobre su propia conducta y comprendió que era su manera de proceder lo que estaba influenciando a su hijo, la madre reconoció que la primera que tenía que cambiar era ella. Este es un ejemplo claro de cómo los adultos podemos utilizar el modelado positivo para educar a los niños hacia la empatía y la resolución pacífica de conflictos. Al cambiar nuestro propio comportamiento y aprender a manejar los conflictos de manera más constructiva, la madre pudo brindar un ejemplo positivo a su hijo, mostrándole cómo interactuar con los demás de una forma más adecuada.

EJERCICIO. LAS SITUACIONES EMOCIONALES

Este ejercicio combina el modelado de situaciones emocionales con la reflexión y la expresión creativa, lo que ayuda a niños y adultos a desarrollar empatía al ponerse en el lugar de los demás y comprender mejor las emociones.

Para este juego necesitarás tarjetas con situaciones emocionales escritas (alegría, tristeza, enojo, miedo, sorpresa, etc.), papel y lápices de colores.

1. Preparación

Escribe diferentes situaciones emocionales en las tarjetas (por ejemplo, «alguien ha perdido su juguete», «un amigo está celebrando su cumpleaños», «alguien se ha hecho daño»). Dóblalas y colócalas en una caja.

2. Explicación

Reúne a los participantes en un círculo y explícales que jugaréis al «juego de las situaciones emocionales» para aprender sobre las emociones y la empatía.

3. Modelado

Comienza tú. Escoge una tarjeta de la caja y léela en voz alta. Luego, como si fueras un actor, interpreta la situación emocional descrita en la tarjeta. Por ejemplo, si la tarjeta dice «alguien se ha hecho daño», puedes actuar como si te hubieras lastimado, mostrando dolor en tu rostro y gimiendo un poco.

4. Pregunta a los participantes

Después de representar la situación emocional, pregunta a los niños cómo se han sentido al ver lo que has hecho. Anima a los niños a expresar las emociones que les ha provocado lo que han observado.

5. Participación de los jugadores

Luego, invita a un jugador a escoger una tarjeta para que interprete la situación emocional frente al grupo. Los demás niños deben observar y expresar cómo se sienten al ver la representación.

6. Debate

Después de cada representación, realiza un breve debate con los niños. Pregunta cómo se han sentido al ver cada una de las situaciones, qué emociones han percibido durante la representación y si alguna vez han experimentado situaciones similares.

EXPERIENCIA PERSONAL

A lo largo de nuestra vida, vivimos una serie de experiencias personales que desempeñan un papel esencial en el desarrollo de nuestra empatía. Estas experiencias pueden ayudarnos a comprender mejor las emociones y las perspectivas de los demás, permitiéndonos relacionarnos de manera efectiva con quienes nos rodean.

Nuestras **amistades** son un terreno fértil para el desarrollo de la empatía. Cuando compartimos momentos de alegría, tristeza, preocupación o éxito con amigos, estamos constantemente expuestos a un gran número de emociones. A través de estas relaciones, aprendemos a reconocer y responder a las emociones de los demás. Por ejemplo, cuando un amigo nos cuenta sus problemas, nuestra capacidad empática nos lleva a escuchar con atención, mostrar comprensión y ofrecer apoyo emocional.

Enfrentar **conflictos** y **desacuerdos** es otra forma en que desarrollamos empatía. Durante situaciones tensas, aprendemos a ver las cosas desde diferentes perspectivas y a comprender las emociones que pueden estar involucradas. Por ejemplo, en medio de una discusión con un compañero de trabajo, podemos aprender a reconocer sus frustraciones y preocupaciones, lo que nos permite abordar el conflicto de manera constructiva.

EJERCICIO. RESOLUCIÓN EMPÁTICA DE CONFLICTOS

Este ejercicio te permitirá desarrollar la empatía al enfrentar y resolver conflictos. Aprenderás a ver las situaciones desde diferentes perspectivas y a comprender mejor las emociones de los demás, lo que mejorará tus habilidades de resolución de conflictos y fortalecerá tus relaciones interpersonales.

1. Identifica un conflicto real

Piensa en una situación de conflicto que hayas experimentado recientemente o que aún esté pendiente de resolución en tu vida. Puede ser un conflicto con un amigo, un compañero de trabajo, un familiar o cualquier otra persona con la que tengas una relación.

Ejemplo. El conflicto puede ser que tu compañero de trabajo llega tarde a las reuniones y esto afecta negativamente al equipo.

2. Analiza las perspectivas

Antes de abordar el conflicto, dedica tiempo a analizar las perspectivas de ambas partes. ¿Qué podría estar sintiendo la otra persona? ¿Cuáles podrían ser sus preocupaciones o frustraciones? Anota estas reflexiones para tenerlas en mente durante la conversación.

Ejemplo. Te pones en el lugar de tu compañero y consideras que puede estar teniendo dificultades para llegar a tiempo debido a problemas de transporte público. También barajas la posibilidad de que puede sentirse presionado por la carga de trabajo y necesita más tiempo para prepararse para las reuniones.

3. Programa una conversación

Invita a la otra persona a una conversación honesta y abierta para abordar el conflicto. Asegúrate de que ambos tengáis la oportunidad de expresar vuestros puntos de vista y emociones.

Ejemplo. Te acercas a tu compañero y le propones una reunión para hablar sobre el problema. Ambos acordáis un momento para discutirlo.

4. Escucha activamente

Durante la conversación, practica la escucha activa. Presta atención a lo que la otra persona dice y cómo lo dice. Evita interrumpir y, en su lugar, cuando termine de hablar, haz preguntas para comprender mejor su perspectiva.

Ejemplo. Durante la conversación, escuchas atentamente a tu compañero mientras explica sus dificultades para llegar a tiempo y su estrés debido a la carga de trabajo.

5. Expresa empatía

Muestra empatía hacia la otra persona al reconocer sus emociones y perspectivas. Podrías decir: «Entiendo que esta situación te haya causado frustración» o «puedo ver por qué te sientes de esta manera».

Ejemplo. Muestras empatía diciendo: «Comprendo que estés bajo presión con tantas tareas y que el transporte público resulta impredecible».

6. Expresa tus emociones

También es importante que expreses tus propias emociones de manera honesta y respetuosa. Comparte tus pensamientos y sentimientos para que la otra persona pueda entender tu perspectiva.

Ejemplo. Compartes tus sentimientos diciendo: «En las reuniones, nos sentimos un poco desorganizados cuando no estás, y eso nos pone bajo presión también».

7. Busca soluciones

Trabajad juntos para encontrar soluciones que beneficien a ambas partes. La empatía facilitará la colaboración y la búsqueda de compromisos.

Ejemplo. Juntos, proponéis soluciones, como cambiar el horario de las reuniones o explorar alternativas de transporte para que tu compañero pueda llegar a tiempo.

8. Reflexiona después del conflicto

Reflexiona sobre cómo ha contribuido la empatía a la resolución del desencuentro. ¿Cómo te ha ayudado a comprender mejor a la otra persona? ¿Qué has aprendido de esta experiencia?

Ejemplo. Después de resolver el problema, te das cuenta de que la empatía te ha ayudado a entender las razones que había detrás del comportamiento de tu compañero y a encontrar soluciones que beneficien a todos.

La **interacción con personas de diferentes culturas** amplía nuestra comprensión de la diversidad de perspectivas y emociones humanas. Cuando interactuamos con individuos de distintos orígenes culturales, podemos encontrar diferencias en la expresión de emociones y en las normas sociales. Esto nos desafía a adaptarnos y a ser más sensibles a las necesidades y emociones de quienes provienen de contextos diferentes al nuestro.

EJERCICIO. EMPATÍA INTERCULTURAL

Este ejercicio te brinda la oportunidad de explorar y apreciar las diferencias culturales al tiempo que fortalece tus habilidades de empatía y comprensión intercultural.

1. Selecciona a un compañero de interacción

Encuentra a alguien en tu entorno, como un amigo, un colega o un conocido, que provenga de una cultura distinta a la tuya. Esto puede incluir diferencias en el idioma, la religión, las costumbres, la vestimenta, etc.

Ejemplo. Supongamos que eres de España y has decidido realizar este ejercicio con un compañero de trabajo que es de India, lo que significa que provenís de diferentes culturas.

2. Programa un encuentro

Coordina un encuentro con esta persona en el que ambos estéis dispuestos a conversar sobre vuestras respectivas culturas y compartir perspectivas y experiencias personales. Puede ser en persona o a través de una videollamada si no os encontráis físicamente cerca.

Ejemplo. Coordináis una reunión en la que ambos estáis dispuestos a hablar sobre vuestras culturas. Decidís hacerlo a través de una videollamada, ya que estáis trabajando en proyectos separados y no podéis encontraros en persona en este momento.

3. Preparación

Antes del encuentro, investiga un poco sobre la cultura de tu compañero. Aprende sobre sus costumbres, tradiciones y valores. Esto te ayudará a formular preguntas y a comprender mejor su perspectiva.

Ejemplo. Investigas un poco sobre la cultura india antes de la reunión. Aprendes sobre festivales como Diwali y Holi, y te informas sobre las costumbres relacionadas con la comida. Además, te das cuenta de la importancia de la familia en la cultura india.

4. Comparte tus experiencias

Durante el encuentro, comparte tus propias experiencias y perspectivas desde el punto de vista de tu cultura. Habla sobre tus valores y costumbres y cómo influyen en tu vida diaria.

Ejemplo. Durante la videollamada, compartes tus experiencias españolas. Hablas sobre cómo se celebran las fiestas en España, como la Feria de Abril en Sevilla, y cómo la comida y la música son partes esenciales de la cultura española. También explicas que valoras mucho la vida social y la comida en familia.

5. Escucha atentamente

Mientras tu compañero comparte su perspectiva y experiencias culturales, escucha con interés. Presta atención a las diferencias en la expresión de emociones, las normas sociales y cualquier otro aspecto relevante.

Ejemplo. Mientras tu compañero indio comparte su perspectiva, escuchas con atención. Señala las diferencias en la forma en que celebran las festividades, como Diwali, en comparación con las fiestas de tu país y cómo las tradiciones y la religión para él desempeñan un papel importante en su vida cotidiana.

6. Formula preguntas

Haz preguntas abiertas para fomentar la conversación y profundizar en la comprensión mutua. Por ejemplo, puedes preguntar acerca de las festividades importantes en su cultura, cómo se manejan las emociones en su comunidad, etc.

Ejemplo. Para profundizar en la conversación, le preguntas a tu compañero sobre cómo se manejan las emociones en su cultura, especialmente en situaciones familiares. Preguntas si cree que existen similitudes en la importancia que vuestras culturas dan a la comida y a la reunión familiar.

7. Practica la empatía

Trata de ponerte en el lugar de tu compañero y entender la manera en que las características culturales de su país pueden influir en sus emociones y perspectivas. Evita hacer juicios o comparaciones negativas.

Ejemplo. A medida que escuchas las experiencias de tu compañero, intentas comprender cómo la cultura a la que pertenece influye en sus emociones y perspectivas. No haces juicios ni comparaciones negativas, sino que intentas ver el mundo desde su punto de vista.

8. Reflexión

Después del encuentro, reflexiona sobre lo que has aprendido y cómo esta experiencia te ha ayudado a ampliar tu comprensión de la diversidad cultural y la empatía.

Ejemplo. Después de vuestra conversación, piensas en lo que has aprendido. Te das cuenta de que esta experiencia te ha ayudado a ampliar tu comprensión de la diversidad cultural y ha fortalecido tus habilidades de empatía hacia las experiencias de los demás en un contexto cultural diferente.

EMPATÍA DIGITAL

En la era digital, también es muy importante desarrollar la empatía al navegar por internet. A medida que pasamos más tiempo interactuando en plataformas digitales, aprender a ser empáticos detrás de las pantallas se ha vuelto esencial para mantener relaciones saludables.

Imagina que estás en X (antes Twitter). En esta plataforma, te encuentras en una discusión sobre un tema político delicado. A medida que participas en la conversación, te das cuenta de que pueden surgir problemas de empatía digital.

En las interacciones que tenemos por la red, gran parte de la **comunicación no verbal,** como gestos, expresiones faciales y tono de voz, **se pierde.** Esto hace que sea difícil captar las emociones y las intenciones de los demás. De este modo, estás debatiendo con varios usuarios, y uno de ellos utiliza un tono sarcástico al responder a tus argumentos. Dada la naturaleza escrita de X, no puedes ver su expresión facial ni escuchar su tono de voz, lo que dificulta saber si su sarcasmo es en tono de burla o simplemente una forma de expresión. Esto genera confusión y puede llevar a respuestas cada más tensas.

Otro problema que nos encontramos es el **anonimato en línea,** que puede conducir a que las personas se comporten de manera más impulsiva o agresiva de lo que lo harían en persona. Esto puede dar como resultado malentendidos y conflictos en línea. Así, un usuario anónimo en la conversación comienza a utilizar un lenguaje agresivo y despectivo para descalificar las opiniones de los demás. El anonimato le brinda una sensación de impunidad, lo que lo lleva a comportarse de manera más impulsiva y agresiva de lo que lo haría en una conversación cara a cara.

Además, en las plataformas digitales, interactuamos con **personas de todo el mundo** que pueden tener antecedentes culturales diferentes. La empatía digital implica ser consciente de estas diferencias culturales y mostrar respeto hacia ellas. De esta manera, en un hilo de discusión pueden participar personas de distintas partes del mundo, cada una con sus propias perspectivas culturales y valores. A medida que la conversación se intensifica, algunos participantes pueden expresar opiniones que resulten ofensivas para otros debido a diferencias culturales. Por ejemplo, un comentario que es considerado aceptable en una cultura puede ser altamente inapropiado en otra. La falta de conciencia sobre estas diferencias culturales puede exacerbar los conflictos y la falta de empatía.

AUTOEVALUACIÓN. ¿TENGO EMPATÍA DIGITAL?

La red social X es un ejemplo claro de los desafíos de la empatía digital, porque la comunicación no verbal limitada, el anonimato y las diferencias culturales pueden complicar las interacciones en línea y dar lugar a malentendidos, conflictos y falta de empatía entre los usuarios.

Aquí te presento un breve test para evaluar tu nivel de empatía digital en X. Responde a las siguientes cuestiones:

1. Cuando interactúas en X y ves un comentario que difiere de tu opinión, ¿cuál es tu reacción más habitual?

a. Siempre respondo de forma inmediata con argumentos para expresar mi punto de vista.
b. Leo el comentario, pero no respondo de inmediato. Espero a conocer más opiniones antes de participar.
c. Ignoro el comentario o bloqueo al usuario si es ofensivo.
d. Respondo de manera agresiva o sarcástica.

2. Cuando te enfrentas a un comentario que parece sarcástico o agresivo, ¿cómo sueles reaccionar?

a. Respondo con calma y trato de entender si el tono es humorístico o no.
b. Ignoro el comentario y no le doy importancia.
c. Respondo de manera agresiva o desafiante.
d. Bloqueo al usuario sin responder.

3. Si te encuentras en una discusión en X en la que participan personas de diferentes culturas, ¿cómo manejas las diferencias culturales?

a. Muestro respeto por las perspectivas culturales de los demás y trato de aprender más sobre ellas.
b. Sigo debatiendo sin tener en cuenta las diferencias culturales.
c. Expreso mi desacuerdo de manera despectiva hacia otras culturas.
d. Evito participar en conversaciones con personas de otras culturas.

4. Cuando te das cuenta de que has cometido un error o ha habido un malentendido en tu conversación en X, ¿cómo sueles reaccionar?

a. Reconozco mi error y pido disculpas si es necesario.
b. Borro mi comentario y lo ignoro.
c. Defiendo mi punto de vista incluso si sé que está equivocado.
d- Ignoro el error y sigo adelante sin hacer nada.

5. ¿Cuál es tu enfoque principal al interactuar en X?

a. Escuchar y comprender las perspectivas de los demás.
b. Compartir mi punto de vista y mis opiniones.
c. Ganar discusiones y demostrar que tengo razón.
d. Ignorar a quienes no están de acuerdo conmigo.

Puntuación:

- Por cada respuesta «a» suma 2 puntos.
- Por cada respuesta «b» suma 1 punto.
- Por cada respuesta «c» resta 1 punto.
- Por cada respuesta «d» resta 2 puntos.

Calcula tus puntuaciones y después consulta la interpretación de tus resultados.

Resultados:

- **8-10 puntos.** Tienes una alta empatía digital. Eres respetuoso, comprensivo y estás dispuesto a aprender de las experiencias de los demás en línea. Practicas una comunicación efectiva y empática en las redes sociales.

- **4-7 puntos.** Tu empatía digital es moderada. A veces puedes ser reactivo, pero, en general, muestras una buena disposición para comprender las perspectivas de los demás y evitar conflictos innecesarios.

- **0-3 puntos.** Tu empatía digital podría mejorar. A menudo reaccionas de manera impulsiva o agresiva, lo que puede generar conflictos en línea. Considera la opción de ser más consciente de tus respuestas y practicar la escucha activa en la plataforma.

Si tu puntación no ha sido la deseada, debes practicar la empatía digital.

1. Escuchar con empatía
En lugar de responder con enfado o indignación, te tomas un momento para intentar comprender la perspectiva de la otra persona. ¿Por qué se siente así? ¿Qué experiencias o preocupaciones pueden estar detrás de sus palabras?

2. Responder con calma
En lugar de contraatacar con agresividad, eliges responder de manera calmada y respetuosa. Puedes expresar que entiendes su frustración y que estás dispuesto a escuchar su punto de vista, incluso si no estás de acuerdo.

3. Promover la comprensión mutua
Intentas facilitar un ambiente de discusión constructiva al alentar a otros miembros del grupo a expresar sus opiniones y preocupaciones de manera respetuosa. Esto fomenta la empatía digital y ayuda a reducir la hostilidad en la conversación.

REGLAS PARA SER EMPÁTICO

Las reglas para ser empático son pautas para guiar nuestras interacciones y asegurar que la empatía se exprese de manera efectiva y respetuosa. Gracias a ellas, se crea un «ambiente seguro» que fomenta la confianza y la conexión emocional. Además, sirven como herramientas para fomentar una mayor comprensión y apoyo entre las personas, lo que contribuye a relaciones más positivas y satisfactorias en diversos entornos tanto del ámbito personal como del profesional.

Estas reglas son importantes, ya que nos ayudarán a interactuar utilizando una comunicación más clara y a comprender de manera más profunda las emociones y experiencias de los demás. Por ejemplo, en el caso de un amigo que esté pasando por un momento difícil, cuando dialogas con él, te enfocas en escuchar sus preocupaciones sin interrumpir. Muestras interés y haces preguntas pertinentes para comprender mejor su situación emocional.

Estas pautas también ayudan a prevenir malentendidos y conflictos innecesarios al establecer límites claros y expectativas mutuas. De este modo, se garantiza que la empatía se exprese de manera apropiada y que las interacciones sean constructivas y beneficiosas para todas las partes involucradas.

REGLA 1. NO CRITIQUES, NO CONDENES NI TE QUEJES

La primera regla destaca la importancia de abstenerse de expresar críticas negativas, condenas o quejas directas. Con ella se busca crear un ambiente positivo y propicio para la comunicación efectiva.

La crítica directa, la condena y las quejas pueden tener un impacto negativo en las relaciones interpersonales y en tu entorno. Cuando criticamos o condenamos, es probable que la otra persona se ponga a la defensiva, lo que dificulta una comunicación abierta y honesta. Además, las quejas constantes pueden generar un clima de negatividad y malestar. Evitar estos comportamientos fomenta un entorno positivo y favorece la apertura en la comunicación.

Imagina que tu pareja acostumbre a llegar tarde cuando quedáis con los demás. Un comentario directo podría ser: «Siempre llegamos tarde por ti y eso es molesto». Sin embargo, al aplicar la regla de no criticar, condenar ni quejarse, podríamos expresar nuestros sentimientos de una manera menos agresiva. Podríamos decir: «A veces me siento preocupado cuando llegamos tarde a los compromisos».

Esta segunda declaración expresa los sentimientos personales sin atribuir la responsabilidad directamente a tu pareja. Al comunicar la preocupación en lugar de criticar, se abre espacio para una conversación más constructiva.

Al aplicar esta regla, no se trata de reprimir los sentimientos o preocupaciones, sino de expresarlos de una manera que fomente la comprensión mutua y la resolución de problemas. Evitar la crítica directa y las quejas permite que la comunicación sea más efectiva, fortalece las relaciones y contribuye a un ambiente positivo y colaborativo.

REGLA 2. DEMUESTRA APRECIO DE MANERA HONRADA Y SINCERA

Demostrar aprecio de manera honrada y sincera implica reconocer y expresar gratitud de forma genuina hacia los demás. Al hacerlo, se fortalecen las relaciones interpersonales, se construye confianza y se contribuye a la creación de un ambiente de aprecio mutuo. Este comportamiento va más allá de simplemente cumplir con las formalidades; se trata de comunicar de manera auténtica el valor que la contribución de otra persona tiene para ti.

Supón que estás trabajando en un proyecto en la oficina y un compañero te ayuda y facilita el progreso del trabajo. En lugar de pasar por alto este gesto, podrías expresar tu aprecio de manera honrada y sincera. Por ejemplo, después de que tu compañero te haya ayudado, podrías decirle: «Quiero expresarte mi sincero agradecimiento. Tu colaboración en este proyecto ha sido incalculable. Realmente aprecio el tiempo y esfuerzo que has invertido, y creo que tu contribución me ha ayudado mucho».

Este tipo de expresiones van más allá de un simple «gracias» y destacan específicamente la importancia y el impacto positivo de la aportación del otro. Al ser honesto y sincero en tu aprecio, estás construyendo una conexión profunda con tu colega. Además, este tipo de reconocimiento positivo motiva a la otra persona a seguir contribuyendo de manera significativa en el futuro.

REGLA 3. DESPIERTA EN LOS DEMÁS UN DESEO VEHEMENTE

Despertar en los demás un deseo vehemente implica la habilidad de motivar a las personas conectando con sus aspiraciones y deseos más profundos. Se trata de identificar y resaltar cómo ciertas acciones o metas están alineadas con los objetivos personales y profesionales de cada uno de nosotros. Al hacerlo, se busca inspirar un compromiso más profundo y un esfuerzo significativo, ya que la motivación se origina desde dentro, impulsada por metas y deseos personales

Para poder entenderlo mejor, supón que estás liderando un equipo en un proyecto importante en el trabajo. En lugar de simplemente asignar tareas y establecer objetivos, puedes utilizar esta regla para motivar a tus compañeros. En una reunión, podrías abordar el tema de la siguiente manera: «Quiero que todos tengamos en cuenta que este proyecto no solo es fundamental para la empresa, sino también para cada uno de nosotros de manera individual. Si logramos el éxito, no solo mejoraremos la posición de la empresa, sino que también podríamos alcanzar nuestras metas personales y profesionales».

Este enfoque crea un sentido de propósito compartido y de colaboración, ya que cada miembro del equipo comprende la conexión del proyecto con sus metas personales y profesionales.

REGLA 4. AGRADA A LOS DEMÁS

La idea de «agradar a los demás» se basa en la premisa de que crear relaciones positivas contribuye significativamente a un ambiente armonioso. En cualquier entorno, ya sea en el trabajo, en el colegio o en la vida cotidiana, establecer conexiones positivas con las personas que nos rodean es fundamental para construir un ambiente enriquecedor y propicio para la colaboración. Agradar a los demás implica ser consciente de la importancia de la cortesía, el respeto y la amabilidad en nuestras interacciones diarias.

Piensa en un día en la oficina. Según esta regla, no se trata simplemente de ser amable por cortesía, sino de crear un ambiente que fomente la colaboración y el trabajo en equipo.

En lugar de limitarte a tratar a tus compañeros como simples colegas de trabajo, decides adoptar una actitud amigable y mostrar interés en sus ideas y opiniones. Cuando alguien propone una sugerencia, respondes con cortesía, incluso si no estás completamente de acuerdo. Además, reconoces sus logros y muestras gratitud por su contribución al proyecto.

Esa manera respetuosa de comportamiento crea un ambiente en el que los demás se sienten valorados y motivados. Tus compañeros pueden percibir tu disposición para escuchar y colaborar, lo que fomenta la apertura y la comunicación efectiva. De este modo, contribuyes a crear un ambiente de trabajo positivo, gracias al cual las personas se sienten cómodas cuando comparten ideas y expresan sus opiniones, lo que en última instancia facilita un mejor rendimiento del equipo.

REGLA 5. INTERÉSATE SINCERAMENTE POR LOS DEMÁS

Esta idea enfatiza la importancia de mostrar gran interés en la vida y experiencias de las personas que nos rodean. Al hacerlo, se fomenta una conexión profunda entre todos nosotros. Este comportamiento va más allá de la mera cortesía superficial; implica un deseo auténtico de conocer a los demás en un nivel personal, lo que construye relaciones fuertes y auténticas.

Supón que tienes un compañero en el trabajo con el que te llevas bien, pero del que no conoces mucho fuera del entorno laboral. Para demostrar un interés de verdad en él, decides conocerlo mejor.

Así, en lugar de limitarte a hablar con él solo sobre trabajo, decides preguntarle sobre sus planes para el fin de semana: «¿Tienes algún plan emocionante para el fin de semana?». Con esta pregunta abierta le das la oportunidad de compartir algo personal. Al mostrar interés en sus actividades fuera del trabajo, estás demostrando que te importa su bienestar más allá de los proyectos laborales.

Imagina que durante la conversación te enteras de que a tu colega de profesión le apasiona la fotografía. Decides profundizar en ello y le preguntas cosas sobre ese pasatiempo, mostrando que te interesas mucho por sus aficiones personales.

Al expresar interés sincero en su vida, estás construyendo una relación basada en la autenticidad y el respeto mutuo. Además, este tipo de interacción puede llevar a descubrir intereses y valores compartidos, lo que fortalece la base de la relación.

REGLA 6. USA EL NOMBRE DEL OTRO

El nombre de una persona es una parte esencial de su identidad y, al utilizarlo de manera adecuada y natural, se crea un vínculo más cercano en la interacción. Este gesto no solo agrega un toque personal a la conversación, sino que también indica que prestas atención y valoras al otro como persona. De hecho, para todos nosotros nuestro nombre es el sonido más dulce e importante en cualquier idioma.

Imagina que estás en un congreso de trabajo y conoces a alguien que se llama Alejandro. Después de las presentaciones iniciales, podrías decir: «Es un placer conocerte. ¿Cómo es que estás interesado en este congreso?».

Pero en esa misma situación podrías utiliza su nombre en la conversación y decir: «Es un placer conocerte, Alejandro. ¿Cómo es que estás interesado en este congreso?».

En el primer escenario, en el que no se utiliza el nombre, el saludo y la pregunta pueden parecer educados, pero suenan un tanto genéricos. La interacción carece de la calidez personal que a menudo se logra al utilizar el nombre de la otra persona.

En el segundo caso, en el que se incorpora el nombre, la conversación se vuelve más personal y significativa. Utilizar el nombre «Alejandro» agrega un toque más humano y muestra un esfuerzo consciente por establecer una conexión cercana. La expresión «es un placer conocerte, Alejandro» crea un ambiente más acogedor y demuestra interés por todo lo que tenga que decir.

REGLA 7. SÉ UN BUEN OYENTE

Ser un buen oyente va más allá de simplemente escuchar palabras; implica demostrar un compromiso real con la otra persona y fomentar un ambiente en el que se sienta libre para compartir.

Supón que conoces a alguien nuevo en una reunión que se llama Ramón. En lugar de hablar sobre ti mismo o mantener la conversación en un nivel superficial, decides ser un buen oyente y animar a Ramón a que comparta más sobre sí mismo.

De este modo, podrías preguntar: «Ramón, cuéntame más sobre tus aficiones o intereses. Me encantaría conocer más sobre lo que te gusta hacer en tu tiempo libre». Esta pregunta abierta invita a Ramón a hablar de sí mismo y compartir sus experiencias e intereses.

Mientras comparte sus experiencias, te enfocas en escuchar activamente. Haces preguntas de seguimiento, muestras señales de interés con expresiones faciales y asientes para demostrar que estás realmente involucrado en la conversación. En lugar de interrumpir o desviar la atención hacia tus propias experiencias, te concentras en crear un espacio para que Ramón comparta las suyas.

Este enfoque no solo fortalece la conexión entre Ramón y tú, sino que también le permite sentirse valorado y escuchado.

REGLA 8. HABLA SIEMPRE DE LO QUE INTERESE A LOS DEMÁS

Al hacerlo, se eleva la autoestima del individuo y se fortalecen las relaciones con él. Este comportamiento implica un reconocimiento hacia la persona y su valor, lo que crea un ambiente en el que todos se sienten apreciados.

Hacer que la otra persona se sienta importante no es una simple formalidad; implica una valoración auténtica de sus habilidades y contribuciones individuales. Este tipo de reconocimiento eleva la autoestima del individuo, refuerza su sentido de propósito y contribuye a un ambiente en el que todos se sienten valorados.

Imagina que tienes una empresa y uno de tus empleados, Antonio, ha realizado un gran esfuerzo para finalizar un proyecto importante. En lugar de pasar por alto sus contribuciones, decides hacer que se sienta importante al expresar tu reconocimiento.

Podrías decir: «Antonio, quiero agradecerte sinceramente tu dedicación y arduo trabajo en este proyecto. Tus ideas innovadoras y tu capacidad para enfrentar desafíos han sido fundamentales para nuestro éxito. Estamos muy contentos de tenerte en el equipo».

Al expresar tu agradecimiento de esta manera, estás destacando específicamente las contribuciones de Antonio y lo valiosas que han sido para el proyecto y el equipo en general. Este reconocimiento va más allá de un simple «gracias».

EL EMPÁTICO OSCURO

Las personas con características de empatía oscura pueden parecer comprensivas y preocupadas por los sentimientos de los demás, pero esa actitud esconde su verdadera intención, que tiene que ver con fines manipuladores y dañinos. A diferencia de los psicópatas, los empáticos oscuros no recurren a la agresión directa. En su lugar, emplean tácticas indirectas, como la exclusión, la burla y la manipulación emocional, para perjudicar a otros.

Diseminar rumores es una de las estrategias favoritas de los empáticos oscuros con el propósito de alcanzar sus objetivos personales y satisfacer sus propias necesidades. Su comportamiento tiende a causar daño emocional y crear conflictos en lugar de buscar el bienestar genuino de los demás.

Identificar a este tipo de personas con empatía oscura es un desafío, ya que este tipo de empatía tiende a estar encubierta y no suele ser muy conocida ni reconocida públicamente. De este modo, podemos ver a algunos personajes ficticios en la literatura, el cine y la televisión que han sido creados específicamente para representar este tipo de empatía. Pongamos como ejemplo a Tom Ripley (de *El talento de Mr. Ripley*). Es un personaje literario creado por Patricia Highsmith y ha sido interpretado en películas por actores como Matt Damon. Ripley es un estafador y asesino que muestra una empatía oscura en sus interacciones con los demás. Puede manipular a las personas haciéndoles creer que se preocupa por ellas mientras persigue sus propios objetivos egoístas e incluso llega al asesinato para mantener su estilo de vida.

AUTOEVALUACIÓN. ¿ERES EMPÁTICO OSCURO?

Aquí tienes un breve test para evaluar si presentas rasgos de empatía oscura. Responde a cada pregunta con honestidad, indicando en qué medida te identificas con cada declaración, siguiendo esta escala:

1. Totalmente en desacuerdo.
2. No estoy muy de acuerdo.
3. Neutral.
4. Estoy de acuerdo.
5. Estoy totalmente de acuerdo.

Me he encontrado a mí mismo manipulando a otras personas para obtener lo que quiero.	1	2	3	4	5
En ocasiones, disfruto contando chismes o rumores sobre otras personas.	1	2	3	4	5
He excluido deliberadamente a alguien de un grupo o actividad como una forma de castigo.	1	2	3	4	5
A menudo utilizo la culpa para obtener lo que quiero de los demás.	1	2	3	4	5
En ocasiones, me he burlado de las debilidades o problemas de otras personas para sentirme mejor conmigo mismo.	1	2	3	4	5
He utilizado la comprensión de los sentimientos de alguien para obtener beneficios sin preocuparme genuinamente por esa persona.	1	2	3	4	5
A veces, he mostrado simpatía o preocupación por alguien solo para que me presten atención o me ayuden.	1	2	3	4	5
He inducido a la culpa a personas cercanas para que hagan lo que quiero.	1	2	3	4	5
Me he aprovechado de la vulnerabilidad emocional de alguien en mi beneficio.	1	2	3	4	5
A menudo, me he sentido satisfecho al lograr que alguien haga algo en mi favor, incluso si eso le ha hecho sentirse mal.	1	2	3	4	5

Calcula la **suma total** de tus respuestas y consulta el **resultado:**

- **10-20.** Muy baja empatía oscura. Presentas muy pocos rasgos de empatía oscura.
- **21-30.** Baja empatía oscura. Tienes algunos rasgos de empatía oscura, pero son relativamente bajos.
- **31-40.** Moderada empatía oscura. Muestras una cantidad moderada de rasgos de empatía oscura.
- **41-50.** Alta empatía oscura. Tienes una cantidad significativa de rasgos de empatía oscura.

• **51-50.** Muy alta empatía oscura. Presentas una cantidad considerable de rasgos de empatía oscura.

CONSEJOS. NO TE CONVIERTAS EN UN EMPÁTICO OSCURO

Para evitar convertirte en una persona con empatía oscura y promover relaciones saludables y constructivas, aquí tienes algunos consejos:

1. Autoevaluación

Haz un esfuerzo sincero y consciente para evaluar tus propias motivaciones y acciones. Reflexiona sobre tus interacciones con los demás y cómo te sientes al respecto.

Ejemplo. Antes de compartir información personal de alguien, pregúntate a ti mismo por qué lo vas a hacer. Si descubres que es para obtener ventaja o manipular a la persona, reconsidera tu propósito.

2. Escucha activamente

Cuando escuches a alguien, hazlo de manera activa y genuina, mostrando interés en sus sentimientos y perspectivas, sin ningún objetivo oculto.

Ejemplo. Cuando tu amigo te hable de un problema en el trabajo, escúchalo de manera activa y pregúntale cómo se siente al respecto, en vez de pensar en cómo podrías usar esa información en su contra.

3. Practica la empatía genuina

Trata de comprender verdaderamente los sentimientos y necesidades de los demás, sin intentar manipular o explotar esas emociones.

Ejemplo. Si un amigo te cuenta una historia emotiva, como una ruptura amorosa, enfócate en comprender sus emociones y brindar apoyo, en lugar de pensar en cómo podrías usar su vulnerabilidad en tu beneficio.

4. Control de impulsos

Si sientes la tentación de utilizar información o emociones de otros de manera perjudicial, detente y reflexiona antes de actuar. Pregúntate cuál es tu motivación y si es ético hacerlo.

Ejemplo. Si alguna vez sientes la tentación de contar un rumor sobre alguien, reflexiona durante un momento sobre las posibles consecuencias y si tu motivación es negativa.

5. Fomenta la comunicación abierta

Promueve un ambiente de comunicación abierta y honesta en tus relaciones. Alienta a los demás a expresar sus pensamientos y sentimientos sin temor a juicios o manipulaciones.

Ejemplo. En lugar de tratar de mantener a las personas en la oscuridad, fomenta la comunicación abierta y honesta en tus relaciones. Anima a los demás a expresar sus pensamientos y sentimientos sin que teman que se vayan a usar en su contra.

6. Desarrollo personal

Trabaja en tu propio desarrollo personal, incluyendo la autoconciencia y la inteligencia emocional. Cuanto más comprendas tus propias motivaciones, menos probable será que caigas en la empatía oscura.

Ejemplo. Trabaja en mejorar tu autoconciencia y comprensión emocional. Esto te ayudará a reconocer y controlar cualquier comportamiento manipulador que puedas tener.

7. Practica la empatía saludable

En lugar de utilizar la empatía con fines manipuladores, usa esta habilidad para construir relaciones significativas y apoyar a los demás de manera genuina.

Ejemplo. Usa tu empatía para fortalecer tus relaciones y apoyar a los demás de manera sincera. Por ejemplo, brinda apoyo emocional a un amigo que esté pasando por un momento difícil, sin esperar nada a cambio.

8. Reflexión y autorreflexión

Periódicamente, reflexiona sobre tus relaciones y acciones. Pregúntate si estás actuando de manera ética y considerada hacia los demás.

Ejemplo. Acostúmbrate a reflexionar a menudo acerca de tus relaciones y acciones. Pregúntate si has actuado de manera ética y si has sido considerado con los demás en tus interacciones.

PRACTICA LA PERSPECTIVA: DIFERENTES PUNTOS DE VISTA

Imagina un mundo en el que las personas hayan pasado toda su vida en el interior de una oscura caverna, encadenadas de tal manera que solo pueden mirar una pared del fondo. Detrás de ellas, una fuente de luz proyecta sombras de objetos y de otros individuos. Para los habitantes de esta caverna, estas sombras son su única realidad, ya que nunca han visto el mundo exterior.

Este mito, conocido como el «mito de la caverna» de Platón, es una alegoría que resalta la idea de que nuestra percepción del mundo está limitada por nuestra experiencia y nuestras creencias. Los prisioneros de la caverna creen que las sombras en la pared son la única verdad, ya que es lo único que han conocido. Sin embargo, uno de los prisioneros es liberado y sale al exterior, donde ve la luz del sol y descubre un mundo completamente nuevo.

Esta alegoría nos enseña que nuestra perspectiva y nuestros puntos de vista pueden ser limitados por nuestras experiencias y conocimientos actuales. Así como el prisionero liberado adquiere una nueva perspectiva al conocer el mundo exterior, nosotros también podemos ampliar nuestra comprensión y percepción de la realidad al considerar diferentes puntos de vista y experiencias.

La importancia de la perspectiva radica en que nos permite ver más allá de nuestras propias limitaciones y comprender que hay múltiples formas de interpretar el mundo. Los diferentes puntos de vista enriquecen nuestra comprensión y nos ayudan a desarrollar empatía y tolerancia hacia las experiencias de los demás.

MÚLTIPLES REALIDADES

Cada uno de nosotros tenemos nuestra propia perspectiva basada en nuestra experiencia de vida, valores, creencias y contexto cultural. Lo que puede ser significativo o relevante para una persona puede no serlo para otra. La empatía implica reconocer y respetar estas diferencias y tratar de comprender la manera en que los demás ven el mundo.

Piensa en dos amigos, Juan y María, que están discutiendo sobre la comida saludable. Juan es un atleta de alto rendimiento y tiene una dieta muy estricta, basada principalmente en alimentos orgánicos y bajos en grasa. Considera que esta dieta es fundamental para su rendimiento deportivo y su salud en general.

Por otro lado, María es una chef apasionada por la comida y el sabor. Valora la diversidad de ingredientes y texturas en sus platos, y su trabajo gira en torno a la creación de experiencias culinarias deliciosas. No presta tanta atención a la nutrición en términos de calorías y macronutrientes como Juan.

En medio de su conversación, Juan y María tienen puntos de vista completamente opuestos sobre lo que constituye una comida adecuada. Juan critica la comida de María porque la considera poco saludable y llena de grasas y azúcares, mientras que María ve la dieta de Juan monótona y aburrida.

La empatía aquí implicaría que Juan y María se esforzasen por comprender la perspectiva del otro. Juan podría tratar de entender que para María la comida es una forma de expresión artística y disfrute. Por su parte, María podría reconocer que para Juan la dieta que sigue es esencial para su rendimiento deportivo y su bienestar.

EJERCICIO. EMPATÍA Y PERSPECTIVA

Este ejercicio sirve para experimentar directamente la importancia de comprender diferentes perspectivas y que la empatía puede facilitar una comunicación más efectiva y relaciones más saludables que si carecemos de ella.

1. Reflexión individual

Forma una pareja con alguien de confianza para practicar este ejercicio. Cada uno de vosotros piensa durante un momento en un tema o preferencia personal que siente que es importante. Puede ser algo relacionado con la comida, la moda, la política, la música o cualquier otra cuestión de elección personal.

Ejemplo. Tu amiga Ana elige la moda como su tema importante. Le encanta seguir las últimas tendencias y siempre se viste de manera elegante. Considera que la moda es una forma de expresión personal y le da confianza.

2. Parejas empáticas

Cada uno de vosotros comparte su elección personal y explica por qué la considera significativa. Por ejemplo, alguien podría hablar sobre por qué le gusta la música clásica o por qué prefiere una dieta vegetariana.

Ejemplo. Ana se empareja contigo y te explica su pasión por la moda y cómo la ropa la hace sentirse segura y expresarse. Tú, por tu parte, eliges la política como tema y hablas sobre su utilidad como herramienta para cambiar la sociedad y tu compromiso político.

3. Practicar empatía

Ahora, el desafío es practicar la empatía. Cada miembro de la pareja asumirá el papel de la otra persona y tratará de ver el tema desde su perspectiva. Debéis hacer preguntas y ofrecer comentarios desde la perspectiva del otro, tratando de entender sus valores y creencias.

Ejemplo. Ana asume tu papel y comienza a explicar por qué la política es tan importante para ella. Tú, asumiendo el papel de Ana, le cuentas las razones que te llevan a creer que la moda puede ser una forma de expresión personal. Ambos tratáis de comprender profundamente la perspectiva del otro.

4. Compartir perspectivas

Después de un tiempo, cada miembro de la pareja vuelve a su papel original y ambos exponen cómo se sintieron al tener que entender la perspectiva del otro. Discuten acerca de lo que han aprendido de la empatía y su importancia para comprender mejor a los demás.

Ejemplo. Después de la actividad, Ana y tú volvéis a vuestra perspectiva original. Ana se da cuenta de que la política puede ser una forma poderosa de cambiar el mundo, mientras que tú te das cuenta de que la moda puede ser una expresión de la personalidad y una fuente de confianza. Ambos habéis experimentado la importancia de la empatía en la comprensión de diferentes perspectivas.

CUESTIONAR PREJUICIOS

A menudo, nuestras perspectivas están influenciadas por prejuicios o estereotipos. La empatía nos permite cuestionar y desafiar estos prejuicios al tratar de ver las cosas desde la perspectiva de los demás, superando así los juicios apresurados.

Supón que Samuel ha crecido en un entorno en el que le han inculcado una serie de prejuicios contra una comunidad cultural específica. Desde que era niño ha escuchado estereotipos negativos sobre esta comunidad, hacia la que ha desarrollado una perspectiva bastante negativa.

Un día en el trabajo, Samuel conoce a una persona de la comunidad de la que recela que se llama Amir. Se trata de una persona amable, inteligente y compasiva. Ambos comienzan a trabajar juntos en un proyecto y, con el tiempo, Samuel comienza a ver más allá de los estereotipos y prejuicios que había mantenido hasta entonces.

La empatía entra en juego cuando Samuel comienza a hablar más con Amir y escucha su historia, sus desafíos y triunfos en la vida. Se da cuenta de que había juzgado a toda una comunidad basándose en estereotipos injustos.

EJERCICIO. CUESTIONA TUS PREJUICIOS

Este ejercicio te ayudará a abrir tu mente, cuestionar tus prejuicios y practicar la empatía al ver el mundo desde la perspectiva de los demás. Recuerda que la empatía es una herramienta poderosa para superar prejuicios y construir relaciones inclusivas y comprensivas.

1. Identifica tus prejuicios

Elige un tema o grupo sobre el cual tengas prejuicios o solo conozcas estereotipos. Podría ser un grupo étnico, religioso, cultural, político o cualquier otro.

Ejemplo. Supón que tienes una opinión preconcebida sobre personas de una determinada nacionalidad, de las que crees que son poco amigables. Para este paso, primero debes reconocer que tienes este prejuicio.

2. Investigación imparcial

Investiga sobre ese grupo desde una perspectiva imparcial. Lee libros, artículos o ponte documentales que ofrezcan una visión equilibrada y precisa. Trata de entender su historia, cultura y desafíos.

Ejemplo. Lees libros acerca de este grupo humano, estudias su historia y hablas con personas que han tenido experiencias reales con individuos de esa nacionalidad.

3. Conexión con personas reales

Piensa en alguien cercano a ti (un amigo, colega, vecino) que forme parte de ese grupo o haya tenido experiencias con él. Si no conoces a alguien directamente, busca comunidades en línea donde puedas interactuar con personas de ese grupo.

Ejemplo. Buscas oportunidades para interactuar con personas de la nacionalidad en cuestión. Asistes a alguna de sus celebraciones culturales, te unes a grupos en línea o incluso haces amigos que sean nativos de esa nacionalidad. Comienzas a ver a las personas más allá de los estereotipos.

4. Diálogo empático

Habla con personas de esa comunidad. Haz preguntas sobre sus experiencias, sus desafíos y sus puntos de vista. Escúchalas atentamente y evita juzgarlas de forma apresurada.

Ejemplo. Escuchas sus historias, sus experiencias y sus perspectivas. Te esfuerzas por entender cómo ven el mundo y cómo se sienten en determinadas situaciones.

5. Reflexión y autoevaluación

Reflexiona sobre lo que has aprendido y cómo ha cambiado o desafiado tus prejuicios. ¿Has descubierto algo nuevo que no sabías antes? ¿Has cuestionado los estereotipos en los que creías?

Ejemplo. Te preguntas si esos estereotipos eran justos o precisos, y si has cambiado de opinión o tienes una perspectiva más abierta.

6. Compromiso con la empatía

Comprométete a ser más consciente de tus prejuicios en el futuro y a seguir aprendiendo sobre diferentes perspectivas.

Ejemplo. Te das cuenta de que cada individuo es único y merece ser tratado con empatía y respeto.

FORTALECIMIENTO DE LAS RELACIONES

Cuando tratamos de comprender y respetar los puntos de vista de los demás, fortalecemos nuestras relaciones interpersonales. La empatía es fundamental para resolver conflictos y fomentar la colaboración.

Imagina una familia compuesta por tres miembros: el padre, la madre y un hijo adolescente llamado Juan. Últimamente, Juan ha pasado por una etapa difícil en el colegio. Sus padres notan que está distante y menos comunicativo. No saben exactamente qué sucede y están preocupados.

Un día, los padres deciden aplicar la empatía. En lugar de interrogar a Juan sobre lo que está pasando, deciden sentarse con él y decirle que están allí para escucharlo si desea hablar. En vez de juzgarlo o darle consejos de inmediato, le dan espacio para expresarse.

Juan, al sentir que sus padres están dispuestos a escucharlo sin juzgarlo, comienza a hablar sobre sus preocupaciones en la escuela. Siente que la carga se ha aliviado y comparte sus inseguridades y temores con ellos.

Los padres no imponen soluciones de inmediato, sino que tratan de comprender mejor la perspectiva de Juan y cómo se siente en su situación escolar. Le brindan apoyo emocional y le hacen saber que están a su lado para ayudarlo.

Con el tiempo, la comunicación mejora en la familia. Los padres y Juan aprenden a ser más empáticos entre ellos.

EJERCICIO. EXPLORA LAS PERSPECTIVAS

Este ejercicio fomenta la autoexploración y la empatía al analizar conflictos desde diferentes puntos de vista. Puedes realizarlo cada vez que enfrentes desafíos interpersonales para mejorar tu capacidad de comprender las experiencias de los demás.

1. Elección de situación

Piensa en una situación pasada o actual en la que hayas tenido un desacuerdo o conflicto con alguien, ya sea en el ámbito personal, laboral o académico.

Ejemplo. Recuerda alguna ocasión en la que hayas tenido un desacuerdo con un amigo sobre la elección de un proyecto en el que trabajar juntos.

2. Identificación de emociones propias

Escribe cómo te sentiste en esa situación. ¿Qué emociones predominaron en ti? Sé honesto contigo mismo y detállalas.

Ejemplo. Te sentiste frustrado y decepcionado porque tenías una idea clara de lo que querías, y no parecía coincidir con la preferencia de tu amigo.

3. Análisis de perspectivas

Ahora, trata de ponerte en el lugar de la otra persona involucrada en el conflicto. ¿Cómo crees que se sintió en ese momento? Intenta comprender sus posibles emociones y pensamientos.

Ejemplo. Intenta ponerte en el lugar de tu amigo. Estaba entusiasmado con otra idea que también era buena. Seguramente estaría emocionado por la oportunidad de explorar algo nuevo.

4. Redacción de perspectivas

Escribe una breve descripción desde la perspectiva de la otra persona. Imagina cuáles podrían ser sus razones, preocupaciones o puntos de vista. Esto te ayudará a explorar su experiencia.

Ejemplo. Desde la perspectiva de tu amigo, podrías escribir: «Mi amigo estaba emocionado por un enfoque diferente que le parecía más innovador. Quería aprovechar la oportunidad para explorar algo fuera de lo común y desafiante».

5. Reflexión personal

Reflexiona sobre cómo esta práctica de ver la situación desde otra perspectiva ha afectado tu comprensión del conflicto. ¿Has descubierto aspectos que no habías considerado antes?

Ejemplo. Al explorar la perspectiva de tu amigo, te das cuenta de que ambos estabais motivados por el deseo de hacer algo significativo, aunque teníais visiones diferentes.

EN BUSCA DE LA ASERTIVIDAD

*No consigues armonía cuando
todos cantan la misma nota.*
Doug Floyd

La música nos enseña que la belleza y la riqueza provienen de la mezcla de sonidos, tonos y diferentes ritmos, y lo mismo puede aplicarse a la vida social y a nuestras interacciones con los demás: la diversidad de perspectivas, opiniones y enfoques enriquece nuestras relaciones y experiencias.

Las personas no siempre actuamos de la misma manera, sino que empleamos diferentes estilos de comunicación según la situación en la que nos encontremos o las personas con las que nos relacionemos en cada momento. Todo dependerá de la necesidad de equilibrar nuestras propias necesidades y perspectivas con las de los demás.

Si, por ejemplo, en una discusión sobre un plan de fin de semana con tu pareja adoptas una **postura pasiva** y evitas llevarle la contraria a pesar de tener alguna idea diferente de las suyas, acabas cediendo ante su propuesta de forma sumisa. Podrías terminar la discusión diciendo: «Está bien, no importa. Hacemos lo que tú quieras». El eterno «me da igual».

Por el contrario, si te muestras **dominante y beligerante,** desestimas las opiniones de los demás y asumes una postura de confrontación, podrías terminar la discusión de manera hostil diciendo: «Tú siempre piensas que tienes razón. Estás completamente equivocado y no entiendes nada».

En contraste con estas dos maneras de comunicarse en una situación similar, adoptas una **postura asertiva** al expresar tus propias ideas y preocupaciones de manera respetuosa. Reconoces las opiniones de la otra persona y buscas un terreno común para resolver el conflicto de forma constructiva. Podrías finalizar la discusión diciendo: «Entiendo tu perspectiva y valoro tus ideas. Sin embargo, también tengo algunas sugerencias que me gustaría discutir contigo. ¿Podemos encontrar un punto medio en el que ambos estemos de acuerdo?».

Cuando aprendemos a identificar y comprender cada uno de estos modos de reaccionar, podemos darnos cuenta de las consecuencias que se derivan de ellos.

¿De qué manera crees que te comunicas con los demás?

AUTOEVALUACIÓN. ¿CUÁL ES TU ESTILO DE COMUNICACIÓN PREDOMINANTE?

Para identificar tu estilo de comunicación predominante entre agresivo, pasivo o asertivo, puedes realizar el siguiente test. Lee cada afirmación y elige la respuesta que mejor refleje tu forma de comunicarte.

1. Cuando estoy en desacuerdo con alguien, tiendo a:

a, Gritar o expresar enfado de inmediato.
b. Evitar el conflicto y mantenerme callado.
c. Expresar mi desacuerdo de manera respetuosa y asertiva.

2. Si alguien me pide un favor que realmente no quiero hacer, suelo:

a. Decir «no» de manera brusca o dar excusas sin importar cómo se sienta.
b. Decir «sí», aunque no quiera y sentirme resentido después.
c. Explicar amablemente por qué no puedo hacerlo o negociar una solución que funcione para ambos.

3. Cuando recibo críticas, tiendo a:

a. Defenderme de inmediato o contraatacar.
b. Aceptarlas sin cuestionarlas, aunque no esté de acuerdo.
c. Escuchar con atención, considerar las críticas y responder constructivamente.

4. En situaciones en las que alguien está cruzando límites, acostumbro a:

a. Explotar de manera colérica y agresiva.
b. Ignorar la situación y evitar el conflicto.
c. Comunicarle de manera firme pero respetuosa que está cruzando mis límites.

5. Cuando necesito expresar mis opiniones o deseos, tiendo a:

a. Hablar sin preocuparme por cómo afecta a los demás.
b. Guardar mis opiniones para mí y ceder a las de los demás.
c. Comunicar mis deseos de manera clara y considerada.

6. Ante un error que he cometido, suelo:

a. Culpar a otros o negar la responsabilidad.
b. Asumir el error y disculparme excesivamente.
c. Aceptar la responsabilidad, aprender de la experiencia y disculparme de manera sincera.

Calcula el número de respuestas «a», «b» y «c» que has seleccionado:

- Si tienes principalmente respuestas «a», es posible que tu estilo de comunicación sea **agresivo.**
- Si tienes mayoría de respuestas «b», es probable que tu estilo de comunicación sea **pasivo.**
- Si la mayoría de tus respuestas han sido «c», seguramente tu estilo de comunicación sea **asertivo.**

QUÉ PASA SI NOS COMUNICAMOS DE MANERA AGRESIVA

La comunicación agresiva es un estilo de comunicación que implica expresar nuestros pensamientos, sentimientos y opiniones de manera hostil y ofensiva hacia la otra persona. Se caracteriza por el uso de un lenguaje fuerte, despectivo o insultante, así como por la falta de consideración hacia los sentimientos y opiniones del otro. Este tipo de comunicación tiende a generar conflictos y malentendidos en las relaciones interpersonales, y puede tener efectos negativos en la salud emocional de las personas involucradas.

Imagina a una pareja, María y Juan, que están discutiendo sobre cómo dividir las responsabilidades en el hogar. María se siente frustrada porque le parece que hace la mayor parte del trabajo de casa y dice: «Juan, eres un vago total. Siempre me dejas todas las tareas del hogar y no haces nada. Eres un inútil». María está utilizando un lenguaje agresivo y despectivo hacia Juan, atacándolo personalmente. Esta forma de comunicación agresiva es probable que genere conflictos y resentimiento en la relación de pareja.

En la actualidad, parece que esta manera de comunicarnos está cada vez más presente en nuestras relaciones sociales. Esto se debe a una combinación de factores, entre los que se incluyen el **mal uso de la tecnología,** la **polarización,** el **estrés,** la **falta de habilidades comunicativas** y **modelos de comunicación inadecuados.**

DESARROLLO TECNOLÓGICO

La facilidad de acceso a las redes sociales ha transformado la manera en que nos comunicamos y nos relacionamos. Si bien las redes han permitido la interacción a larga distancia y la conexión con personas de todo el mundo, también han generado un ambiente propicio para la comunicación agresiva. La distancia física y el anonimato a menudo hacen que las personas se sientan más libres para expresar sus opiniones de manera agresiva, sin considerar las consecuencias reales de sus palabras.

Un ejemplo de esto se ve cuando se abordan temas controvertidos o polémicos en las redes sociales. Supongamos que alguien publica una opinión en su perfil personal sobre un tema candente, como la política, la religión o la igualdad de género. Otra persona, que no está de acuerdo con esa opinión, puede responder con un comentario agresivo y despectivo, atacando a la primera que publicó la opinión en lugar de argumentar sus propios puntos de vista de manera constructiva.

Ese comentario agresivo podría incluir insultos, descalificaciones personales o incluso amenazas. En poco tiempo, esta interacción puede convertirse en una discusión en línea altamente tensa, a la que se unirán otros usuarios, que se dividirán en bandos irreconciliables. La comunicación agresiva en este contexto no solo crea hostilidad y malentendidos, sino que también puede tener un impacto negativo en la salud emocional de las personas involucradas, a las que podría provocar estrés y ansiedad, y generar un ambiente en línea tóxico.

EJERCICIO. REFLEXIONA SOBRE LA COMUNICACIÓN EN LAS REDES SOCIALES

Este ejercicio te permitirá analizar y comprender más profundamente cómo la comunicación en redes sociales puede conducir a la agresión, y cómo puedes contribuir a un cambio positivo al adoptar un enfoque respetuoso y empático en tus interacciones en redes sociales.

- **Paso 1. Identifica una situación personal**

  Piensa en una experiencia propia o ajena de una conversación en redes sociales, en la que hayas participado o que hayas seguido, que se volviera agresiva o polarizada debido a la discusión de un tema controvertido.

  Ejemplo. Imagina que tú o alguien que conoces ha participado en una discusión en las redes sociales sobre el cambio climático. La conversación se volvió agresiva y polarizada, con personas defendiendo opiniones opuestas de manera vehementemente hostil.

- **Paso 2. Analiza la situación**

  Describe la situación en detalle, incluyendo el tema que se estaba discutiendo, las opiniones involucradas, los comentarios agresivos que se hicieron y cómo evolucionó la interacción.

  Ejemplo. Se discutía la gravedad del cambio climático y la necesidad de tomar medidas para frenarlo. Los comentarios incluían acusaciones de negación del cambio climático, descalificaciones personales y una creciente tensión entre los participantes. La conversación se convirtió en una batalla verbal en la que nadie atendía a las opiniones de los demás.

- **Paso 3. Reflexiona sobre las consecuencias**

  Piensa en las consecuencias emocionales y sociales de esta interacción en línea. ¿Cómo te sentiste o cómo crees que se sintieron las personas involucradas? ¿Hubo efectos negativos en la relación entre los participantes? ¿Cómo afectó la dinámica de la conversación?

  Ejemplo. La conversación por la red social provoca que las personas se sientan frustradas, enfadadas y heridas emocionalmente. Las relaciones entre los participantes se deterioran, y la discusión no lleva a un entendimiento mutuo ni al intercambio constructivo de ideas.

- **Paso 4. Analiza el anonimato y la distancia física**

  Considera el papel que el anonimato y la distancia física desempeñaron en esta situación. ¿Crees que las personas se sintieron más libres para expresar opiniones agresivas debido a la protección relativa del anonimato en la red social? ¿La distancia física tuvo algo que ver con la falta de empatía en la comunicación al no verse las reacciones emocionales de los demás?

Ejemplo. El anonimato en las redes sociales ha permitido que las personas se sientan más protegidas al expresar opiniones agresivas, ya que no tienen que enfrentarse a sus oponentes en persona. La distancia física también contribuye a la falta de empatía, puesto que no se ven las reacciones emocionales de los demás participantes.

• **Paso 5. Propón alternativas**
Piensa en cómo podría haberse manejado la situación de manera más constructiva. ¿Qué estrategias de comunicación podrían haberse utilizado para promover un diálogo respetuoso en lugar de la agresión?

Ejemplo. En vez de recurrir a la agresión verbal, los participantes pueden buscar fuentes de información confiables para respaldar sus argumentos, presentando datos y evidencias en lugar de descalificaciones personales. Asimismo, deberían plantear preguntas abiertas y escuchar las opiniones de los demás con la intención de comprender sus puntos de vista.

• **Paso 6. Extrae lecciones**
Reflexiona sobre las lecciones que has aprendido a partir de esta experiencia. ¿Cómo podrías aplicarlas para mejorar tus interacciones en línea y promover un ambiente saludable en las redes sociales?

Ejemplo. De esta experiencia, se puede aprender que la comunicación en redes sociales puede ser un terreno fértil para la agresión si no se participa con respeto y empatía. Es importante recordar que cada interacción por internet involucra a personas reales con sentimientos y opiniones, y es esencial promover un diálogo respetuoso y constructivo para abordar cuestiones controvertidas en las redes sociales.

LA POLARIZACIÓN

La polarización política y social en muchos países ha llevado a un aumento de la comunicación agresiva, ya que las personas tienden a enfrentarse y atacar a aquellos con opiniones diferentes, en lugar de buscar un diálogo constructivo. Esta polarización puede encontrarse en una amplia gama de temas, desde política y religión hasta cuestiones sociales, y ha dividido a las sociedades en bandos cada vez más rígidos.

Imagina un conflicto internacional por el que dos países, País A y País B, se hayan declarado la guerra. La polarización política y nacionalista en ambas naciones es alta y las opiniones sobre la guerra son profundamente distantes.

En País A, un ciudadano, que apoya la guerra, publica en las redes sociales una declaración enérgica en la que defiende la necesidad de proteger la soberanía y los intereses nacionales. Recibe numerosos comentarios agresivos de personas que se oponen a la guerra, quienes lo tachan de belicista y lo acusan de glorificar la violencia.

En País B, una ciudadana, que se opone a la guerra, publica un mensaje apasionado instando a la paz y al diálogo en lugar de la violencia. Recibe respuestas igualmente agresivas de aquellos que apoyan la guerra, quienes la llaman traidora y cobarde por no defender su nación.

La discusión por redes sociales en ambos países se convierte en una serie de ataques personales, insultos y descalificaciones. La polarización y la comunicación agresiva han llegado a un punto en el que es casi imposible encontrar un terreno común para el diálogo constructivo, lo que dificulta cualquier intento de buscar soluciones pacíficas al conflicto.

EJERCICIO. FOMENTAR EL DIÁLOGO CONSTRUCTIVO EN UN MUNDO POLARIZADO

Este ejercicio te ayudará a practicar la comunicación constructiva en situaciones de polarización y a desarrollar habilidades para el diálogo respetuoso, lo que puede ser valioso para promover un ambiente saludable en las conversaciones sobre temas controvertidos.

- **Paso 1. Selecciona un tema polarizado**

  Elige un tema actual o histórico que sea objeto de polarización. Puede estar relacionado con la política, la religión, la igualdad, el medio ambiente o cualquier otro asunto controvertido.

  Ejemplo. Te interesas por la inmigración y las políticas migratorias.

- **Paso 2. Preparación**

  Antes de empezar, prepárate para poder llevar a cabo un diálogo constructivo con argumentos sólidos:

  1. Investiga el tema a fondo desde diversas perspectivas para comprender mejor los argumentos de ambos lados.

     Ejemplo. He investigado las políticas migratorias actuales en mi país y en otros lugares del mundo.

  2. Reúne información, datos y hechos relacionados con el tema.

     Ejemplo. He reunido información sobre los desafíos a los que se enfrentan los inmigrantes y las perspectivas de seguridad nacional.

  3. Reflexiona acerca de tus propias creencias y opiniones sobre el tema.

     Ejemplo. Pienso sobre mis propias creencias y experiencias relacionadas con la inmigración.

- **Paso 3. Simula una conversación polarizada**

  Imagina una conversación por redes sociales o en persona de dos individuos que tengan opiniones completamente opuestas sobre un determinado tema. Escribe un diálogo hipotético en el que ambos participantes expresen sus pareceres de manera polarizada y agresiva.

  Ejemplo. Diálogo hipotético polarizado:

  PERSONA A.— Los inmigrantes deberían quedarse en sus países y respetar nuestras leyes. Solo vienen a aprovecharse de nuestros recursos y causan problemas.

  PERSONA B.— Eres una persona intolerante y racista. Deberíamos acoger a todos los inmigrantes sin restricciones, sin importar las consecuencias para nuestro país.

- **Paso 4. Transforma la conversación**

  Revisa el diálogo que has elaborado y luego trabaja en una versión alternativa en la que ambos participantes se comprometan a mantener una comunicación más respetuosa y constructiva. Esto implica seguir una serie de pautas:

  1. Evitar el uso de lenguaje agresivo, despectivo o acusatorio.

  2. Escuchar activamente a la otra persona y tratar de comprender su punto de vista.

  3. Plantear preguntas abiertas para profundizar en el razonamiento que hay detrás de las opiniones de los demás.

  4. Presentar argumentos respaldados por la evidencia y los datos en lugar de ataques personales.

  Ejemplo. Diálogo alternativo constructivo:

  PERSONA A.— Entiendo tu preocupación sobre la seguridad y las leyes. Creo que es importante encontrar un equilibrio entre ayudar a los inmigrantes que necesitan refugio y proteger nuestros recursos y seguridad.

  PERSONA B.—Estoy de acuerdo en que debemos equilibrar la empatía con la seguridad. ¿Cuáles crees que son las formas más efectivas de lograrlo sin dañar a los inmigrantes más vulnerables?

- **Paso 5. Reflexión**

  Después de transformar la conversación, reflexiona sobre la experiencia. Considera cómo ha cambiado la dinámica de la conversación y si ha sido posible encontrar áreas de acuerdo o comprensión mutua. Piensa en las lecciones que has aprendido sobre la importancia de la comunicación respetuosa en situaciones de polarización.

Ejemplo. A pesar de las diferencias, ambas personas pudieron encontrar áreas de acuerdo y discutir soluciones de manera más efectiva.

- **Paso 6. Discusión en grupo (opcional)**
Si lo deseas, puedes compartir tus experiencias y reflexiones con un grupo de personas que también estén interesadas en abordar la polarización y la comunicación agresiva. Esto puede enriquecer la discusión y proporcionar diferentes perspectivas.

Ejemplo. Compartí mis experiencias con un grupo de amigos interesados en el tema de la inmigración y la polarización. Tuvimos una discusión enriquecedora y aprendimos juntos sobre la importancia de un enfoque más respetuoso en estas conversaciones.

ESTRÉS Y ANSIEDAD

Las tensiones diarias en nuestra forma de vida actual pueden llevarnos a utilizar la comunicación agresiva como una vía para liberar la frustración y la irritación acumuladas. Cuando no gestionamos adecuadamente estas tensiones, es posible que nos desahoguemos de manera inapropiada en situaciones cotidianas, lo que puede tener un impacto negativo en nuestras relaciones y en la calidad de nuestra comunicación.

Supón que una persona llamada Marta ha pasado un día extremadamente estresante en el trabajo. Ha tenido que lidiar con una serie de plazos apretados, situaciones conflictivas con colegas y la presión constante de su jefe. Cuando Marta regresa a casa, todavía se siente abrumada por el estrés y la frustración que ha experimentado durante el día.

Su marido, Carlos, le pregunta cómo le ha ido el día. Marta estalla y dice: «¡No tienes idea de lo horrible que ha sido! Estoy harta de todo este estrés en el trabajo, y también estoy harta de que nunca me escuches de verdad. ¿Por qué no puedes ser más comprensivo y apoyarme de una vez por todas?».

Marta utiliza la comunicación agresiva como una forma de liberar la frustración y el estrés acumulados. Sus palabras son desafiantes y acusatorias, lo que puede sorprender y herir a Carlos. En lugar de expresar sus sentimientos de manera constructiva, Marta se desahoga de manera inapropiada. Esto puede generar conflictos en su relación y hacer que la comunicación entre ellos sea menos efectiva.

EJERCICIO. DIARIO DE COMUNICACIÓN ASERTIVA

Este ejercicio te permitirá practicar la comunicación asertiva en situaciones reales, lo que te ayudará a manejar el estrés de manera más saludable y a mejorar tus habilidades de comunicación en situaciones cotidianas. A lo largo del tiempo, verás una mejora en la forma en que te comunicas cpn los demás y en cómo abordas situaciones estresantes.

- **Paso 1. Identifica una situación estresante**
  Identifica una situación cotidiana que te cause estrés o frustración. Puede ser una conversación difícil en el trabajo, en casa o en cualquier otro lugar.

  Ejemplo. Tengo una reunión con mi jefe para discutir mi carga de trabajo, que siento que es excesiva y poco realista.

- **Paso 2. Registra tus pensamientos y emociones**
  Antes de enfrentar la situación, anota en un diario cómo te sientes, cuáles son tus pensamientos y las emociones que experimentas. Describe la situación y por qué te causa estrés.

  Ejemplo. Antes de la reunión, anoto en mi diario que me siento ansioso y frustrado. Mis pensamientos giran en torno a la preocupación de no poder manejar mi carga de trabajo actual y el temor a que mi jefe no sea receptivo a mis preocupaciones.

- **Paso 3. Practica la comunicación asertiva**
  Reúnete con tu jefe para la conversación y enfrenta la situación estresante centrándote en la comunicación asertiva. Aquí te ofrecemos algunas pautas para ayudarte:

  1. Utiliza «yo» en vez de «tú». En lugar de acusar o culpar, expresa tus sentimientos y necesidades.
  2. Escucha activamente a la otra persona y trata de comprender su punto de vista.
  3. Pide lo que necesites o expresa tus límites de manera clara y respetuosa.

  Ejemplo. Durante la reunión, aplico la comunicación asertiva. Le digo a mi jefe: «Me siento abrumado por la cantidad de trabajo que tengo en este momento. Quiero ser eficiente y dar lo mejor de mí, pero siento que las expectativas son poco realistas. ¿Podemos discutir formas de aliviar esta carga de trabajo o establecer prioridades de manera más efectiva?».

- **Paso 4. Registra la experiencia**
  Después de la conversación, regresa a tu diario y registra cómo te sentiste durante la interacción. ¿Fue efectiva la comunicación asertiva? ¿Cómo respondió la otra persona? ¿Hubo una mejora en la dinámica de la conversación en comparación con situaciones anteriores semejantes?

  Ejemplo. Después de la reunión, regreso a mi diario y escribo sobre cómo me he sentido. Observo que la comunicación asertiva me ha permitido expresar mis preocupaciones de manera clara y respetuosa. Mi jefe ha sido receptivo y estamos trabajando juntos para resolver el problema.

- **Paso 5. Reflexión y ajustes**
  Reflexiona sobre la experiencia y considera si hubo áreas en las cuales podrías haber mejorado tu comunicación asertiva. ¿Qué has aprendido de esta situa-

ción? ¿Qué podrías cambiar en el futuro para comunicarte de manera aún más efectiva en situaciones estresantes?

FALTA DE HABILIDADES DE COMUNICACIÓN

La falta de habilidades de comunicación efectiva puede llevar a que las personas utilicen la agresión como una forma de expresar sus necesidades o preocupaciones. Cuando no sabemos cómo comunicarnos de manera asertiva, es posible que recurramos a la agresión como un mecanismo de defensa o como un modo de llamar la atención. Esto puede generar conflictos, malentendidos y dañar las relaciones interpersonales.

Piensa en dos compañeros de trabajo, Ana y Pablo, que comparten el mismo despacho en una oficina. Ana está molesta porque Pablo a menudo escucha música con los altavoces en su escritorio, lo que la distrae de su trabajo.

Un día, Ana explota y grita: «¡Pablo, ¿puedes dejar de ser tan molesto? ¡Siempre pones esa música alta y no puedo concentrarme en absoluto!».

Con estas palabras Ana no ha expresado sus necesidades y preocupaciones de manera respetuosa y efectiva. Por el contrario, ha utilizado un tono de confrontación y ha atacado a Pablo. Esto probablemente generará una respuesta defensiva de Pablo que dificultará la resolución del problema y afectará a su relación de forma negativa.

MODELOS DE COMUNICACIÓN INADECUADOS

En algunos casos, las personas pueden haber sido expuestas a modelos de comunicación agresiva en sus entornos familiares o sociales, lo que puede llevar a que reproduzcan este estilo de comunicación en sus propias relaciones. Cuando crecemos en entornos donde la agresión es común, es fácil que adoptemos ese patrón de comunicación como normal o incluso efectivo. Esto puede generar un ciclo en el que la comunicación agresiva se perpetúe de una generación a otra.

Imagina a una familia en la que los padres a menudo discuten de manera agresiva y tienen conflictos en presencia de sus hijos. Los padres gritan, se insultan mutuamente y rara vez resuelven los problemas de manera pacífica. Los hijos, al crecer en este ambiente, aprenden que la agresión es una forma común de comunicarse.

A medida que estos hijos se convierten en adultos, es probable que reproduzcan este patrón de comunicación en sus relaciones personales. Por ejemplo, en su relación de pareja, pueden recurrir a la agresión verbal durante las discusiones en lugar de buscar soluciones constructivas. Esto puede dar como resultado conflictos constantes y dificultades para mantener relaciones saludables.

En este ejemplo, el ciclo de la comunicación agresiva se perpetúa de una generación a otra debido a la exposición temprana a modelos de comunicación agresiva en el entorno familiar. Este patrón de comunicación dañino puede ser difícil de romper a menos que las personas sean conscientes de ello y trabajen en el desarrollo de habilidades de comunicación más saludables y respetuosas.

EJERCICIO. DESARROLLA TU FORMA DE COMUNICARTE

Este ejercicio te ayudará a identificar y superar modelos inadecuados de comunicación, ya que te permitirá desarrollar habilidades de comunicación más efectivas y saludables. La práctica constante es fundamental para la mejora y el cambio en tu forma de comunicarte.

- **Paso 1. Identifica un modelo inadecuado de comunicación**

  Piensa en un patrón de comunicación que consideres inadecuado o perjudicial en tu vida. Puede ser un patrón que hayas adoptado debido a la exposición a modelos negativos de comunicación en tu entorno.

  Ejemplo. Imagina que has identificado un patrón de comunicación en el que a menudo te retiras de las conversaciones cuando sientes que alguien te critica. Este patrón de evasión puede deberse a experiencias pasadas de críticas duras en tu familia durante la infancia.

- **Paso 2. Reflexiona sobre el origen del modelo**

  Piensa en la posible procedencia de ese patrón de evasión. ¿Viene de tu familia, de relaciones pasadas o de otras situaciones sociales? Intenta identificar el contexto en el que has adquirido este patrón.

  Ejemplo. Después de reflexionar, te das cuenta de que este patrón de evasión proviene de las interacciones con tus padres en tu infancia. Recuerdas que, cuando intentabas expresar tus opiniones o necesidades, a menudo eras criticado de manera despectiva, lo que te hizo desarrollar un mecanismo de evasión como forma de autoprotección.

- **Paso 3. Identifica alternativas de comunicación saludable**

  Investiga y aprende formas de comunicación más saludables y efectivas. Esto puede incluir la comunicación asertiva, la empatía, la escucha activa y el respeto mutuo. Familiarízate con estas alternativas y cómo se aplican en diferentes situaciones.

  Ejemplo. Investigas y aprendes sobre la comunicación asertiva, que se centra en expresar tus opiniones y necesidades de manera respetuosa y honesta, sin recurrir a la evasión o la agresión. Te familiarizas con el uso de declaraciones «yo» y la importancia de escuchar activamente a los demás.

- **Paso 4. Practica la comunicación saludable**

  Lleva a cabo una conversación con un amigo de confianza, un terapeuta o un compañero de práctica de comunicación. En esta conversación, intenta aplicar las alternativas de comunicación saludable que has aprendido. Muestra empatía, utiliza «yo» en lugar de «tú», escucha activamente y busca soluciones constructivas.

  Ejemplo. Tienes una conversación con un amigo de confianza y le explicas tu deseo de cambiar tu patrón de evasión en las conversaciones. En lugar de retirarte cuando sientas que estás siendo criticado, intentas aplicar las habilidades de comunicación asertiva. Expresas tus sentimientos de manera respetuosa y abierta, y escuchas activamente a tu amigo.

• **Paso 5. Reflexiona sobre la experiencia**
Después de la conversación, reflexiona sobre cómo te sentiste al aplicar las nuevas habilidades de comunicación. ¿Fue una experiencia positiva? ¿Notaste alguna diferencia en la dinámica de la conversación en comparación con tu modelo inadecuado anterior?

Ejemplo. Después de la conversación, reflexionas y notas que, aunque te sentiste un poco incómodo al principio, la comunicación asertiva te permitió expresar tus pensamientos y sentimientos de manera efectiva. Además, la conversación fue más constructiva y menos tensa en comparación con tu patrón de evasión anterior.

• **Paso 6. Repite el proceso**
Continúa practicando la comunicación saludable en diferentes situaciones y con personas diversas. A medida que practiques, irás reemplazando gradualmente los modelos inadecuados de comunicación con patrones más saludables.

¿Y SI NOS COMUNICAMOS DE FORMA PASIVA?

La comunicación pasiva es un estilo de comunicación que implica expresar pensamientos, sentimientos y opiniones de manera sumisa, evitando el conflicto y mostrando falta de asertividad. Se caracteriza por la renuencia a expresar las propias necesidades y deseos, a menudo en beneficio de los que tienen los demás, lo que puede llevar a la supresión de las propias emociones y opiniones. Este tipo de comunicación tiende a generar malentendidos y puede dar como resultado una insatisfacción personal en las relaciones interpersonales, ya que las necesidades personales no se satisfacen adecuadamente.

Supón que una pareja, María y Juan, están discutiendo sobre qué hacer durante el fin de semana. María dice: «Juan, ¿qué te gustaría hacer este fin de semana? Si tienes alguna idea, está bien para mí. No importa lo que elijamos hacer, siempre y cuando estemos juntos».

En este ejemplo, María evita expresar sus preferencias o necesidades personales. Aunque su intención es mostrar flexibilidad y complacencia hacia Juan, en realidad, está suprimiendo sus propias opiniones y deseos. Esto puede llevar a malentendidos y a que Juan no esté al tanto de las preferencias reales de María, lo que podría conducir a una falta de satisfacción personal en la relación.

La comunicación pasiva se da por una variedad de razones y está influenciada por múltiples factores, como **temor al conflicto, baja autoestima, modelos de comunicación en el entorno familiar, falta de habilidades comunicativas**, dependencia de la **aprobación de los demás** y **estrés y ansiedad.**

TEMOR AL CONFLICTO

El temor al conflicto es una razón fundamental detrás de la comunicación pasiva. Las personas a menudo eligen no expresar sus necesidades y opiniones de manera asertiva porque tienen miedo de generar desacuerdos, discusiones o confrontaciones con los demás. Prefieren evitar el conflicto a toda costa, lo que a menudo conduce a un enfoque pasivo de la comunicación.

Imagina a dos amigos, Ana y Luis, que están planeando un viaje juntos. Ana tiene una preferencia clara por un destino en particular, mientras que Luis prefiere otro. Aunque ambos tienen opiniones diferentes, Ana opta por la comunicación pasiva debido a su temor al conflicto.

Luis le pregunta a Ana: «¿Qué te parece si visitamos Roma? Creo que sería una experiencia increíble». En lugar de expresar su preferencia por otro lugar, Ana, aunque ya ha estado en la capital italiana, responde: «Sí, suena bien». Ana elude la confrontación al no expresar su deseo y prefiere complacer a Luis para evitar cualquier conflicto, aunque ella repita destino.

EJERCICIO. ENFRENTA TUS TEMORES Y BUSCA LA ASERTIVIDAD

Este ejercicio te permitirá enfrentar tus temores al conflicto y practicar la comunicación asertiva, lo que te ayudará a establecer relaciones más saludables y a asegurarte de que tus necesidades y opiniones sean escuchadas y respetadas. La comunicación asertiva es una habilidad valiosa para superar la comunicación pasiva y evitar malentendidos en las relaciones.

- **Paso 1. Identifica una situación de comunicación pasiva**

  Piensa en una situación en la que hayas evitado expresar tus necesidades u opiniones debido a tu temor al conflicto. Puede ser una conversación pendiente con un amigo, un colega o un miembro de la familia.

  Ejemplo. Imagina que estás en el trabajo y tienes una compañera de equipo llamada María que a menudo te asigna tareas adicionales sin consultar contigo. Te sientes abrumado y estresado, pero hasta ahora no has expresado tus preocupaciones. Esta situación representa una comunicación pasiva basada en el temor al conflicto.

- **Paso 2. Reflexiona sobre tus sentimientos**

  Antes de hacer frente a la situación, reflexiona durante un momento sobre tus sentimientos y temores. ¿Qué es lo que te impide expresar tus necesidades u opiniones? ¿Qué conflictos anticipas en esta conversación?

  Ejemplo. Antes de abordar la situación, reflexionas sobre tus sentimientos y temores. Te das cuenta de que tienes miedo de discutir con María porque no quieres que la relación laboral se vuelva incómoda o que ella se moleste contigo. Anticipas que podría haber desacuerdos y conflictos.

• **Paso 3. Practica la comunicación asertiva**

Inicia la conversación o haz frente a la situación, enfocándote en la comunicación asertiva.

Ejemplo. Decides hablar con María para expresar tus preocupaciones de manera asertiva. Dices: «María, he notado que últimamente me has asignado tareas adicionales sin consultarme. Me siento abrumado y me gustaría que pudiéramos hablar sobre cómo distribuimos las responsabilidades de manera más equitativa».

• **Paso 4. Reflexiona sobre la experiencia**

Después de la conversación, regresa a tus reflexiones iniciales. ¿Ha sido más efectiva la comunicación asertiva que la comunicación pasiva en esta situación? ¿Cómo ha respondido la otra persona? ¿Has notado alguna mejora en la dinámica de la conversación?

Ejemplo. Después de la conversación, reflexionas sobre cómo te has sentido. Notas que, a pesar de tu temor inicial al conflicto, la comunicación asertiva te ha permitido expresar tus preocupaciones de manera efectiva. María responde de manera comprensiva y muestra disposición para encontrar una solución. La comunicación asertiva desembocó en una conversación constructiva en lugar de un conflicto.

BAJA AUTOESTIMA

Las personas con baja autoestima a menudo recurren a la comunicación pasiva porque tienen la impresión de que sus opiniones y necesidades carecen de importancia o no merecen ser escuchadas. Esta baja autoestima puede ser el resultado de experiencias pasadas, críticas constantes o autocríticas negativas que han erosionado su confianza en sí mismas. Por esa razón, optan por reprimir sus emociones y satisfacer las necesidades de los demás en lugar de expresar sus propios deseos y opiniones.

Imagina a una persona que tiene baja autoestima. Va a acudir a una fiesta a la que le ha invitado un amigo, cuando en el fondo preferiría quedarse en casa y descansar. Su baja autoestima y su temor a ser rechazado le llevan a asistir a la fiesta para complacer a su amigo. Es decir, opta por satisfacer las necesidades de su amigo para sentirse aceptado.

DINÁMICA. ¿ALGUNA VEZ TE HA PASADO ALGO ASÍ?

El objetivo de este ejercicio es fomentar la reflexión personal y la identificación de situaciones similares en las que los participantes hayan experimentado una comunicación pasiva debido a la baja autoestima.

Al compartir experiencias y discutir estrategias para mejorar la comunicación, los participantes pueden trabajar en su desarrollo personal y en la construcción de relaciones más saludables y satisfactorias.

- **Paso 1. Presentación del escenario**
  Presenta a los participantes el escenario descrito en el ejemplo que has leído más arriba: una persona con baja autoestima recibe la invitación de un amigo para asistir a una fiesta. Aunque preferiría quedarse en casa y descansar, decide asistir para complacer a su amigo por temor al rechazo.

  Ejemplo. El coordinador del ejercicio presenta el escenario: «Imaginad que tenéis un amigo llamado Daniel. Tiene baja autoestima y es invitado a una fiesta por otro amigo, pero en el fondo desearía quedarse en casa a descansar. Sin embargo, su baja autoestima y su temor a ser rechazado le llevan a asistir a la fiesta para complacer a su amigo y sentirse aceptado».

- **Paso 2. Reflexión personal**
  Pide a los participantes que reflexionen sobre la situación presentada. Deben considerar si alguna vez se han encontrado en una situación similar en la que hayan reprimido sus deseos o necesidades debido a su propia baja autoestima y al temor a ser rechazados.

  Ejemplo. Los participantes reflexionan sobre la situación presentada. Uno de ellos, Ana, recuerda una situación similar en la que su amiga le pidió ayuda para mudarse a un nuevo apartamento en un día en que ella necesitaba descansar, pero aceptó para no sentirse egoísta.

- **Paso 3. Compartir experiencias**
  Invita a los participantes a compartir sus experiencias personales si se sienten cómodos haciéndolo. Pueden hablar sobre situaciones en las que hayan optado por la comunicación pasiva debido a su baja autoestima, explicando cómo se sintieron al hacerlo y cuáles fueron las consecuencias.

  Ejemplo. Ana decide compartir su experiencia con el grupo. Explica que se sintió agotada después de ayudar a su amiga a mudarse y que, en retrospectiva, lamentó no haber expresado sus necesidades de descanso.

- **Paso 4. Discusión en grupo**
  Fomenta una discusión en grupo sobre las experiencias compartidas. Puedes hacer preguntas como las siguientes: ¿cómo te sentiste al reprimir tus necesidades en esas situaciones? ¿Qué aprendiste de esas experiencias? ¿Qué estrategias podrías utilizar para comunicarte de manera más asertiva en el futuro?

  Ejemplo. El coordinador inicia una discusión en grupo y pregunta a los participantes si han experimentado situaciones similares en las que hayan reprimido sus deseos o necesidades debido a su baja autoestima. Otros participantes comparten sus propias experiencias y se identifican con los sentimientos de Ana.

- **Paso 5. Reflexión final**
  Pide a los participantes que reflexionen sobre cómo pueden aplicar lo aprendido en sus vidas diarias para superar la comunicación pasiva basada en la baja

autoestima. Anímalos a establecer metas para mejorar su autoestima y desarrollar habilidades de comunicación asertiva.

Ejemplo. Después de la discusión en grupo, los participantes reflexionan sobre cómo pueden aplicar lo que han aprendido en sus vidas cotidianas. Ana se da cuenta de que necesita aprender a comunicarse de forma más asertiva y expresar sus necesidades de manera honesta, en lugar de ceder siempre a las expectativas de los demás. Establece una meta personal para trabajar en su autoestima y habilidades de comunicación asertiva.

MODELOS DE COMUNICACIÓN EN EL ENTORNO FAMILIAR

La comunicación pasiva a menudo se aprende en el entorno familiar. Si uno crece en un hogar donde los miembros de la familia evitan expresar sus sentimientos o necesidades, es más probable que adopte un estilo de comunicación similar en sus relaciones personales. El hogar es el lugar donde se adquieren las primeras lecciones sobre cómo interactuar con los demás, y, si estas lecciones implican reprimir emociones o evitar el conflicto a toda costa, es probable que se reflejen en la comunicación adulta.

Imagina una familia en la que los padres rara vez discuten sus problemas o desacuerdos en presencia de sus hijos. Los padres evitan las confrontaciones y se esfuerzan por mantener la armonía en el hogar. Cuando surgen desacuerdos, los padres no discuten abiertamente, sino que reprimen sus sentimientos. Los hijos crecen observando este patrón de comunicación y aprenden que es mejor mantener la paz en el hogar, incluso a expensas de no expresar sus propias opiniones y necesidades.

A medida que los hijos crecen en este entorno, es probable que interioricen ese modelo de comunicación de sus padres. Pueden aprender que es mejor reprimir sus emociones y necesidades en lugar de expresarlas abiertamente, ya que eso es lo que han visto en casa. Este patrón de comunicación puede persistir en sus relaciones personales y laborales en la adultez, lo que llevará a una falta de expresión de sus propias necesidades y opiniones.

EJERCICIO. IMPACTO DEL ENTORNO FAMILIAR EN LA COMUNICACIÓN

Este ejercicio te permitirá reflexionar sobre la influencia del entorno familiar en tu estilo de comunicación y tomar medidas concretas para mejorar y desarrollar habilidades saludables y efectivas.

- **Paso 1. Análisis personal**
  Reflexiona sobre tu propio entorno familiar. ¿Crees que tu estilo de comunicación está influenciado por la forma en que se comunicaban tus padres o cuidadores durante tu infancia?

  Ejemplo. Podrías darte cuenta de que tiendes a evitar conflictos en tu vida cotidiana, lo cual puede reflejar la influencia de tus padres, que también evitaban discutir en tu presencia.

- **Paso 2. Identificación de patrones**
  Piensa en patrones específicos de comunicación que observaste en tu hogar durante la infancia. ¿Se evitaban los conflictos, se reprimían las emociones o se prefería mantener la armonía a expensas de la expresión abierta?

  Ejemplo. Un patrón específico podría ser que, en tu hogar, las emociones negativas se abordaban con silencio en lugar de discutirse abiertamente.

- **Paso 3. Consecuencias positivas y negativas**
  Considera si los patrones de comunicación que presenciaste en tu familia tuvieron consecuencias positivas o negativas. ¿Se lograba la armonía, pero a costa de la autenticidad y la expresión emocional?

  Ejemplo. Podrías reconocer que, si bien este patrón ayudó a mantener la paz en casa, también desembocó en una falta de expresión emocional y posiblemente en la supresión de opiniones individuales.

- **Paso 4. Aplicación en tus relaciones**
  Observa tu estilo de comunicación en tus relaciones personales y laborales. ¿Encuentras similitudes con los patrones que presenciaste en tu hogar? ¿Hay aspectos que te gustaría cambiar?

  Ejemplo. Al observar tu forma de comunicación, podrías averiguar si tiendes a evitar confrontaciones o a expresar tus emociones de manera abierta, especialmente cuando surge un desacuerdo.

- **Paso 5. Exploración de alternativas**
  Piensa en cómo podrías modificar o mejorar tu estilo de comunicación si identificaras patrones que te gustaría cambiar. ¿Qué estrategias podrías implementar para expresar de manera más abierta tus opiniones y necesidades?

  Ejemplo. Una estrategia podría ser practicar la expresión asertiva, aprendiendo a comunicar tus necesidades y opiniones de manera clara y respetuosa.

- **Paso 6. Concienciación de la influencia familiar**
  Reconoce la manera en que la influencia del entorno familiar puede afectar tu forma de comunicarte. ¿En qué situaciones replicas patrones que aprendiste en casa sin ser consciente de ello?

  Ejemplo. Puedes darte cuenta de que, en situaciones de conflicto, a menudo imitas la tendencia a evitar discusiones que tenían tus padres, sin ser consciente de que estás siguiendo un patrón aprendido.

- **Paso 7. Desarrollo de habilidades**
  Identifica habilidades específicas de comunicación que te gustaría desarrollar. ¿Necesitas practicar la expresión asertiva, aprender a manejar conflictos de manera saludable o mejorar tu capacidad para compartir tus emociones?

Ejemplo. Identificar que necesitas mejorar en el manejo de los conflictos de manera constructiva podría llevarte a buscar recursos y técnicas para desarrollar estas habilidades específicas.

• **Paso 8. Establecimiento de metas**
Define metas claras para mejorar tu comunicación. Estas metas podrían incluir expresar tus necesidades de manera más abierta, aprender a manejar conflictos de forma constructiva o fomentar un ambiente en el que la autenticidad sea valorada.

Ejemplo. Una meta específica podría ser expresar abiertamente tus sentimientos en una situación particular en la que normalmente evitarías hacerlo.

• **Paso 9. Aprendizaje continuo**
Reconoce que la mejora en la comunicación es un proceso continuo. Establece un compromiso de aprendizaje constante y ajuste de tus habilidades comunicativas a lo largo del tiempo.

Ejemplo. Reconoces que la mejora en la comunicación es un proceso constante, así que podrías comprometerte a seguir aprendiendo sobre la comunicación efectiva y ajustar tu enfoque según tus experiencias y aprendizajes.

DEPENDENCIA DE LA APROBACIÓN DE LOS DEMÁS

Aquellas personas que dan una gran importancia a ser aceptadas y aprobadas por los demás tienden a utilizar la comunicación pasiva. Temen que expresar sus opiniones o necesidades pueda hacer que otros las desaprueben o las rechacen, por lo que optan por mantener un perfil bajo y complacer a los demás. Esta necesidad de aprobación a menudo se origina en la búsqueda de pertenencia y aceptación social.

Imagina a Marta, que tiene una gran necesidad de ser aceptada y aprobada por sus amigos. En una conversación con su grupo de amigos, surgen opiniones divergentes sobre un tema importante. Marta tiene una opinión distinta, pero teme que, si la expresa, sus amigos puedan desaprobarla o incluso alejarse de ella.

Marta decide guardar silencio y conformarse con la opinión de la mayoría, incluso si no está de acuerdo. Opta por mantener un perfil bajo y evitar el conflicto para asegurarse de que sus amigos sigan aceptándola y aprueben su presencia.

EJERCICIO. REFLEXIÓN SOBRE COMUNICACIÓN PASIVA Y LA NECESIDAD DE APROBACIÓN

Este ejercicio te ayudará a reflexionar sobre tu propio estilo de comunicación, identificar patrones pasivos y explorar alternativas saludables para expresar tus opiniones y deseos sin comprometer tu necesidad de aprobación.

• **Paso1. Identificación de la comunicación pasiva**
Reflexiona sobre situaciones en las que has experimentado la necesidad de ser aceptado y aprobado, lo que te llevó a adoptar un estilo de comunicación pa-

siva. ¿Puedes recordar momentos en los que evitaste expresar tus opiniones por temor a la desaprobación?

Ejemplo. Recuerdo una reunión en el trabajo en la que tenía una idea diferente sobre cómo abordar un proyecto, pero opté por no expresar mi opinión porque temía que mis colegas no estuvieran de acuerdo y me vieran de manera negativa.

• **Paso 2. Análisis de la situación de Marta**
Imagina que estás en el lugar de Marta. ¿Cómo te sentirías al guardar silencio y conformarte con la opinión mayoritaria, incluso si no estás de acuerdo? ¿Crees que esta elección a largo plazo puede afectar tu bienestar emocional?

Ejemplo. Imagina que estás en la conversación de Marta. Si decides guardar silencio para evitar el conflicto, podrías sentirte incómodo, lo que, a largo plazo, podría afectar tu autoestima al no expresar tus propias ideas.

• **Paso 3. Exploración de las raíces de la necesidad de aprobación**
Piensa en situaciones pasadas o experiencias de vida que puedan haber contribuido a tu necesidad de aprobación. ¿Recuerdas momentos específicos que hayan moldeado tu deseo de ser aceptado por los demás?

Ejemplo. Al reflexionar, puedo recordar experiencias en la escuela en las que buscaba constantemente la aprobación de mis compañeros. Eso influyó en mi deseo de ser aceptado en situaciones similares posteriores.

• **Paso 4. Identificación de alternativas**
Imagina otras formas en las que Marta podría abordar la situación. ¿Existen maneras de expresar sus opiniones de modo respetuoso sin comprometer su deseo de pertenencia?

Ejemplo. En lugar de quedarme en silencio, podría haber expresado mi idea de manera respetuosa y escuchado las perspectivas de los demás, lo que hubiera fomentado una discusión abierta y constructiva.

• **Paso 5. Reconocimiento de emociones**
Identifica las emociones que Marta podría experimentar al optar por la comunicación pasiva. ¿Cómo afecta a su autoestima y bienestar emocional guardar silencio?

Ejemplo. Marta podría sentirse ansiosa o decepcionada consigo misma al guardar silencio, reconociendo que ha sacrificado su voz por la aprobación externa.

• **Paso 6. Desarrollo de la autoaceptación**
Piensa en maneras de cultivar la autoaceptación y la confianza en tus propias opiniones. ¿Cómo podrías trabajar en la aceptación de ti mismo, independientemente de la aprobación externa?

Ejemplo. Trabajar en la autoaceptación implica reflexionar sobre mis logros y admitir que no siempre agradaré a todos. Valoro mis opiniones y reconozco que son válidas, independientemente de la aprobación externa.

- **Paso 7. Exploración de consecuencias a largo plazo**
  Considera las posibles consecuencias a largo plazo de adoptar constantemente un enfoque de comunicación pasiva. ¿Cómo puede afectar las relaciones y la autoimagen de Marta en el futuro?

  Ejemplo. Marta podría darse cuenta de que, a lo largo del tiempo, la comunicación pasiva ha provocado falta de autenticidad en sus relaciones, lo que a su vez afecta su sentido de pertenencia y satisfacción personal.

- **Paso 8. Establecimiento de límites saludables**
  Imagina maneras en las que Marta podría establecer límites saludables al expresar sus opiniones sin comprometer su necesidad de pertenencia. ¿Qué estrategias podrían permitirle conservar sus relaciones mientras se mantiene fiel a sí misma?

  Ejemplo. Marta podría aprender a expresar sus opiniones de forma respetuosa, estableciendo límites saludables al comunicar que valora la diversidad de ideas y busca contribuir al grupo de una manera positiva.

- **Paso 9. Compromiso con el cambio**
  Reflexiona sobre tu disposición para cambiar patrones de comunicación pasivos. ¿Estás dispuesto a trabajar en expresar tus opiniones de manera más abierta, incluso si eso implica la posibilidad de desaprobación?

  Ejemplo. Después de reflexionar sobre mis patrones de comunicación pasiva, podría comprometerme a cambiar con pequeños pasos, como compartir mis opiniones en situaciones menos intimidantes, para construir gradualmente mi confianza.

LA COMUNICACIÓN ASERTIVA

La comunicación asertiva implica expresar tus pensamientos, sentimientos y necesidades de manera clara y respetuosa, sin ser pasivo ni agresivo. Las personas asertivas son capaces de defender sus propios derechos al tiempo que respetan los de los demás. Este estilo de comunicación tiende a generar relaciones saludables y efectivas. La comunicación asertiva se basa en el respeto mutuo y la búsqueda de soluciones colaborativas.

Imagina a dos compañeros de clase, Ana y Luis, que están implicados en un trabajo conjunto para una asignatura. Ana siente que Luis no contribuye de manera equitativa al trabajo y está frustrada por su falta de compromiso. En lugar de reprimir sus sentimientos o atacar a Luis de forma agresiva, Ana decide hablar con él de manera asertiva.

Ana se acerca a Luis y le expresa sus preocupaciones con claridad y respeto. Le dice que tiene la impresión de que el trabajo en equipo no es equitativo y que le gustaría que ambos compartieran las responsabilidades de modo más igualitario. Luis escucha atentamente y responde de manera comprensiva. Juntos llegan a un acuerdo sobre cómo pueden mejorar su colaboración en el proyecto.

Para que se pueda dar este tipo de comunicación es esencial la concurrencia de diversos factores, como **autoconfianza, autoconocimiento, respeto mutuo, destrezas de comunicación** por ambas partes y **habilidad en la resolución de conflictos**.

AUTOCONFIANZA

Las personas asertivas suelen tener una sólida autoconfianza, lo que les permite expresar sus pensamientos y sentimientos de manera segura. La autoconfianza es un elemento fundamental de la comunicación asertiva, ya que proporciona la base necesaria para expresarse de forma efectiva y respetuosa en diversas situaciones.

Imagina que eres un gran profesional y asistes a una reunión de equipo en el trabajo para discutir un proyecto importante. Tienes gran confianza en ti mismo y te sientes seguro de tus ideas y de la manera de enfocarlas.

Durante la reunión, surgen opiniones diversas sobre cómo abordar el proyecto, y algunas de las ideas planteadas por tus colegas difieren de las tuyas. En lugar de quedarte callado o ceder automáticamente a las opiniones de los demás, decides expresar tus puntos de vista de manera segura y respetuosa.

Con confianza en ti mismo, explicas tus argumentos de modo claro y fundamentado. Escuchas las opiniones de tus colegas y te muestras dispuesto a considerar diferentes perspectivas. A pesar de las diferencias, trabajas con tus compañeros para encontrar un terreno común y llegar a una solución que beneficie al equipo y al proyecto en general.

Tu autoconfianza te permite comunicarte de manera asertiva sin temor a la crítica o al rechazo. Tu capacidad para expresar tus opiniones con seguridad contribuye a una comunicación abierta y constructiva en el equipo, lo que a su vez lleva a una resolución eficaz de los desacuerdos.

AUTOEVALUACIÓN. ¿CONFÍAS ES TI MISMO?

Ten en cuenta que este es un ejercicio simple, por lo que los resultados son indicativos y no necesariamente reflejan la totalidad de tu autoconfianza en todas las situaciones.

Responde a las siguientes afirmaciones utilizando la siguiente escala del 1 al 5:

1. Totalmente en desacuerdo.
2. No estoy muy de acuerdo.
3. Neutral.
4. Estoy de acuerdo.
5. Estoy totalmente de acuerdo.

Tengo confianza en mis habilidades.	1	2	3	4	5
Me siento seguro al expresar mis opiniones.	1	2	3	4	5
Creo en mi capacidad para superar desafíos.	1	2	3	4	5
Suelo enfrentar nuevas situaciones con seguridad.	1	2	3	4	5
Me siento bien con mi apariencia física.	1	2	3	4	5
Tengo confianza en mi toma de decisiones.	1	2	3	4	5
No me preocupa excesivamente lo que piensan los demás de mí.	1	2	3	4	5
Siento que tengo el control sobre mi vida.	1	2	3	4	5
Puedo aprender y mejorar en áreas en las que actualmente no destaco.	1	2	3	4	5
En general, me siento positivo acerca de mí mismo.	1	2	3	4	5

Ahora suma tus respuestas y obtén tu puntuación total para interpretar tus resultados según estos parámetros:

- **10-20 puntos.** Tu autoconfianza puede necesitar un impulso significativo. Considera la posibilidad de trabajar en el desarrollo personal y buscar maneras de aumentar tu autoestima.

- **21-30 puntos.** Tienes una autoconfianza moderada. Hay áreas en las que puedes mejorar y también aspectos en los que te sientes seguro. Identifica las áreas de oportunidad y trabaja en ellas.

- **31-40 puntos.** ¡Tienes un nivel saludable de autoconfianza! Sigues creciendo y aprendiendo, pero ya te sientes bastante seguro contigo mismo. Prosigue trabajando en fortalecer tu confianza en áreas específicas si es necesario.

- **41-50 puntos.** ¡Eres muy seguro de ti mismo! Tienes una sólida autoconfianza en general. Aprovecha esta fortaleza para abordar nuevos desafíos y metas en tu vida.

Como ya sabes, la seguridad en uno mismo es un componente crucial para ser asertivo.

CONSEJOS. MEJORA LA AUTOCONFIANZA Y FORTALECE TU CAPACIDAD PARA SER ASERTIVO
Estas son algunas pautas que puedes seguir para aumentar la confianza en ti mismo y con ella la capacidad de ser asertivo.

1. Conócete a ti mismo

Reflexiona sobre tus valores, creencias y metas personales. Cuanto más claro tengas quién eres y qué quieres, más fácil será expresar tus necesidades de manera asertiva.

2. Cuida tu lenguaje corporal

Mantén una postura abierta y erguida. El lenguaje corporal puede influir en cómo te perciben los demás y en cómo te sientes contigo mismo.

3. Establece límites claros

Aprende a decir «no» cuando sea necesario. Establecer límites saludables es fundamental para la asertividad y demuestra que te respetas a ti mismo.

4. Acepta y aprende de los errores

La seguridad en uno mismo implica aceptar que todos cometemos errores. En lugar de verlos como fracasos, considéralos oportunidades de aprendizaje y crecimiento.

5. Celebra tus éxitos

Reconoce y celebra tus logros, incluso los pequeños. Esto refuerza una imagen positiva de ti mismo y contribuye a la construcción de la autoconfianza.

6. Establece metas alcanzables

Fija metas realistas y alcanzables. Según logres pequeños objetivos, aumentarás tu confianza en tu capacidad para hacer frente a desafíos mayores.

7. Visualiza el éxito

Antes de enfrentarte a una situación desafiante, visualiza el éxito. Imagina cómo te verías siendo asertivo y cómo lograrías tus objetivos.

8. Aprende a recibir halagos

Aceptar cumplidos de manera sencilla y agradecida también contribuye a fortalecer la autoconfianza. Evita minimizar tus logros y simplemente agradece.

AUTOCONOCIMIENTO

La comunicación asertiva a menudo se basa en un buen autoconocimiento, lo que permite a las personas expresar sus necesidades y deseos de manera auténtica. El autoconocimiento implica una comprensión profunda de las propias emociones, valores, objetivos y límites que facilita la expresión genuina de uno mismo en las interacciones con los demás.

Supón que eres una persona que valora la sinceridad y la honestidad en las relaciones personales, y has dedicado tiempo a conocer tus propios valores, metas y límites. Tienes un buen autoconocimiento que te permite entender lo que es importante para ti.

En una conversación, un amigo cercano te pide que hagas algo que va en contra de tus principios y límites personales. Gracias a tu autoconocimiento, te sientes capaz de expresar tus necesidades y deseos de manera auténtica y asertiva. Le dices a tu amigo con respeto y sinceridad: «Valoro mucho nuestra amistad, pero esta solicitud va en contra de mis límites personales y principios. Espero que puedas entenderlo».

Tu autoconocimiento te permite comunicarte de manera sincera y respetuosa, sin sentirte presionado para ceder a una solicitud que va en contra de tus valores. Al expresar tus necesidades y defender tus límites de manera asertiva, mantienes la integridad de tus valores personales en tus relaciones.

AUTOEVALUACIÓN. ¿COMPRENDES TUS EMOCIONES?

Este es un ejercicio que no necesariamente refleja la totalidad de tu autoconocimiento en todas las áreas de tu vida. Es una simple herramienta para conocerte a ti mismo un poco mejor.

Responde a las siguientes afirmaciones utilizando la siguiente escala del 1 al 5:

1. Totalmente en desacuerdo.
2. No estoy muy de acuerdo.
3. Neutral.
4. Estoy de acuerdo.
5. Estoy totalmente de acuerdo.

Entiendo claramente cuáles son mis valores fundamentales.	1	2	3	4	5
Tengo una comprensión sólida de mis fortalezas y debilidades.	1	2	3	4	5
Puedo identificar y expresar mis emociones de manera efectiva.	1	2	3	4	5
Conozco mis metas a corto y largo plazo.	1	2	3	4	5
Soy consciente de cómo reacciono bajo presión o estrés.	1	2	3	4	5
Tengo claridad sobre mis preferencias y gustos personales.	1	2	3	4	5
Sé cuáles son mis principales fuentes de motivación.	1	2	3	4	5
Puedo describir mi estilo de aprendizaje.	1	2	3	4	5
Entiendo cómo influyen mis experiencias pasadas en mi presente.	1	2	3	4	5
Soy consciente de mis pensamientos y patrones de comportamiento automáticos.	1	2	3	4	5

Suma tus respuestas y obtén tu puntuación total. Cuanto mayor sea la puntuación, mayor será tu nivel de autoconocimiento.

- **10-20 puntos.** Puede haber oportunidades para explorar y comprender mejor aspectos clave de ti mismo.
- **21-30 puntos.** Tienes un nivel moderado de autoconocimiento. Podrías profundizar en algunas áreas.
- **31-40 puntos.** Posees un buen grado de autoconocimiento, pero siempre hay espacio para el crecimiento continuo.
- **41-50 puntos.** Cuentas con un sólido autoconocimiento.

El autoconocimiento es clave para desarrollar la asertividad, ya que saber quién eres, cuáles son tus necesidades y cómo te relacionas con los demás son elementos fundamentales para expresarte de manera clara y respetuosa.

CONSEJOS. INTEGRA EL AUTOCONOCIMIENTO EN TU DESARROLLO DE LA ASERTIVIDAD

El autoconocimiento te facilitará el desarrollo de la asertividad, un proceso para el que te serán útiles los siguientes consejos:

1. Reflexiona sobre tus valores y creencias

Conoce cuáles son tus valores fundamentales. Serán una guía para cuando tengas que tomar decisiones y expresar tus opiniones de manera auténtica.

2. Identifica tus necesidades

Reflexiona sobre tus necesidades emocionales y físicas. Cuando eres consciente de tus propias necesidades, puedes comunicarlas de manera asertiva.

3. Reconoce y acepta tus emociones

Familiarízate con tus emociones. Aprende a reconocer, aceptar y expresar tus sentimientos de manera constructiva. Así podrás comunicarte con los demás de manera efectiva.

4. Explora tus fortalezas y debilidades

Haz una lista de tus fortalezas y debilidades. Al conocer tus puntos fuertes, puedes utilizarlos para respaldar tus argumentos y al entender tus debilidades, trabajar en ellas y poco a poco ir superándolas.

5. Observa tu estilo de comunicación

Sé consciente de cómo te comunicas con los demás. ¿Eres pasivo, agresivo o asertivo? Identifica áreas en las que puedas mejorar y ajusta tu estilo de comunicación según sea necesario.

6. Solicita retroalimentación

Pide a amigos o familiares que te den retroalimentación honesta sobre cómo te perciben. Esto puede ayudarte a identificar áreas de desarrollo y a ajustar tu comportamiento según sea necesario.

7. Practica la autoaceptación

Aprende a aceptarte a ti mismo tal como eres, con tus virtudes y defectos. La autoaceptación es fundamental para la autoconfianza y la asertividad.

RESPETO POR LOS DEMÁS

La asertividad implica respetar los derechos y opiniones de los demás, lo que fomenta las relaciones saludables. Este respeto es un componente esencial de la comunicación asertiva y contribuye a la construcción de relaciones basadas en la confianza y la comprensión.

Imagina que uno de tus compañeros de la oficina, Juan, constantemente te quita tus bolígrafos o la grapadora sin tu permiso. Esto te causa molestia, ya que a menudo te encuentras sin los elementos que necesitas para trabajar.

En lugar de quedarte callado o dirigirte a él de forma agresiva, decides abordar la situación de manera asertiva. Te acercas a Juan y respetuosa y firmemente le dices: «Juan, a menudo te llevas mis bolígrafos y otros materiales de oficina sin preguntar. Esto me hace sentir incómodo, ya que los necesito para mi trabajo. Por favor, respeta mi propiedad y pide permiso antes de tomar algo».

Juan comprende tus necesidades y respeta tus derechos. A partir de ese momento, comienza a pedir permiso antes de llevarse uno de tus bolígrafos, lo que mejora la dinámica en el lugar de trabajo y reduce la frustración que habías estado experimentando hasta entonces.

EJERCICIO. ABORDA UN PROBLEMA EN EL TRABAJO

Este ejercicio te servirá para practicar la asertividad en situaciones cotidianas al permitirte abordar problemas de manera respetuosa y constructiva para mejorar la calidad de tus relaciones y tu bienestar emocional.

1. Identificación del problema

Identifica una situación en tu entorno, como el ejemplo de Juan, en la que alguien actúe afectando tus derechos o causando molestias. Puede ser algo relacionado con el trabajo, la familia o los amigos.

Ejemplo. En mi entorno laboral, me he dado cuenta de que mi compañera de equipo, Ana, a menudo utiliza mi ordenador sin permiso cuando no estoy en la oficina, lo que me molesta e incomoda.

2. Reconocimiento de emociones

Reflexiona sobre cómo te hace sentir la situación. ¿Experimentas molestia, frustración o incomodidad? Reconoce tus emociones para comprender la importancia de abordar el problema.

Ejemplo. Me siento frustrado y molesto porque valoro mi privacidad y no me gusta que otras personas utilicen mi espacio de trabajo sin consultarme.

3. Comprensión de la asertividad

Familiarízate con los principios de la asertividad. Recuerda que implican expresar tus necesidades y derechos de manera respetuosa, buscando un equilibrio entre ser demasiado pasivo o agresivo.

Ejemplo. He recordado que ser asertivo significa expresar mis necesidades y derechos de manera respetuosa, buscando un equilibrio entre ser pasivo o agresivo.

4. Desarrollo del mensaje asertivo

Redacta mensajes asertivos para abordar la situación. Utiliza un tono firme pero respetuoso, expresando tus sentimientos y solicitando un cambio en el comportamiento de la otra persona.

Ejemplo. He practicado el mensaje diciendo: «Ana, he notado que a veces usas mi ordenador sin preguntar. Esto me hace sentir incómodo porque valoro mi espacio personal. Por favor, respeta mi propiedad y pregúntame antes de usarlo».

5. Encuentro asertivo

Imagina el encuentro con la persona involucrada. Visualiza el momento en el que te acercas para abordar la situación. Mantén una postura firme y un tono de voz tranquilo.

Ejemplo. He visualizado cómo me acercaba a Ana en un momento oportuno y le expresaba mis preocupaciones de manera firme pero respetuosa.

6. Expresión de sentimientos

Al igual que en el ejemplo, expresa tus sentimientos de forma clara y específica. Utiliza declaraciones que comuniquen cómo te afecta la situación y por qué es importante para ti.

Ejemplo. En la conversación, he dicho: «Cuando usas mi ordenador sin preguntar, me siento invadido en mi espacio personal y eso me molesta».

7. Solicitud de cambio de comportamiento

Haz una solicitud clara y específica para que la otra persona cambie su comportamiento. Indica lo que necesitas para mejorar la situación y cómo esa acción os beneficiará a ambos.

Ejemplo. He solicitado un cambio diciendo: «Por favor, respeta mi privacidad y pregunta antes de usar mi ordenador. Esto ayudará a crear un ambiente de trabajo más armonioso para los dos».

8. Escucha activa

Imagina la respuesta de la otra persona. Practica escuchar activamente, reconociendo sus comentarios y mostrando disposición para encontrar una solución que funcione para ambos.

Ejemplo. He practicado la escucha activa cuando Ana me ha respondido, mostrando disposición para entender sus razones y encontrar juntos una solución que funcione para ambos.

9. Resultado positivo

Visualiza un resultado positivo, según el cual la otra persona comprende tus necesidades y está dispuesta a hacer cambios. Visualiza cómo de esta manera mejora la dinámica y reduce la incomodidad.

Ejemplo. He visualizado un resultado positivo, según el cual Ana entendió mis necesidades, se disculpó por no haber pedido permiso antes y acordamos establecer límites claros sobre el uso de nuestras pertenencias.

10. Aplicación práctica

Considera la forma en que podrías aplicar este enfoque asertivo en la vida real. ¿Hay situaciones similares en las que necesitas expresar tus necesidades de manera asertiva?

HABILIDADES DE COMUNICACIÓN

La comunicación asertiva se basa en habilidades de comunicación efectiva, como escuchar activamente y expresarse de manera clara. Estas habilidades son esenciales para establecer relaciones saludables y transmitir tus pensamientos y sentimientos de forma respetuosa.

Supón que en tu relación de pareja has notado un comportamiento que te incomoda. Tu pareja suele llegar tarde a las citas, lo que te hace sentir que no valora tu tiempo ni tu compromiso.

Escoges un momento adecuado para hablar con tu pareja y le dices de manera clara y respetuosa: «He visto que a menudo llegas tarde a nuestras citas, y esto me hace sentir frustrado y poco valorado. Mi tiempo es importante para mí, y me gustaría que pudiéramos ser más puntuales en el futuro para poder disfrutar de nuestro tiempo juntos de manera plena». Al ser asertivo, estás expresando tus sentimientos y necesidades de manera respetuosa. Escucharás la respuesta de tu pareja, y juntos podréis encontrar una solución que funcione para ambos.

EJERCICIO. COMUNICACIÓN ASERTIVA EN PAREJA

Con este ejercicio podrás practicar la comunicación asertiva en el contexto de una relación de pareja, expresando tus sentimientos y necesidades de manera respetuosa para construir una comunicación efectiva y saludable.

1. Identificación del comportamiento problemático

Piensa en un comportamiento de tu relación de pareja que te cause molestia o incomodidad. Por ejemplo, tu pareja suele interrumpirte cuando hablas.

Ejemplo. He notado que mi pareja a menudo interrumpe mis conversaciones, lo cual me molesta y dificulta la comunicación efectiva.

2. Reconocimiento de emociones

Reflexiona sobre cómo te hace sentir este comportamiento. Por ejemplo, puedes sentirte frustrado y poco valorado porque percibes que tu pareja no valora tu parecer.

Ejemplo. Me siento frustrado y desconectado cuando mi pareja me interrumpe, ya que percibo que no valora mi expresión y la calidad de la conversación se ve afectada.

3. Comprensión de la comunicación asertiva

Recuerda que la comunicación asertiva implica expresar tus sentimientos y necesidades de manera respetuosa, buscando un equilibrio para no ser demasiado pasivo ni agresivo.

Ejemplo. Recuerdo que la comunicación asertiva busca expresar sentimientos y necesidades de manera respetuosa, y trato de encontrar un equilibrio entre ser demasiado pasivo y agresivo.

4. Desarrollo del mensaje asertivo

Redacta un mensaje asertivo para abordar la situación.

Ejemplo. Podrías escribir: «He notado que a menudo me interrumpes durante nuestras conversaciones, y esto me hace sentir frustrado y desconectado. Me gustaría que pudiéramos trabajar juntos en mejorar nuestra comunicación».

5. Elección del momento adecuado

Escoge un momento apropiado para abordar la situación con tu pareja. Asegúrate de que ambos estáis relajados y dispuestos a tener una conversación sin interrupciones.

Ejemplo. Imagino un momento tranquilo en casa en el que ambos estemos relajados y disponibles para hablar sin distracciones externas.

6. Encuentro asertivo

Visualiza el encuentro con tu pareja. Imagina cómo te acercas y le comunicas tus sentimientos de manera clara y respetuosa.

Ejemplo. Visualizo cómo me acerco a mi pareja con calma y respeto para abordar la situación.

7. Expresión de sentimientos y necesidades

Al abordar la situación, explica claramente cómo te sientes y por qué.

Ejemplo. Al hablar con mi pareja, le explico: «Cuando me interrumpes, me siento frustrado y desconectado. Me gustaría que pudiéramos ser más conscientes de esta situación y trabajar juntos para mejorar nuestra comunicación».

8. Escucha activa

Practica escuchar activamente la respuesta de tu pareja. Asegúrate de comprender su perspectiva y estar abierto a discutir posibles soluciones.

Ejemplo. Practico la escucha activa al prestar atención a la respuesta de mi pareja, mostrando interés genuino en comprender su perspectiva.

9. Búsqueda de soluciones conjuntas

Buscad juntos soluciones que funcionen para ambos. Podéis explorar compromisos o ajustes que permitan fortalecer la relación.

Ejemplo. Juntos exploramos posibles soluciones, como establecer señales para cuando uno quiera hablar con el fin de mejorar nuestra comunicación y reducir las interrupciones.

10. Resultado positivo

Visualiza un resultado positivo: tu pareja comprende tus necesidades, muestra empatía y trabajáis juntos para mejorar la situación.

TODOS PODEMOS COMUNICARNOS DE MANERA ASERTIVA

La asertividad es tan importante como cualquier otra habilidad que desarrollemos en la vida, y su práctica regular puede compararse con el ejercicio físico para fortalecer el cuerpo. Al igual que el ejercicio mejora la resistencia y la salud física, los ejercicios de comunicación asertiva pueden fortalecer la confianza en nosotros mismos y mejorar nuestras relaciones interpersonales.

Así como el ejercicio físico fortalece los músculos, la práctica de la asertividad refuerza la **confianza** en nosotros mismos. Al expresar nuestras ideas de manera clara y respetuosa, experimentamos una sensación de logro que contribuye a una imagen positiva de nosotros mismos.

La asertividad mejora nuestras **habilidades sociales** al enseñarnos a comunicarnos efectivamente, establecer límites y mantener relaciones saludables. Estas habilidades son esenciales para el éxito en diferentes aspectos de la vida, ya sea en el ámbito laboral, familiar o social.

Al practicar la asertividad, aprendemos a **manejar los conflictos** de forma constructiva. En lugar de evitar situaciones difíciles o reaccionar con agresividad, desarrollamos la capacidad de abordar problemas de manera respetuosa y buscar soluciones que beneficien a ambas partes.

También fomenta el **autoconocimiento** y la **autoaceptación**. Al expresar nuestras necesidades y deseos, nos vemos obligados a reflexionar sobre quiénes somos y qué queremos. Este proceso contribuye a un mayor entendimiento y aceptación de nosotros mismos.

Debemos tener en cuenta que cada individuo aprende de manera diferente, y lo que funciona para uno puede no funcionar para otro. La práctica de la asertividad nos permite **adaptar nuestro estilo de comunicación** a las situaciones y las personas, promoviendo una comunicación más efectiva.

EJERCICIOS. PRACTICA LA ASERTIVIDAD

EJERCICIO 1. COMPRENDE LA JERARQUÍA DE TUS NECESIDADES ASERTIVAS

Este ejercicio te proporcionará una visión clara de tus necesidades y áreas de mejora en términos de asertividad. Al adoptar una mentalidad experimental, te liberarás de la presión y te embarcarás en un viaje de autodescubrimiento y crecimiento personal.

1. **Adopta la perspectiva de un experimentador**
   Considera este proceso como un experimento personal en el que eres tanto el investigador como el sujeto objeto de la investigación. Esta perspectiva te brinda un sentido de control mientras exploras tus necesidades. Recuerda, estás tanteando el terreno, no sumergiéndote en aguas desconocidas.

2. **Utiliza la jerarquía de necesidades de Maslow**
   La jerarquía de necesidades de Maslow proporciona un marco sólido para entender tus necesidades fundamentales. Visualiza la pirámide que abarca necesidades fisiológicas, de seguridad, sociales, de estima y de autorrealización.

3. **Examina cada nivel de la pirámide**
   Dedica tiempo a reflexionar sobre cómo te afirmas para satisfacer cada nivel de necesidades.

   - Necesidades fisiológicas: ¿cómo cuidas de tu salud y bienestar básico?

     Ejemplo. Reflexiona sobre tus hábitos alimenticios, descanso y actividad física. ¿Te aseguras de tener una dieta equilibrada y suficiente descanso? ¿Realizas ejercicio regularmente para mantener tu salud física?

   - Necesidades de seguridad: ¿te sientes seguro en tu entorno y en tus relaciones?

     Ejemplo. Evalúa tu entorno laboral y personal. ¿Te sientes seguro en tu hogar y en tu trabajo? ¿Has establecido límites claros en tus relaciones para garantizar tu seguridad emocional?

- Necesidades sociales: ¿cómo manejas tus relaciones sociales? ¿Te comunicas abierta y asertivamente?

  Ejemplo. Piensa en una interacción social reciente. ¿Expresaste tus opiniones y necesidades de manera clara y respetuosa? ¿O evitaste el conflicto a expensas de tus propias necesidades?

- Necesidades de estima: ¿confías en tus habilidades y capacidades y te valoras a ti mismo?

  Ejemplo. Reflexiona sobre tus logros y habilidades. ¿Reconoces tus éxitos y te valoras por tus habilidades? ¿O tiendes a minimizar tus logros y dudar de tus capacidades?

- Necesidades de autorrealización: ¿estás trabajando hacia tus metas y aspiraciones personales?

  Ejemplo. Considera tus metas personales y profesionales. ¿Estás tomando medidas concretas para lograrlas o te encuentras estancado por el miedo o la indecisión? ¿Te sientes satisfecho con tu progreso hacia tus aspiraciones personales?

4. Identifica áreas de mejora

Al examinar cada nivel, identifica áreas en las que te sientes menos seguro o donde tus habilidades asertivas pueden fortalecerse. Pregúntate a ti mismo qué cambios podrías realizar para mejorar en esas áreas.

Ejemplo:

a. Necesidades fisiológicas

- *Identificación de área de mejora: te das cuenta de que a menudo sacrificas horas de sueño por cuestiones de agenda.*

- *Cambios potenciales: establecer un horario de sueño consistente, priorizar el descanso y evitar compromisos que interfieran con tus necesidades básicas de salud.*

b. Necesidades de seguridad

- *Identificación de área de mejora: sientes inseguridad en tu entorno laboral y evitas expresar tus preocupaciones a tu jefe.*

- *Cambios potenciales: planificar una conversación con tu jefe para discutir tus inquietudes, establecer límites claros en cuanto a tus responsabilidades y expresar tus necesidades para sentirte más seguro.*

c. _Necesidades sociales_

- _Identificación de área de mejora: en situaciones sociales, tiendes a minimizar tus propias opiniones para evitar el conflicto._

- _Cambios potenciales: practicar la comunicación asertiva al expresar tus pensamientos y opiniones de manera clara y respetuosa, incluso cuando difieren de lo que defienden los demás._

d. _Necesidades de estima_

- _Identificación de área de mejora: tiendes a dudar de tus habilidades profesionales a pesar de los elogios recibidos._

- _Cambios potenciales: trabajar en el desarrollo de una mentalidad positiva, celebrar tus logros y reconocer tus habilidades de manera realista._

e. _Necesidades de autorrealización_

- _Identificación de área de mejora: aunque tienes metas personales, pospones adoptar medidas significativas por miedo al fracaso._

- _Cambios potenciales: desarrollar un plan de acción con pasos realistas, establecer plazos y buscar apoyo para superar el miedo al fracaso y avanzar hacia tus metas._

EJERCICIO 2. DIARIO DE JUEGOS DE ROL
Este ejercicio te permitirá no solo practicar respuestas asertivas en diversas situaciones, sino también reflexionar sobre cómo estas respuestas afectan tus emociones y relaciones.

1. Escoge dos situaciones diarias diferentes
   Selecciona dos situaciones cotidianas en las que puedas practicar respuestas asertivas.

   Ejemplo:

   - _Situación 1:_ un amigo cancela los planes que tenía contigo para el fin de semana.
   - _Situación 2:_ un compañero de oficina realiza un comentario despectivo sobre tu trabajo.

2. Describe la situación
   Redacta una breve descripción de cada situación en tu diario.

   Ejemplo:

- *Situación 1:* tenías planes para salir con un amigo el fin de semana, pero a última hora te avisa de que no va a poder quedar contigo.
- *Situación 2:* mientras trabajas en un proyecto en la oficina, un compañero hace un comentario sarcástico sobre la calidad de tu trabajo.

3. Respuestas

Escribe sobre cada situación una respuesta de cada estilo de comunicación.

- **Respuesta pasiva:** una respuesta sumisa que no expresa tus necesidades ni defiende tus derechos.

    Ejemplo:

    - *Situación 1:* «Está bien, no te preocupes. Podemos vernos otro día».
    - *Situación 2:* «Oh, supongo que no es tan bueno como debería ser».

- **Respuesta agresiva:** una respuesta directa y hostil que no tiene en cuenta las necesidades de los demás.

    Ejemplo:

    - *Situación 1:* «Siempre haces lo mismo, no piensas en los demás».
    - *Situación 2:* «¿Y tú quién eres para juzgar mi trabajo? Será mejor que te calles».

- **Respuesta asertiva:** una respuesta clara, honesta y respetuosa que expresa tus necesidades y protege tus derechos.

    Ejemplo:

    - *Situación 1:* «Entiendo que surgen imprevistos. En el futuro, me vendría bien que me avisaras con un poco más de antelación para que pueda hacer otros planes».

    - *Situación 2:* «Veo que te has formado una opinión sobre mi trabajo. Preferiría que, si tienes alguna preocupación, me lo digas directamente para poder mejorar».

4. Expresión de sentimientos

Después de cada respuesta, escribe qué sentimientos negativos podrían surgir en cada escenario. ¿Te sientes frustrado, enojado, decepcionado, ansioso?

- **Respuesta pasiva**

    - *Situación 1:* «Está bien, no te preocupes. Podemos vernos otro día». Leve decepción, pero aceptación. Siento que he reprimido mi deseo de expresar mi incomodidad, lo que me ha dejado con una sensación de resignación.

- _Situación 2:_ «Oh, supongo que no es tan bueno como debería ser ». Sarcasmo en mi respuesta. Me siento frustrado por no poder comunicar abiertamente mi insatisfacción.

- **Respuesta pasivo-agresiva**

  - _Situación 1:_ «No pasa nada, ya me he acostumbrado a que la gente cancele planes».
    Resentimiento y sarcasmo. Experimento una sensación de amargura y deseo que la otra persona perciba mi malestar sin expresarlo directamente.

  - _Situación 2:_ «Claro, porque aquí todo el mundo es experto en todo, ¿verdad?».
    Sarcasmo con una capa de hostilidad. Me siento insatisfecho por no poder expresar mis frustraciones de manera más directa.

- **Respuesta agresiva**

  - _Situación 1:_ «Siempre haces lo mismo, no piensas en los demás».
    Enfado y confrontación. Me ha molestado mucho y siento que mi necesidad de ser escuchado no ha sido satisfecha.

  - _Situación 2:_ «¿Y tú quién eres para juzgar mi trabajo? Será mejor que te calles».
    Hostilidad y desafío. Experimento una sensación de furia y desprecio.

- **Respuesta asertiva**

  - _Situación 1:_ «Entiendo que surgen imprevistos. En el futuro, me vendría bien que me avisaras con un poco más de antelación para que pueda hacer otros planes».
    Momento inicial de incomodidad al expresar mi necesidad, pero seguido de empoderamiento y respeto hacia mis propias necesidades.

  - _Situación 2:_ «Puedo ver que tienes opinión sobre mi trabajo. Preferiría que, si tienes alguna preocupación, me lo dijeras directamente para poder mejorar».
    Incomodidad inicial al abordar la situación de manera directa, seguida de un sentimiento de autenticidad y autoafirmación.

5. Reflexión

Al final del día, reflexiona sobre cómo te has sentido al practicar estas respuestas. ¿Ha habido alguna diferencia notable en tus emociones según el estilo de comunicación utilizado?

Ejemplo. He notado que las respuestas asertivas, aunque podrían generar incomodidad inicial, me han proporcionado una sensación de autenticidad más duradera.

EJERCICIO 3. REGISTRA TUS EMOCIONES EN SITUACIONES ASERTIVAS

Al revisar este registro, verás que las respuestas asertivas suelen ir acompañadas de emociones positivas a largo plazo, incluso aunque haya una incomodidad inicial. Este ejercicio te ayudará a desenredar las respuestas emocionales y a comprender mejor tus reacciones en situaciones asertivas.

1. Identifica la situación asertiva

Encuentra una oportunidad para practicar la asertividad en tu vida diaria. Puede ser algo como pedir un aumento de sueldo, expresar una opinión en una reunión o establecer límites en una relación.

Ejemplo. Me gustaría solicitar un día libre en el trabajo para atender asuntos personales.

2. Observa tu comportamiento

Reflexiona sobre cómo te comportaste en la situación identificada. ¿Fue tu comportamiento pasivo, agresivo o asertivo? Anota esta información.

Ejemplo. Mi comportamiento fue asertivo. Expliqué claramente la necesidad que tenía de un día libre y propuse una solución para cubrir el trabajo durante mi ausencia.

3. Registra tus emociones

Después de la interacción, registra tus emociones. Responde a las siguientes preguntas:

• Cuando le pediste a tu jefe un día libre, ¿cómo te hizo sentir su respuesta?

Ejemplo:

  • <u>Respuesta:</u> el jefe mostró comprensión y aprobó la solicitud.
  • <u>Emociones:</u> inicialmente, nerviosismo y preocupación. Después, alivio y agradecimiento.

• Si te dijo que no, ¿fue tan malo como pensabas?

Ejemplo:

  • <u>Respuesta:</u> no corresponde al caso.
  • <u>Emociones:</u> no corresponde al caso.

• ¿Puedes identificar las sensaciones físicas concretas y relacionarlas con una emoción?

Ejemplo:

  • <u>Respuesta:</u> experimenté un nudo en el estómago y tensión en los hombros al principio.

• _Emociones:_ ansiedad.

4. Registro diario

Durante los próximos días, cuando te encuentres en situaciones que requieran acciones asertivas, regístralas en un diario. Anota la situación, clasifica tu comportamiento como corresponda (pasivo, agresivo o asertivo) y luego identifica las emociones que acompañan a esa interacción.

LA RESOLUCIÓN DE CONFLICTOS

El conflicto forma parte de la vida, es la expresión
de una capacidad de rechazar y divergir.
PHILIPPE PERRENOUD

El conflicto es inherente a los seres humanos. Esta afirmación se basa en la observación de la historia de la humanidad, durante la cual los conflictos han sido una constante.

Desde una perspectiva evolutiva, los seres humanos hemos desarrollado una **naturaleza competitiva** como parte de nuestra supervivencia. La competencia por recursos limitados, como alimento, agua y territorio, a menudo ha dado lugar a conflictos, como, por ejemplo, la expansión colonial europea en África durante los siglos XIX y XX.

En ese período, las potencias coloniales europeas, como Gran Bretaña, Francia, Bélgica y Alemania, compitieron ferozmente por el control de vastos territorios en África. El continente africano era rico en recursos naturales, que incluían minerales, tierras fértiles y materias primas, todos ellos muy codiciados por las potencias coloniales.

La competencia por estos recursos condujo a una serie de enfrentamientos militares y tensiones diplomáticas entre las naciones europeas. Los intereses económicos y estratégicos llevaron a la explotación de las poblaciones locales y al despojo de sus tierras y recursos naturales.

En segundo lugar, **las diferencias individuales** también han sido una fuente de conflicto. Cada uno de nosotros somos únicos, con nuestras propias experiencias, valores y perspectivas. Estas diferencias individuales pueden llevar a desacuerdos y choques cuando las personas tienen puntos de vista o intereses opuestos.

Imagina a unos amigos que deciden compartir un apartamento para ahorrar gastos. Uno de ellos, Joaquín, es una persona madrugadora que valora la tranquilidad y la organización en el hogar. El otro, Alberto, es una persona «nocturna» a la que le gusta socializar y escuchar música hasta altas horas de la noche.

Desde el principio, las diferencias en sus rutinas y preferencias se hacen evidentes. Joaquín se siente molesto por el ruido que Alberto hace por la noche, porque le dificulta conciliar el sueño y estar en su mejor estado para el trabajo cuando se levanta por la mañana temprano. Alberto, por su parte, se siente limitado en su espacio y libertad para disfrutar de su actividad nocturna.

La **diversidad cultural** y **religiosa** en el mundo también puede llevar al choque de valores y creencias, lo que contribuye a la generación de conflictos. La historia está llena de ejemplos de disputas basadas en enfrentamientos culturales o religiosos, como **las cruzadas** en la Edad Media, los conflictos religiosos que desencadenó la Reforma protestante y acabaron enquistándose en la **guerra de los Treinta Años** en el siglo xvii, el conflicto de **Irlanda del Norte** en el siglo xx, el de **Oriente Medio** o el **genocidio de Ruanda** en 1994, producto de las diferencias culturales y étnicas entre los hutus y los tutsis.

Por último, **a nivel psicológico,** las emociones como la ira, el miedo o la envidia pueden desencadenar y alimentar las divergencias. Y la incapacidad para gestionar estas emociones puede intensificar las disputas.

A pesar de la existencia de este tipo de conflictos en nuestra sociedad, es importante destacar que, aunque no lo parezca, los seres humanos tenemos la capacidad de resolverlos de manera constructiva a través de la comunicación, la **negociación** y la **resolución de problemas.** La educación, la **mediación** y la **diplomacia** son herramientas que pueden utilizarse para reducir la intensidad y la frecuencia de estos enfrentamientos.

LA NEGOCIACIÓN

La negociación es un proceso mediante el cual dos o más partes con intereses o posiciones divergentes buscan llegar a un acuerdo mutuamente aceptable para resolver un conflicto o alcanzar un objetivo compartido.

Para entender las etapas básicas de la negociación vamos a suponer que dos vecinos, Carlos y Pilar, tienen un conflicto porque el primero deja constantemente su bolsa de basura en la puerta de Pilar, y ella considera que esto ensucia su propiedad. Ambos deciden utilizar la negociación para resolver el conflicto.

1. Preparación

Antes de iniciar la negociación, cada parte debe prepararse identificando sus objetivos, intereses, límites y prioridades. También es importante recopilar información sobre la otra parte y el problema en cuestión.

En este caso, Carlos y Pilar se dan cuenta de que tienen un conflicto debido a la bolsa de basura que Carlos coloca siempre en la puerta de Pilar. Antes de abordar el problema, cada uno se prepara:

- Carlos se da cuenta de que debe encontrar una solución para evitar molestar a Pilar y decide que está dispuesto a cambiar sus hábitos.
- Pilar reconoce que también debe estar abierta a una solución y decide expresar sus preocupaciones de manera clara y respetuosa.

2. Discusión

En esta etapa, las partes se reúnen para compartir sus puntos de vista, preocupaciones y propuestas. Es fundamental mantener una comunicación abierta y respetuosa durante esta fase.

Carlos y Pilar se reúnen para discutir el problema de la bolsa de basura:

- Carlos explica por qué suele colocar la bolsa de basura allí y escucha a Pilar, a la que le enfada esta costumbre que ensucia su propiedad.
- Pilar comparte cómo se ha sentido afectada por esta acción y escucha la perspectiva de Carlos.

3. Propuestas y contraofertas

Las partes hacen propuestas y contraofertas en un intento de acercarse a un acuerdo. Pueden surgir desacuerdos, pero es importante mantener la negociación en curso.

Durante la discusión, Carlos y Pilar hacen propuestas y contraofertas para resolver el conflicto:

- Carlos sugiere que podría cambiar el lugar donde coloca la bolsa de basura o asegurarse de que esté sellada herméticamente para evitar derrames.
- Pilar contraoferta proponiendo que Carlos coloque la bolsa de basura en un área designada en su propia propiedad o que la lleve al contenedor de basura más cercano.

4. Concesiones

A menudo, las partes deben hacer concesiones para llegar a un acuerdo. Estas concesiones pueden incluir compromisos sobre temas específicos o cambios en las propuestas iniciales.

Ambos vecinos hacen algunas concesiones durante la negociación:

- Carlos acepta la propuesta de Pilar de llevar la bolsa de basura al contenedor más cercano y asegurarse de que esté bien cerrada para evitar derrames.
- Pilar acepta que Carlos coloque temporalmente la bolsa de basura en un lugar menos visible de su propiedad mientras realiza estos cambios.

5. Acuerdo

Cuando las partes han llegado a un consenso sobre los términos y condiciones del acuerdo, se formaliza por escrito y se firma.

Finalmente, Carlos y Pilar llegan a un acuerdo:

- Carlos se compromete a llevar la bolsa de basura al contenedor más cercano y asegurarse de que esté bien cerrada para evitar problemas.
- Pilar admite que Carlos coloque temporalmente la bolsa de basura en un lugar menos visible de su propiedad mientras se ajusta a este nuevo hábito.

Ambos firman un acuerdo informal que refleja estos compromisos. De este modo, se resuelve el conflicto de manera efectiva y se evitan futuras disputas, demostrando que la negociación puede ser una herramienta poderosa para resolver desacuerdos entre vecinos.

A continuación, te propongo algunas técnicas de negociación.

TÉCNICAS. APRENDE A NEGOCIAR

Voy a explicarte tres técnicas de negociación ideales para ejercitar tu argumentación utilizando dinámicas.

TÉCNICA 1. UN TRUEQUE EN POCOS MINUTOS

El objetivo principal de esta técnica es evaluar la mejor estrategia que se puede seguir en función de las tácticas de los demás participantes. Además de poner en práctica habilidades de negociación, se busca experimentar el resultado de comportamientos cooperativos.

Reúne a un grupo de personas interesadas en practicar esta técnica. Quien esté a cargo de la coordinación debe formar parejas. En caso de que el número de participantes sea impar, se crea un grupo de tres integrantes, en el cual dos de ellos desempeñarán el papel de una sola persona. El juego propuesto consiste en llevar a cabo un intercambio.

Cada participante simula ser un personaje diferente. Uno de ellos posee dos camellos, mientras que el otro tiene una mansión. Cada camello se valora en 300 000 euros, y la mansión se tasa en 450 000 euros.

Es fundamental que los negociadores conozcan el valor de lo que están intentando intercambiar para comprender cuánto cambian los valores de sus bienes en el proceso. La premisa clave para ambas personas es el deseo de realizar el trueque debido a diferentes necesidades, y para lograrlo, se llevan a cabo tres rondas de negociación.

En primer lugar, se otorgan tres minutos a cada participante para que, de manera individual, establezca la estrategia que planea seguir. Luego, se abre la primera ronda de negociación, durante la cual tienen tres minutos para presentar sus propuestas y ver si pueden llegar a un acuerdo.

En caso de que no se logre un trueque en esta primera instancia, se brindan dos minutos adicionales para que los participantes reevalúen su estrategia con la nueva información adquirida. Posteriormente, se abre la segunda ronda de negociación, que dura dos minutos.

Si tampoco se alcanza un acuerdo, se otorga un minuto adicional para ajustar la estrategia, seguido de otro minuto para la tercera y última ronda de negociación.

Al finalizar la actividad, se dedica un tiempo para la reflexión con el fin de que cada pareja analice qué les ha conducido al éxito o al fracaso del acuerdo, según sea el caso. Además, se evalúa si aquellos que se han puesto de acuerdo están satisfechos. Esta técnica ofrece una oportunidad para explorar las dinámicas de negociación y cooperación en un contexto simulado.

TÉCNICA 2. LOS EXPORTADORES

Esta técnica tiene como objetivo que los participantes que quieran practicar su aplicación identifiquen estrategias efectivas para llegar a acuerdos en situaciones de negociación. Se trata de analizar los diferentes resultados posibles y determinar qué aspectos pueden ser objeto de pacto.

El coordinador del ejercicio presenta un escenario en el que los participantes representarán a exportadores de frutas finas en un juego de negociación. Los participantes se organizan en equipos de cuatro personas, y cada miembro desempeñará un rol.

En este escenario, cada uno de los cuatro exportadores tiene la tarea de enviar 10 000 cajas de frutas en un mismo barco. Sin embargo, al llegar al puerto, el dueño del navío les informa de que, debido a problemas de peso, solo se pueden transportar 15 000 cajas como máximo. El total de cajas de los cuatro exportadores es de 40 000, y el dueño del barco quiere evitar conflictos con ellos, ya que son buenos clientes.

El dueño del barco propone a los exportadores que ellos mismos determinen cuántas cajas se transportarán y, si no llegan a un acuerdo, no llevará ninguna caja. Las limitaciones son que no pueden cargar más de 15 000 cajas y que el tiempo para negociar es de 30 minutos antes de la salida del barco. Además, las cajas que hoy no se envíen no podrán exportarse en el futuro, y tampoco se pueden enviar cajas parcialmente llenas.

Cada grupo de exportadores tiene como objetivo lograr un acuerdo que sea beneficioso para todos sus miembros. Al finalizar la actividad, se discuten los pactos alcanzados por cada grupo y se evalúa si están satisfechos con los resultados obtenidos. También se verifica con los grupos que no llegaron a un acuerdo si la mejor opción era no obtener ganancias o alcanzar alguna ganancia mínima.

LA RESOLUCIÓN DE PROBLEMAS

La resolución de problemas es una técnica ampliamente utilizada para resolver conflictos y mejorar las habilidades sociales en diversas situaciones. Esta técnica implica un enfoque estructurado y colaborativo para abordar un problema o conflicto, y a menudo se combina con habilidades sociales para facilitar la comunicación efectiva y la gestión de las relaciones interpersonales.

Supongamos que, en un lugar de trabajo, dos compañeros, Ana y Carlos, mantienen un constante conflicto por tener que compartir espacio en la oficina. Ana cree que Carlos ocupa la oficina más tiempo del necesario, lo que dificulta su trabajo, mientras que Carlos siente que Ana insiste demasiado en la gestión de los recursos que comparten.

1. Identificación del problema

El primer paso en la resolución de problemas es identificar claramente cuál es el problema o conflicto en cuestión. Las habilidades sociales son útiles en esta etapa para escuchar a todas las partes involucradas, comprender sus perspectivas y asegurarse de que todos se sientan escuchados y respetados.

- Ambos se reúnen para hablar sobre el conflicto de manera abierta y respetuosa.
- Utilizan habilidades sociales, como la escucha activa, para entender las preocupaciones del otro.

2. Definición de objetivos

Una vez que se ha identificado el problema, es importante establecer objetivos claros para su resolución. Las habilidades sociales, como la empatía y la comunicación efectiva, pueden ayudar a las personas a expresar sus necesidades y deseos de manera asertiva, lo que facilita la definición de metas realistas y mutuamente aceptables.

- Ana expresa que su objetivo es tener un espacio de trabajo adecuado para cumplir con sus tareas de manera eficiente.
- Carlos explica que su objetivo es sentirse cómodo en el entorno de trabajo y tener flexibilidad para realizar sus tareas.

3. Generación de soluciones

En esta etapa, se fomenta la creatividad para generar una variedad de posibles soluciones al problema. Las habilidades sociales son esenciales para promover la colaboración y el intercambio de ideas entre las partes involucradas. La escucha activa y la comunicación respetuosa son fundamentales para este proceso.

- Juntos, sugieren posibles soluciones, como establecer horarios de uso del lugar, acordar tiempos de limpieza compartida y crear un sistema de reserva de la oficina.
- Utilizan habilidades sociales para compartir sus ideas de manera constructiva y receptiva.

4, Evaluación de soluciones

Una vez que se han propuesto varias soluciones, se hace necesario evaluarlas para determinar cuál es la más adecuada. En este momento, las habilidades sociales, como la capacidad de negociación y el pensamiento crítico, son útiles para discutir las ventajas y desventajas de cada opción y llegar a un consenso sobre la mejor solución.

- Analizan las ventajas y desventajas de cada propuesta y la manera en que cada una de ellas les afectará.
- Utilizan habilidades sociales, como la empatía, para comprender las necesidades y preocupaciones del otro.

5. Implementación de la solución

Una vez que se ha seleccionado una solución, es importante ponerla en práctica de manera efectiva. Las habilidades sociales, como la comunicación clara y la cooperación, son vitales para asegurarse de que todas las partes estén comprometidas en su implementación y dispuestas a colaborar para lograr el objetivo común.

- Deciden adoptar un sistema de reserva de la oficina y establecer horarios de uso equitativos.
- Se comprometen a seguir estas reglas y a ser flexibles en caso de cambios imprevistos.

6. Seguimiento y evaluación

Después de implementar la solución, se debe hacer un seguimiento y evaluar su efectividad. Las habilidades sociales permiten una comunicación abierta y honesta para discutir si la solución está funcionando como se esperaba y si es necesario realizar ajustes.

- Después de un tiempo, las partes se vuelven a reunir para evaluar cómo ha funcionado el nuevo sistema.
- Utilizan habilidades sociales para proporcionar retroalimentación honesta y hacer ajustes si son necesarios.

EJERCICIO. LA CENA CON AMIGOS

Este ejercicio combina la solución de problemas con el desarrollo de habilidades sociales, ya que te desafía a resolver problemas prácticos mientras interactúas con tus amigos y demuestras habilidades, como la comunicación, la adaptabilidad y la empatía, para satisfacer sus necesidades y preferencias.

Imagina que has organizado una cena en tu casa para un grupo de amigos. Mientras te preparas para la reunión, surgen varios inconvenientes y desafíos que debes resolver utilizando habilidades sociales y técnicas de solución de problemas.

- **Paso 1. Identificación del problema**
  Has podido identificar tres tipos de problemas en este caso.

  Ejemplo:

  - *Problema 1: sitio. Te das cuenta de que tu sala de estar está desordenada y desorganizada. Hay objetos por todas partes y el espacio no resulta acogedor para tus invitados.*
  - *Problema 2: comida. Descubres que te falta uno de los ingredientes clave para la receta principal que planeabas preparar.*
  - *Problema 3: invitado vegetariano. Uno de tus amigos te informa a última hora que se ha hecho vegetariano y no puede comer lo que habías planeado.*

- **Paso 2. Definición clara del problema**
  Para cada uno de los problemas identificados, describe con precisión cuál es el inconveniente, cómo te hace sentir y cómo afecta a la cena que estás organizando.

  Ejemplo:

- _Problema 1: sitio._ El problema es que mi sala de estar está desordenada y desorganizada. Me preocupa que mis amigos no se encuentren cómodos en mi casa porque un ambiente poco acogedor puede llevar a un posible fracaso de la cena.

- _Problema 2: comida._ El problema es que me falta el ingrediente principal necesario para la receta que planeaba preparar, lo que me hace sentir frustrado y ansioso. Esto afecta a la cena porque no puedo hacer el plato que quiero presentar.

- _Problema 3: invitado vegetariano._ El problema es que uno de mis amigos se ha vuelto vegetariano y no puede comer lo que había planeado. Esto me preocupa porque quiero asegurarme de que disfrute de la cena con platos que se ajusten a sus requerimientos dietéticos.

- **Paso 3. Generación de soluciones**
Para cada problema, genera una lista de posibles soluciones. Aquí hay algunas ideas.

Ejemplo:

- _Problema 1: sitio._

a. Limpia y ordena la sala de estar rápidamente antes de que lleguen los invitados.
b. Pide a uno de tus amigos que llegue temprano y te ayude a ordenar tu sala de estar.
c. Mueve algunos de los objetos desordenados a una habitación diferente para ocultarlos.

- _Problema 2: comida._

a. Busca una receta alternativa que no requiera el ingrediente que falta.
b. Pide a un amigo cercano que pase por la tienda y lo compre antes de llegar a tu casa.
c. Sustituye el plato principal por otra receta que puedas preparar con los ingredientes disponibles.

- _Problema 3: invitado vegetariano._

a. Prepara una opción vegetariana adicional.
b. Consulta al invitado sobre sus preferencias vegetarianas y adapta la cena en consecuencia.
c. Proporciona opciones vegetarianas, como ensaladas y platos de acompañamiento, además del plato principal original.

- **Paso 4. Evaluación de soluciones**

  Para cada problema, analiza las ventajas y desventajas de las soluciones propuestas. Considera factores como la viabilidad y la efectividad y cómo afectarán a la cena y a tus relaciones con tus amigos.

  Ejemplo:

  - *Problema 1: sitio.*

    a. *Ventajas. Limpiar y ordenar rápidamente la sala de estar crea un ambiente acogedor para los invitados y mejora su comodidad.*
    b. *Desventajas. Puede que no tenga tiempo suficiente para, además de cocinar, limpiar completamente la sala de estar y podría estresarme.*

  - *Problema 2: comida.*

    a. *Ventajas. Buscar una receta alternativa puede ser una solución rápida y efectiva si tengo todos los ingredientes necesarios.*
    b. *Desventajas. Puede que no encuentre una receta adecuada o que a mis invitados no les guste la nueva opción.*

  - *Problema 3: invitado vegetariano.*

    a. *Ventajas. Preparar opciones vegetarianas adicionales demuestra consideración por las necesidades de mi amigo y garantiza que pueda disfrutar de la cena.*
    b. *Desventajas. Puede que para preparar todos los platos requiera más tiempo y esfuerzo de lo previsto.*

- **Paso 5. Selección de la mejor solución**

  Elige la mejor solución para cada problema y planifica cómo la llevarás a cabo.

  Ejemplo:

  - *Problema 1: sitio. Dado que el tiempo es limitado, decido pedir ayuda a mi amigo Juan, que llegará temprano. Esto me permitirá limpiar y ordenar la sala de estar de manera más eficiente.*

  - *Problema 2: comida. Opto por buscar una receta alternativa que no requiera el ingrediente que falta. Encuentro una receta de pasta con salsa de tomate y verduras que puedo preparar con los ingredientes disponibles.*

  - *Problema 3: invitado vegetariano. Decido preparar una lasaña de verduras como opción vegetariana adicional, ya que es una receta que puedo hacer con los ingredientes disponibles y que sé que a mi amigo le gustará.*

- **Paso 6. Planificación y puesta en práctica**
  Implementa las soluciones elegidas antes de que lleguen tus amigos.

  Ejemplo:

  - *Problema 1: sitio.* Llamo a mi amigo Juan y le pido que llegue 30 minutos antes para que me ayude a limpiar y ordenar la sala de estar.
  - *Problema 2: comida.* Preparo la receta alternativa de pasta con salsa de tomate y verduras utilizando los ingredientes disponibles en mi cocina.
  - *Problema 3: invitado vegetariano.* Cocino la lasaña de verduras y la coloco junto a las otras opciones para que todos los invitados puedan disfrutar de la cena.

- **Paso 7. Seguimiento y revisión**
  Durante la cena con amigos, observa cómo funcionan las soluciones que has implementado. Haz ajustes si es necesario y, después, cuando se hayan marchado, reflexiona sobre cómo has manejado los problemas y en qué medida tus habilidades sociales han contribuido al éxito de la velada.

LA MEDIACIÓN

La mediación es una habilidad social esencial que implica actuar como un tercero neutral para facilitar la comunicación y la resolución de conflictos entre dos o más partes en disputa.

Supongamos que dos vecinos, Laura y Daniel, tienen un conflicto sobre el uso de las plazas de estacionamiento en el patio de su casa. Ambos creen que tienen derecho a ese espacio y han discutido mucho al respecto.

El mediador es el presidente de la comunidad, que ha sido entrenado en mediación y ha sido elegido por ambas partes para ayudar a resolver el conflicto del estacionamiento.

Los pasos de la mediación serán los siguientes:

1. **Reunión con las partes**
   En este primer paso, el mediador se reúne por separado con cada una de las partes involucradas en el conflicto. El objetivo es escuchar sus preocupaciones, emociones y perspectivas individuales. Cada parte tiene la oportunidad de expresarse libremente sin interrupciones. El mediador establece un ambiente de confidencialidad y seguridad para que las partes se sientan cómodas compartiendo sus pensamientos y sentimientos.

   De este modo, el presidente de la comunidad se reúne por separado con Laura y Daniel para escuchar sus preocupaciones y emociones con respecto al conflicto. Ambos expresan su frustración y el deseo de resolver la situación de manera justa.

2. Reunión conjunta

En esta fase, el mediador organiza una reunión conjunta con las partes en conflicto en un lugar neutral y cómodo para todos. Se establecen las reglas para la comunicación, como el respeto mutuo y la escucha activa. El mediador actúa como un facilitador neutral y guía la conversación.

Ambos vecinos acuerdan participar y se comprometen a seguir las reglas de la mediación.

3. Escucha activa

Cada parte tiene la oportunidad de hablar sin interrupciones y expresar sus preocupaciones, sentimientos y perspectivas sobre el conflicto. El mediador escucha de manera activa y empática para comprender completamente sus puntos de vista. Esto permite que las partes se sientan escuchadas y validadas.

En la reunión conjunta, Laura y Daniel tienen la oportunidad de expresar sus preocupaciones sobre el estacionamiento. Laura explica que ha vivido en la comunidad durante muchos años y siempre ha utilizado ese espacio. Daniel argumenta que también es residente y que tiene derecho a usarlo.

4. Exploración de intereses

El mediador se encarga de guiar la conversación hacia la identificación de los intereses subyacentes de las partes. Esto implica ir más allá de las posiciones iniciales y descubrir qué es realmente importante para cada parte. Identificar los intereses comunes o similares resulta fundamental para encontrar soluciones mutuamente aceptables.

El mediador ayuda a Laura y Daniel a identificar sus intereses. Laura valora la comodidad y la seguridad de tener un espacio de estacionamiento cercano. Daniel valora la igualdad de derechos y la equidad en el uso de los espacios de estacionamiento.

5. Fomento de la creatividad

El mediador fomenta la generación de soluciones y opciones para resolver el conflicto. Las partes proponen diversas formas de abordar el problema y mejorar la situación. Se alienta la creatividad y la colaboración en la búsqueda de soluciones.

El mediador facilita las opciones. Laura y Daniel sugieren posibles soluciones, como turnarse para usar el espacio de estacionamiento en días alternos o establecer un sistema de reserva en línea.

6. Análisis de soluciones

El mediador y las partes discuten las ventajas y desventajas de cada opción propuesta. Evalúan cómo funcionaría cada solución en la práctica y consideran posibles obstáculos. Esto les ayuda a tomar decisiones informadas sobre las mejores soluciones.

En este punto, el mediador y las partes discuten las ventajas y desventajas de cada opción propuesta. Reconocen que turnarse podría requerir un registro claro y que el sistema de reserva en línea quizá fuera más conveniente, pero haría falta responsabilidad por parte de los implicados.

7. Llegar a un acuerdo

Después de una discusión detallada, las partes llegan a un acuerdo sobre las soluciones que están dispuestas a aceptar. Este acuerdo es mutuo y se basa en el consenso. El mediador puede ayudar a redactar un acuerdo por escrito que refleje los compromisos acordados.

Después de discutirlo, Laura y Daniel llegan a un acuerdo. Deciden implementar un sistema de reserva para el espacio de estacionamiento en el patio de su casa. El mediador les ayuda a establecer las reglas y las pautas para su uso equitativo.

8. Verificación y seguimiento

El proceso de mediación no termina con el acuerdo. El mediador hace un seguimiento regular para asegurarse de que ambas partes estén cumpliendo con el acuerdo y abordar cualquier problema que pueda surgir. Esta fase de seguimiento es esencial para garantizar que las soluciones acordadas sean sostenibles a largo plazo.

El mediador realiza un seguimiento periódico para verificar que el sistema de reserva en línea se esté utilizando adecuadamente y que ambos vecinos estén satisfechos con la solución. Cualquier problema adicional se aborda de manera constructiva.

SABER DISCULPARSE

Imagina que estás pasando la tarde en casa de tu amigo Jaime. Mientras estáis hablando, surge un tema relacionado con «sus cosas» y, sin darte cuenta, haces un comentario inoportuno y sensible para él.

Tus palabras, impulsadas por la espontaneidad del momento y sin intención de herir, resultan ser más punzantes de lo que habías creído. Jaime, aunque trata de disimular su malestar para no arruinar el momento, se siente afectado. En ese instante, el ambiente se tensa y tú percibes que algo no va bien.

Lo que decimos a veces hiere más de lo que imaginamos. No somos inmunes a malentendidos, juicios apresurados o la impulsividad que conlleva arrepentimientos posteriores.

Cuando la conciencia nos alerta sobre nuestros errores, debemos enfrentarnos a la tarea de pedir perdón. A simple vista, parece un gesto sencillo, pero su ejecución es un proceso delicado. ¿Por qué nos cuesta tanto pedir perdón? La respuesta yace en la percepción equivocada de que disculparse implica reconocer no solo el error cometido, sino también revelar nuestra vulnerabilidad.

La resistencia a disculparnos a menudo surge del miedo a reconocer nuestras imperfecciones. Este temor se alimenta de la idea errónea de que pedir perdón supone admitir que somos débiles o menos que otros cuando, en realidad, es un acto de valentía. Pedir perdón no solo cura las relaciones con los demás, sino que también representa un proceso rehabilitador y evolutivo para uno mismo.

Una disculpa correcta, centrada en lo que se ha hecho, se fundamenta en tres partes bien diferenciadas y que no se pueden suprimir: «lo siento», «me he equivocado» y «qué puedo hacer para corregirlo».

LO SIENTO

Pedir disculpas implica algo más que simplemente pronunciar las palabras. Decir «lo siento» servirá para abrir un «canal de empatía», transmitir que causar dolor no solo ha afectado al otro, sino que también ha repercutido en ti. Es reconocer el deseo de retroceder en el tiempo y actuar de manera diferente. Esta fase establece un diálogo en el que los sentimientos son los protagonistas, permitiendo acceder a la profundidad de la herida y sanarla desde su raíz.

Después de soltar ese comentario desafortunado, te das cuenta de que has herido a Jaime. Decir un sincero «lo siento» no es solo un acto de cortesía. Al pronunciar esas palabras transmites que comprendes el impacto emocional de tus comentarios, y no solo te disculpas por lo que has dicho, sino que expresas que, de alguna manera, también te ha afectado a nivel personal.

No es solo reconocer un error; es desear retroceder en el tiempo y cambiar tus acciones. En este contexto, es como decir: «Si pudiera volver atrás, actuaría de manera diferente».

ME HE EQUIVOCADO

En el acto de disculparse, asumir la responsabilidad es fundamental. Es un acto de madurez que implica reconocer que somos los responsables de lo ocurrido y que no nos centramos en la forma de reaccionar de la otra persona. Esta parte transmite confianza a quien recibe la disculpa, porque demostramos que comprendemos el impacto de nuestras acciones y estamos dispuestos a asumir las consecuencias.

Tras soltar esa broma insensible, te das cuenta de que has herido a Jaime. Entonces es cuando asumes la responsabilidad. En lugar de culpar a las circunstancias o justificar tus palabras, dices: «Me he equivocado». Esto va más allá de reconocer un simple error; es un acto de madurez.

Asumir la responsabilidad implica decirle a Jaime que comprendes que has sido tú, y no otra cosa, lo que ha causado este daño. No estás evadiendo la culpa ni buscando excusas. Al contrario, estás reconociendo que eres el responsable de lo ocurrido. Esta parte del proceso de disculpa no solo es un reconocimiento, sino también una afirmación de que comprendes el impacto de tus palabras.

¿QUÉ PUEDO HACER PARA CORREGIRLO?

Algunas veces, las heridas no se curan de inmediato, pero nuestra disposición para reparar el daño tiene su importancia. Resarcir a la persona dañada, o al menos demostrar la voluntad de hacerlo, refleja la seriedad que atribuimos a la disculpa. A veces, el tiempo es la mejor herramienta para sanar heridas, pero es crucial que la persona afectada sienta que nuestra disculpa no es un mero trámite, sino un compromiso real.

En este caso, después de decir que te has equivocado, añades: «¿Que puedo hacer para corregirlo?». Aquí estás abordando la tercera parte esencial de una disculpa efectiva. Aunque reconoces que el daño ya está hecho, muestras tu voluntad de repararlo.

Jaime podría no sentirse mejor de inmediato, pero tu disposición para corregir el error refleja la seriedad que le atribuyes a la disculpa. A veces, las palabras no son suficientes, y es la acción lo que cuenta. Esta fase implica ofrecer algo más que una simple disculpa verbal; estás demostrando tu compromiso real para enmendar el error.

EJERCICIO. APRENDE A PEDIR PERDÓN

Muchas veces pedimos perdón a las personas que nos rodean y a veces entendemos por qué pedimos disculpas, pero otras lo hacemos por costumbre.

Es importante aprender a disculparse y comprender cómo se sienten los demás. Una disculpa no es una palabra que digamos, sino la capacidad de ponernos en el lugar del otro y entender cómo le hemos podido perjudicar.

Para **aprender a pedir perdón,** puedes ensayar siguiendo los pasos que se muestran en la siguiente tabla:

Situación en la que tengo que disculparme			
Pienso en mi conducta.	¿Cómo me siento?	¿Qué pienso?	¿He hecho mal a alguien?
Me acerco y pregunto al otro si está bien.	¿Cómo se sentirá el otro?	¿Qué es lo que pensará?	
Me doy cuenta de las consecuencias y pido perdón.	Lo siento.	¿Cómo me siento al decirlo?	¿Cómo se siente el otro?
Pregunto si puedo hacer algo para ayudarle y si necesita ayuda.	¿Cómo me siento yo?	¿Cómo se siente el otro?	
Agradezco que acepte mis disculpas.	¿Cómo me siento cuando acepta mis disculpas?		

De esta manera voy respondiendo como en el ejemplo:

- **Pienso en mi conducta.** Después de reflexionar, me doy cuenta de que mi comentario ha sido inapropiado.
- **¿Cómo me siento?** Me siento arrepentido por lo que he dicho.
- **¿Qué pienso?** Reconozco que he cometido un error al expresarme de esa manera.
- **¿He hecho mal a alguien?** Sí, mi comentario ha herido los sentimientos de Jaime.
- **Me acerco y pregunto al otro si está bien.** Decido abordar a Jaime y verificar cómo se siente.
- **¿Cómo se sentirá el otro?** Jaime podría estar molesto o herido por mis palabras.
- **¿Qué es lo que pensará?** Puede que piense que no me importa cómo le afectan mis comentarios.
- **Me doy cuenta de las consecuencias y pido perdón.** Reconozco el impacto negativo de mis palabras y decido disculparme.
- **Digo «lo siento».** Expreso mi arrepentimiento.
- **¿Cómo me encuentro al decirlo?** Aliviado por admitir mi error y también ansioso por la reacción de Jaime.
- **¿Cómo se siente el otro?** Jaime puede sentirse valorado al ver que reconozco mi error y pido disculpas.
- **Pregunto si puedo hacer algo para ayudarle.** Para mostrar mi compromiso de enmendar el error, ofrezco mi ayuda.
- **¿Cómo me siento yo?** Dispuesto a hacer lo necesario para reparar la situación.
- **¿Cómo se siente el otro?** Jaime podría apreciar mi oferta y sentirse comprendido.
- **Agradezco que acepte mis disculpas.** En caso de que Jaime acepte mis disculpas, creo que es importante expresar gratitud.
- **¿Cómo me siento cuando aceptan mis disculpas?** Agradecido y esperanzado en reconstruir nuestra relación.

TRABAJO EN EQUIPO Y COLABORACIÓN

> *Yo hago lo que tú no puedes, y tú haces lo que yo no puedo. Juntos podemos hacer grandes cosas.*
> Madre Teresa de Calcuta

Me ha venido a la cabeza una historia que a mi hija le encantaba escuchar cuando era más pequeña y creo que puede servirnos para comenzar este capítulo. Me refiero al cuento llamado «¿A qué sabe la luna?», escrito por Michael Grejniec. Es un clásico de la literatura infantil que nos cuenta una historia de trabajo en equipo.

Relata de manera sencilla la historia de una tortuga que decide subir a la montaña más alta que ve en busca de la luna para averiguar a qué sabe. Sin embargo, no logra llegar a ella por sí sola en el primer intento, así que llama al elefante para que la ayude a subir la montaña.

A pesar de la fuerza del elefante, la luna sigue siendo inalcanzable. A lo largo del relato la tortuga solicita ayuda a otros animales. Todos juntos forman una gran torre, poniendo cada uno su granito de arena para conseguir el objetivo.

Cada animal representa diferentes habilidades y características, y su determinación y colaboración les permiten construir algo en común para alcanzar su meta. A medida que trabajan juntos y comparten responsabilidades, superan obstáculos y desafíos.

Al final, descubren que la luna tiene un sabor único para cada uno de ellos, basado en lo que todos han aportado.

Este cuento es una metáfora de la importancia del trabajo en equipo en la sociedad y en el mundo laboral. En la vida real, las personas provienen de diversos entornos y tienen habilidades únicas. El trabajo en equipo permite aprovechar estas diferencias para abordar desafíos y lograr objetivos más eficientemente. La colaboración y la distribución equitativa de responsabilidades son esenciales para el éxito del equipo, al igual que la determinación y la creatividad para superar obstáculos. Reconocer y valorar las contribuciones individuales mejora la dinámica del equipo y enriquece la experiencia colectiva.

En última instancia, tanto en el cuento como en la vida real, el mensaje es claro: trabajar juntos y colaborar con otros puede llevar al éxito y al logro de metas compartidas, y las contribuciones individuales enriquecen la experiencia colectiva.

AUTOEVALUACIÓN. ¿SABES TRABAJAR EN EQUIPO?
Por favor, responde a las siguientes preguntas.

1. ¿Con qué frecuencia escuchas activamente las ideas de tus compañeros?

    a. Nunca.
    b. Ocasionalmente.
    c. A menudo.
    d. Siempre.

2. ¿Cómo calificarías tu capacidad para comunicarte de manera efectiva con tus colegas?

    a. Muy deficiente.
    b. Necesita mejorar.
    c. Aceptable.
    d. Excelente.

3. ¿Cómo estás de dispuesto a asumir responsabilidades adicionales cuando es necesario para el éxito del equipo?

    a. No estoy dispuesto.
    b. A veces estoy dispuesto.
    c. Generalmente estoy dispuesto.
    d. Siempre estoy dispuesto.

4. ¿Cómo manejas los conflictos dentro del equipo?

    a. Evito el conflicto.
    b. Lo enfrento de manera negativa.
    c. Lo manejo de forma constructiva.
    d. Busco soluciones colaborativas.

5. ¿Cuál es tu actitud si recibes retroalimentación de tus compañeros de equipo?

    a. La evito o la recibo de manera negativa.
    b. La acepto, pero me siento incómodo.
    c. La valoro y la utilizo para mejorar.
    d. La busco activamente y la aprecio.

Ahora, según las respuestas que hayas dado, calcula tu **puntuación** utilizando la siguiente escala:

- Cada respuesta «a» vale 1 punto.
- Cada respuesta «b» vale 2 puntos.
- Cada respuesta «c» vale 3 puntos.
- Cada respuesta «d» vale 4 puntos.

Consulta tus **resultados** según la puntuación que hayas obtenido:

- **5-8 puntos.** Es posible que necesites mejorar tus habilidades de trabajo en equipo y colaboración.

- **9-12 puntos.** Tienes un nivel intermedio de habilidades en estas áreas, pero aún puedes trabajar en ellas.

- **13-16 puntos.** Cuentas con buenas habilidades de trabajo en equipo y colaboración.

Sea cual sea la puntuación que hayas obtenido, debes tener claro que para trabajar en equipo lo fundamental es desarrollar diferentes destrezas para la cooperación y la coordinación. Estas habilidades asentarán las bases para colaborar con otros de manera exitosa y para que el ambiente de trabajo en equipo sea agradable.

HAY QUE SABER ADAPTARSE

Las palabras que mejor definen lo que vamos a tratar en este punto son **flexibilidad** e **improvisación.** A veces, los planes cambian o surgen imprevistos. La capacidad de adaptarse y ajustar las estrategias es esencial tanto para las cosas que nos suceden en nuestra vida cotidiana como para mantener la eficiencia cuando trabajamos en equipo.

Los planes rara vez se desarrollan exactamente como los hemos planeado inicialmente. Por esta razón, la flexibilidad y la capacidad de improvisación son esenciales para navegar con éxito entre desafíos.

Supón que has planeado una excursión con amigos para disfrutar de un día de senderismo en la montaña. Sin embargo, cuando llega el día, el tiempo se vuelve repentinamente desfavorable, con lluvias torrenciales y fuertes vientos. En lugar de cancelar por completo la excursión, el grupo podría ajustar el plan y decidir visitar un museo cercano o explorar otras actividades en la zona que sean bajo techo.

FLEXIBILIDAD

La **flexibilidad** no significa necesariamente abandonar por completo los planes originales, sino más bien estar dispuesto a ajustarlos cuando sea necesario. La capacidad de adaptarse a las condiciones cambiantes y ajustar el plan original para encontrar alternativas es lo que permite que el día de la excursión no se vea completamente arruinado por un tiempo desfavorable.

AUTOEVALUACIÓN. ¿QUÉ CAPACIDAD DE FLEXIBILIDAD TIENES ANTE SITUACIONES DESFAVORABLES?

Comprueba tu capacidad de flexibilidad para resolver conflictos cuando se presentan situaciones desfavorables. Lee cada afirmación y califica tu respuesta siguiendo una escala del 1 al 5:

1. Nunca.
2. Raramente.
3. A veces.
4. Frecuentemente.
5. Siempre.

Estoy dispuesto a escuchar y considerar diferentes perspectivas antes de tomar una decisión durante un conflicto.	1	2	3	4	5
Puedo adaptar mi enfoque según la situación y las necesidades de las personas involucradas.	1	2	3	4	5
No me aferro a una solución o idea fija, sino que estoy dispuesto a cambiar de opinión si surge una mejor alternativa durante el conflicto.	1	2	3	4	5
Puedo adaptar mi comunicación y estilo de interacción para abordar las emociones y necesidades de las personas en conflicto.	1	2	3	4	5
Me siento cómodo con la ambigüedad y la incertidumbre que a menudo acompañan a los conflictos, y no necesariamente busco respuestas definitivas de inmediato.	1	2	3	4	5
Puedo modificar mis expectativas y objetivos cuando sea necesario para llegar a una solución aceptable para todos en un conflicto.	1	2	3	4	5
Busco soluciones creativas y fuera de lo común cuando los enfoques convencionales no parecen funcionar durante un conflicto.	1	2	3	4	5
Trato de mantener la calma y el autocontrol incluso en situaciones conflictivas, en lugar de reaccionar impulsivamente.	1	2	3	4	5

Después de responder, suma tus puntos totales y comprueba los resultados obtenidos.

- **7-15 puntos: baja flexibilidad.**
  Tienes dificultades para adaptarte a situaciones conflictivas y puedes tender a ser inflexible en tu enfoque para resolver conflictos. Considera la posibilidad de trabajar en el desarrollo de tus habilidades de adaptación y apertura a diferentes perspectivas.

- **16-24 puntos: flexibilidad moderada.**
  Muestras una flexibilidad razonable en la resolución de conflictos, pero aún puedes mejorar tu capacidad para adaptarte a situaciones cambiantes y considerar diversas perspectivas. Esfuérzate por fortalecer tus habilidades en áreas específicas.

- **25-32 puntos: buena flexibilidad.**
  Tienes una buena capacidad de adaptación y flexibilidad en la resolución de conflictos. Esto te permite manejar situaciones conflictivas de manera efectiva y tener en cuenta diferentes perspectivas. Sigue trabajando en el desarrollo de tus habilidades para mantener y mejorar esta flexibilidad.

- **33-40 puntos: alta flexibilidad.**
  Demuestras una alta capacidad de flexibilidad para resolver conflictos. Eres hábil para adaptarte a cambios, considerar diferentes perspectivas y encontrar soluciones creativas en situaciones conflictivas.

IMPROVISACIÓN

En el ejemplo anterior, el grupo decide cambiar de planes y visitar el museo. Además, una vez allí, deciden participar en una visita guiada y otras actividades que no habían planeado inicialmente. En ese caso, estarían improvisando sobre la marcha para hacer que la visita al museo resultase interesante y divertida, a pesar de no ser la actividad planificada originalmente. La **improvisación** será una fuente de creatividad y soluciones innovadoras. Cuando estamos dispuestos a «salir» de lo común y a probar nuevas ideas, a menudo descubrimos enfoques inesperados y efectivos para resolver problemas.

EJERCICIO. IMPROVISA UNA HISTORIA

Este ejercicio de improvisación de historias te ayudará a desarrollar tu capacidad para pensar con rapidez, adaptarte a situaciones cambiantes y resolver problemas en el momento. A medida que practiques, notarás que crece tu agilidad para generar soluciones creativas y adoptar decisiones improvisadas. También es una actividad divertida para compartir con otros y fomenta la creatividad y la colaboración en grupo.

1. Reúne a un grupo de amigos o familiares.
   Ejemplo. Imagina que una tarde soleada te reúnes con tus amigos en el parque.

2. Designa a una persona como el «iniciador de la historia». Será quien comience la historia con una oración o frase simple.
   Ejemplo. Supongamos que eliges a Ana como la iniciadora de la historia. Ana comienza diciendo: «Había una vez, en un pequeño pueblo, un gato llamado Floyd...».

3. La persona a su derecha deberá continuar la historia improvisada con otra oración o frase, agregando detalles y desarrollando la trama.
   Ejemplo. A continuación, Carlos, que está a la derecha de Ana, continúa: «... que tenía la extraña habilidad de hablar con los pájaros del bosque...».

4. Continúa pasando la historia por todos los miembros del grupo, cada uno de los cuales añade un nuevo fragmento al relato.
Ejemplo. Luego, Marta, que sigue a Carlos, agrega: «... Un día, Floyd escuchó a los pájaros hablar sobre un misterioso tesoro escondido en lo más profundo del bosque...».

5. El truco aquí es que cada persona debe improvisar su parte sin saber de antemano qué vendrá después. No hay tiempo para planificar; simplemente tiene que continuar la historia en el momento.
Ejemplo. Juan, que está a la derecha de Marta, continúa: «... Decidido a descubrir el tesoro, Floyd se embarcó en una emocionante aventura que lo llevó a encontrarse con un búho muy sabio...».

6. La historia puede volverse cómica, extraña o seria, dependiendo de la manera en que las personas elijan continuarla.
Ejemplo. María, a continuación, agrega un toque cómico: «... El búho sabio, llamado Hoot, resultó ser bastante despistado y olvidó dónde había escondido la clave del tesoro».

7. El ejercicio continúa hasta que todos hayan tenido varias oportunidades para agregar partes a la historia.

CONFIANZA SOCIAL

Aristóteles decía que los seres humanos somos animales sociales, lo que significa que estamos destinados a vivir en comunidad y cooperar los unos con otros. Por ello, es importante que desarrollemos una habilidad muy importante: la **confianza social.**

La confianza social es la piedra angular de nuestras relaciones interpersonales. Se trata de creer en la integridad, la honestidad y las buenas intenciones de quienes nos rodean. Esta habilidad nos permite establecer vínculos sólidos con amigos, familiares, compañeros de trabajo y cualquier persona con la que interactuemos.

Esta habilidad es también esencial en el ámbito laboral y profesional. Los equipos de trabajo eficientes se basan en la confianza mutua entre sus miembros. Los empleadores confían en que sus empleados realicen sus tareas con diligencia, y los empleados confían en que sus superiores y colegas los apoyen y valoren.

AUTOEVALUACIÓN. ¿CONFÍAS EN LOS DEMÁS?

Evalúa tu nivel de confianza eligiendo las respuestas que mejor se ajusten a ti, según la siguiente escala de puntuación del 1 al 5:

1. Muy poco.
2. Poco.
3. Moderadamente.
4. Bastante.
5. Totalmente.

¿Confiarías a un amigo cercano un secreto personal importante?	1	2	3	4	5
¿Sientes que puedes contar con tus colegas o compañeros de trabajo cuando necesitas ayuda en el trabajo?	1	2	3	4	5
¿Tienes confianza en que las personas cumplirán sus promesas y compromisos contigo?	1	2	3	4	5
¿Sueles compartir tus pensamientos y emociones con amigos o seres queridos sin temor a ser juzgado?	1	2	3	4	5
¿Te sientes cómodo delegando responsabilidades a otros en situaciones laborales o personales?	1	2	3	4	5
¿Sueles dar a las personas el beneficio de la duda cuando hacen algo que podría ser malinterpretado?	1	2	3	4	5
¿Tienes confianza en que las personas de tu entorno vayan a respetar tus límites personales y decisiones?	1	2	3	4	5
¿Sientes que puedes confiar en las personas y que te ofrecerán apoyo emocional en momentos difíciles?	1	2	3	4	5

Suma tus puntuaciones y consulta los resultados que has obtenido:

- **8-16 puntos: confianza muy baja.**
  Tu confianza en los demás es extremadamente baja. Puede que tengas dificultades significativas para confiar en las personas en general y en algunas situaciones en particular. Es importante que consideres cuál es la raíz de esta falta de confianza para buscar formas de mejorar tus relaciones.

- **17-24: confianza baja.**
  Posees una confianza limitada en los demás y tiendes a ser cauteloso en algunas situaciones sociales. Puede ser beneficioso que trabajes en desarrollar una mayor confianza en tus interacciones diarias.

- **25-32: confianza moderada.**
  Tu nivel de confianza en los demás es razonable y te sientes cómodo en la mayoría de las situaciones sociales. Sigues siendo cauteloso en algunas circunstancias, pero generalmente confías en las personas.

- **33-40: confianza alta.**
  Tienes un alto grado de confianza en los demás y tiendes a darles el beneficio de la duda en la mayoría de las situaciones. Esto es positivo y contribuye a relaciones sólidas y positivas.

Cuando confiamos en los demás, creamos un ambiente de seguridad y apertura en nuestras relaciones. Esto facilita la comunicación sincera, la colaboración efectiva y la resolución constructiva de conflictos. Para conseguirlo puedes seguir los siguientes consejos:

1. Reflexiona sobre tus experiencias

Antes de comenzar a confiar más en los demás, tómate un momento para analizar tus experiencias pasadas que pueden haber contribuido a tu falta de confianza.

Ejemplo. Si viviste una relación de amistad en la que te traicionaron, reflexiona sobre la incidencia que esa experiencia ha tenido sobre tu confianza en nuevas amistades.

2. Comunica tus expectativas

Cuando comienzas una nueva relación o colaboración, es importante comunicar tus expectativas de manera clara.

Ejemplo. Si estás trabajando en equipo en un proyecto, puedes decir: «Espero que todos cumplan con sus responsabilidades y se comuniquen de manera efectiva para lograr nuestros objetivos».

3. Establece objetivos realistas

No es necesario confiar completamente en alguien de inmediato. Ve construyendo gradualmente la confianza.

Ejemplo. Si estás comenzando una nueva relación de pareja, puedes empezar por compartir pequeñas confidencias antes de revelar aspectos más profundos de tu vida.

4. Establece límites

Es fundamental establecer límites para proteger tu bienestar emocional.

Ejemplo. En una relación de amistad, puedes decir: «Me siento incómodo cuando no se respeta mi espacio personal y necesito que lo comprendas».

5. Sé claro

La honestidad y la comunicación clara son esenciales.

Ejemplo. Si alguien te ha decepcionado, puedes expresar tus sentimientos de esta manera: «Me sentí herido cuando no se cumplió lo que habíamos acordado».

6. Da el beneficio de la duda

Evita suponer siempre lo peor de los demás.

Ejemplo. Si alguien llega tarde a una cita, en lugar de pensar que te está despreciando, considera la posibilidad de que se le haya podido presentar un contratiempo inesperado.

7. Sé paciente contigo mismo

Aprender a confiar en los demás lleva tiempo y esfuerzo. Sé amable y ten paciencia contigo mismo mientras trabajas en desarrollar una mayor confianza en las relaciones.

GANARSE LA CONFIANZA

La confianza no se obtiene de inmediato; se gana a través de la consistencia entre palabras y acciones, el respeto mutuo y la empatía. Se construye paso a paso con prudencia.

Imagina que tienes un amigo de toda la vida llamado Sergio. Habéis compartido muchas experiencias juntos y siempre ha sido alguien en quien has confiado profundamente. Sergio ha prometido ayudarte a mudarte a tu nueva casa durante el fin de semana. Cuando la fecha se acerca, te enteras de que Sergio ha hecho planes para salir con otros amigos precisamente el día de tu mudanza sin acordarse de que se había comprometido a ayudarte.

Por otro lado, tienes otro amigo llamado Miguel. Aunque no le conoces desde hace tanto tiempo como a Sergio, ha demostrado ser un amigo en el que puedes confiar. Cuando le mencionaste que necesitabas ayuda con la mudanza, no solo se comprometió a echarte una mano, sino que también hizo planes específicos para asegurarse de que ese fin de semana estaría contigo sin falta.

A medida que pasa el tiempo, tu confianza en Sergio se tambalea debido a la falta de consistencia entre sus palabras y acciones. En cambio, tu confianza en Miguel crece, ya que su compromiso y empatía se reflejan en su disposición para cumplir sus promesas y brindarte apoyo cuando más lo necesitas.

CONSEJOS. GÁNATE LA CONFIANZA DE LOS DEMÁS

La confianza es una cualidad que se construye con el tiempo. Aplicar estos consejos te ayudará a fortalecer tus relaciones y a ganarte la confianza de los demás.

1. Sé transparente y honesto

Practica la comunicación abierta y sincera en todas tus interacciones. Evita ocultar información relevante o exagerar la verdad. La honestidad es esencial para ganarse la confianza de los demás.

2. Cumple tus promesas

Haz un esfuerzo consciente para cumplir todas tus promesas, grandes o pequeñas. Si dices que harás algo, asegúrate de hacerlo. Así, demuestras tu compromiso y fiabilidad.

3. Escucha activamente

Practica la escucha activa al prestar atención completa a lo que dicen los demás, hacer preguntas para comprenderles lo máximo posible y mostrar empatía hacia sus preocupaciones. De ese modo, manifiestas que valoras sus opiniones y experiencias.

4. Muestra empatía

Intenta comprender y compartir los sentimientos que experimentan los demás. La empatía crea conexiones sólidas y demuestra que te preocupas por el bienestar de los demás.

5. Sé coherente

Mantén un comportamiento coherente a lo largo del tiempo. La consistencia en tus acciones y decisiones genera confianza, ya que las personas saben qué esperar de ti.

6. Admite tus errores

Todos cometemos errores. Cuando te equivoques, reconoce tus errores y discúlpate si es necesario. Asumir la responsabilidad de tus acciones es señal de integridad y disposición para aprender y mejorar.

7. Establece límites saludables

Aprende a establecer límites adecuados en tus relaciones. Decir «no» cuando sea necesario y mantener tus límites personales muestra que te respetas a ti mismo y a los demás.

8. Guarda el secreto

Si alguien te confía información personal, respétala y mantén la confidencialidad. No divulgar información confidencial es esencial para ganar y mantener la confianza.

9. Sé paciente

Ganarse la confianza de los demás lleva tiempo. No esperes que suceda de la noche a la mañana. Sé paciente y constante en tus esfuerzos.

DESECHAR LA MENTIRA

La mentira implica ocultar la verdad o distorsionar la realidad deliberadamente. Cuando alguien miente, se rompe la confianza, ya que la persona que miente se percibe a sí misma como nada fiable y poco honesta.

Supón que a un amigo tuyo llamado Luis un día le prestas dinero para ayudarle en un momento de apuro. Él te promete devolverte el dinero en una semana. Sin embargo, cuando llega el plazo acordado, Luis te dice que no tiene el dinero y no te ofrece una explicación creíble.

Después de un tiempo, descubres que la situación financiera de Luis no era tan mala como te había hecho creer. Esta mentira daña seriamente la confianza que tenías en tu amigo. A partir de ese momento, es probable que te sientas escéptico ante sus promesas y que seas más cauteloso en tus interacciones con él.

A lo largo de nuestra vida te cruzarás con distintos tipos de mentirosos. Algunos mienten para mejorar su imagen, mientras que otros lo hacen por vergüenza, miedo o con el propósito de obtener algo. Lidiar con estas personas puede ser especialmente complicado, ya que harán todo lo posible para que creas sus engaños.

Pero ¿cómo debes abordar la situación cuando alguien te miente y tú conoces la verdad?

ESTRATEGIA. CÓMO SABER SI ALGUIEN MIENTE

¿Cómo determinar si alguien está siendo sincero o está mintiendo? A menudo, buscamos señales definitivas para identificar a un mentiroso, pero, en realidad, solo hay una forma segura de descubrir una mentira: con evidencia sólida. Otras tácticas y estrategias pueden ofrecer indicios de engaño, pero no son concluyentes. Aquí te presento algunas pautas para detectar posibles mentiras.

1. **Cómo se comporta el otro**
   Para notar cambios en el comportamiento de alguien, es esencial conocer cómo se comporta regularmente. Observa gestos o actitudes inusuales en comparación con su comportamiento habitual. Sin embargo, ten en cuenta que esta táctica no es infalible, ya que algunas personas cambian su conducta cuando se sienten presionadas.

   Ejemplo. Si conoces a alguien que generalmente es puntual y organizado, pero de repente comienza a llegar tarde constantemente y se muestra desorganizado sin una razón aparente, podría ser un indicio de que algo no va bien. Estos cambios en su comportamiento podrían ser señales de que está ocultando algo.

2. **Antecedentes**
   Si la persona en cuestión tiene un historial de mentiras o es conocida por mentir con frecuencia, lo más probable es que esté mintiendo de nuevo. Las personas que mienten con regularidad tienden muy a menudo a ocultar la verdad.

   Ejemplo. Imagina a un amigo que siempre ha exagerado sus notas y sus logros en el colegio y en el trabajo. Si en el pasado demostró ser poco fiable al dar información precisa, es probable que continúe siéndolo.

3. **Preguntas inesperadas**
   En situaciones sospechosas, plantea preguntas inesperadas para poner a prueba la coherencia de la historia. Puedes preguntar detalles específicos.

   Ejemplo. Estás hablando con un amigo sobre su supuesto viaje de fin de semana. De repente, le preguntas sobre el color de la habitación del hotel y cómo estaba decorada, detalles que no había anticipado. Si su respuesta es inconsistente o duda en exceso, podría ser un signo de que no está diciendo la verdad.

4. Historia del revés

Algunos expertos en detección de mentiras piden a los sospechosos que relaten la historia desde el final hacia el principio. Con esta táctica a veces se revelan inconsistencias o errores en la narración.

Ejemplo. Supón que alguien te cuenta una historia sobre su día y le pides que comience por el final. Mientras relata sus vivencias en orden inverso, puedes notar que omite o cambia detalles clave en la narración, lo que podría indicar una falta de sinceridad.

5. Cambia de tema

Otra pauta es cambiar abruptamente de tema en medio de la conversación y observar cómo reacciona la persona. Quien miente a menudo se sentirá aliviado, mientras que alguien honesto se sorprenderá y preguntará por qué se cambia de tema.

Ejemplo. Durante una conversación sobre los planes de fin de semana, cambias de tema de repente. Si tu amigo, en lugar de expresar sorpresa y curiosidad sobre el cambio, muestra un alivio evidente o un interés disminuido, podría ser un indicio de que no estaba siendo honesto sobre sus planes reales.

6. Estrés cognitivo

Realiza preguntas detalladas y repítelas de diferentes maneras. El estrés cognitivo puede llevar a respuestas tardías o contradictorias. Sin embargo, esta táctica no es infalible, ya que una persona que dice la verdad también puede sentirse confundida o cometer errores bajo presión.

Ejemplo. Mientras conversas con alguien sobre un evento en el que ha participado, puedes hacer preguntas detalladas sobre aspectos específicos. Si notas que se siente incómodo o responde de manera incoherente bajo la presión de proporcionar detalles precisos, podría ser indicio, aunque no concluyente, de falta de sinceridad.

7. Gestos y estilo comunicativo

No todos los gestos o comportamientos no verbales indican mentiras. Por ejemplo, la timidez puede hacer que alguien evite el contacto visual, pero eso no significa que esté mintiendo. La intuición también es subjetiva y puede ser influenciada por prejuicios.

Ejemplo. Si tienes un amigo que generalmente mantiene el contacto visual durante las conversaciones, pero de repente evita mirarte a los ojos cuando habláis sobre un tema en particular, podría ser una señal de que se siente incómodo o de que no está siendo del todo honesto.

Recuerda que estas estrategias ofrecen pistas, pero ninguna garantía absoluta de que alguien esté mintiendo. Detectar mentiras es algo muy complejo.

CONSEJO. QUÉ HACER CUANDO ALGUIEN TE MIENTE

Saber cómo manejar a alguien que te miente es un desafío, pero hay algunos consejos y estrategias que pueden ayudarte a abordar la situación de manera efectiva.

1. Comprende los motivos

Antes de reaccionar, trata de comprender por qué miente. Las personas pueden ocultar la verdad por diversas razones, como protegerse a sí mismas, evitar el castigo, impresionar a otros o encubrir algo. Comprender los motivos que hay detrás de la mentira puede ayudarte a tomar decisiones informadas sobre cómo proceder.

2. Evalúa el impacto en tu vida

Considera cómo afectan las mentiras de esta persona a tu vida. Si las mentiras son relativamente inofensivas y no tienen un impacto significativo en ti, podrías optar por ignorarlas. Sin embargo, si las mentiras te afectan negativamente o comprometen tu confianza, es importante abordar la situación.

Ejemplo. Imagina que tu compañero de trabajo miente constantemente acerca de su contribución en proyectos conjuntos. Sus mentiras afectan tu reputación y la calidad del trabajo. En este caso, el impacto en tu vida es negativo y requiere una evaluación seria.

3. Decide tu enfoque

Dependiendo de tus circunstancias y de tus objetivos personales, decide si deseas confrontar con el mentiroso o simplemente seguirle el juego. Si la relación con la persona es importante y deseas mantenerla, puedes optar por darle la oportunidad de ser honesta. Si las mentiras son repetitivas y perjudiciales, es posible que desees considerar poner límites o reevaluar vuestra relación.

Ejemplo. Si descubres que tu pareja ha estado mintiendo acerca de gastos financieros importantes podrías decidir tratar la situación directamente con ella para resolver el problema juntos. Aquí, tu objetivo es abordar una cuestión que tiene un impacto significativo en tu vida.

4. Comunicación asertiva

Si decides enfrentarte al mentiroso, utiliza la comunicación asertiva para expresar tus sentimientos y preocupaciones de manera clara y respetuosa. Evita la confrontación agresiva para no provocar una respuesta defensiva.

Ejemplo. Supongamos que tienes un amigo que constantemente exagera sus logros personales. En lugar de rebatirle de manera agresiva, podrías usar la comunicación asertiva para expresar tus sentimientos y preocupaciones. Podrías decir: «Me siento incómodo cuando exageras tus logros. Prefiero tener conversaciones honestas y sinceras».

5. Establece límites

Si a pesar de todo las mentiras continúan y te afectan de manera significativa, considera seriamente la posibilidad de establecer límites claros. Comunica a la persona las consecuencias de sus mentiras y haz que sea consciente de las posibles repercusiones.

Ejemplo. Imagina que un compañero de oficina miente acerca de su participación en un proyecto y se «apropia» de tu trabajo. Para establecer límites, podrías decirle: «No puedo seguir permitiendo que te apropies de mi trabajo. Si esto continúa, tendré que hablar con el supervisor».

LA MITOMANÍA. MENTIROSOS COMPULSIVOS

Si bien es cierto que casi todos nosotros hemos mentido alguna vez en nuestra vida (aunque haya sido una pequeña mentira piadosa), existen personas que lo hacen una y otra vez, como si no pudieran parar, caen en la tela de araña de la **mitomanía** y hacen de la mentira su forma de vida, es decir, se convierten en mentirosos compulsivos.

Este comportamiento crónico se relaciona de modo directo con la afirmación del poeta británico Alexander Pope cuando señaló que aquellos que profieren una falsedad no comprenden la labor en la que se embarcan, ya que se ven obligados a concebir mil más para respaldar la primera.

El mitómano desarrolla la mentira de tal manera que se convierte en su principal forma de relacionarse con los demás. Esta persona no solo miente en situaciones en las que enfrenta consecuencias negativas, sino que también tiende a tergiversar incluso los detalles más insignificantes, sin obtener ningún beneficio real. A pesar de esto, el mitómano se siente incómodo diciendo la verdad y encuentra confort en la mentira.

El problema surge cuando la mentira crónica se convierte en un hábito arraigado. En este punto, el mitómano se enfrenta a numerosas dificultades, ya que la confianza de los demás en él se desvanece. La constante falta de sinceridad mina las relaciones y socava su credibilidad.

Como ejemplo te hablaré de Frank Abagnale Jr. Desde que era pequeño, mostró habilidades excepcionales para la falsificación y la estafa. Comenzó su carrera delictiva a los 16 años, cuando se hizo pasar por piloto de una aerolínea muy famosa. Usando uniformes robados y tarjetas de identificación falsificadas, viajó por todo el mundo gratis y se hizo pasar por copiloto, lo que le permitió disfrutar de lujosos hoteles y restaurantes sin pagar.

Abagnale también se hizo pasar por un médico en un hospital de Georgia y trabajó como asistente de fiscal en una fiscalía en Luisiana, todo mientras aún era adolescente. Sus habilidades para la falsificación también se hicieron evidentes y emitió cheques falsos por grandes sumas de dinero.

Uno de los aspectos más notorios de la historia de Frank Abagnale Jr. es su capacidad para crear identidades ficticias. Utilizó varios alias a lo largo de su vida delictiva, como Frank Williams, Robert Conrad, Barry Allen, y más. Su habilidad para manipular y engañar a las autoridades y a las personas comunes lo convirtió en un delincuente muy esquivo.

La vida de Frank Abagnale Jr. y su historia de mitomanía, estafas y posterior redención fueron inmortalizadas en su libro de memorias titulado *Catch Me If You Can (Atrápame si puedes)*, que fue adaptado a una película del mismo nombre en 2002, protagonizada por Leonardo DiCaprio en el papel de Abagnale.

AUTOEVALUACIÓN. ¿SOY UN MENTIROSO COMPULSIVO?

Este cuestionario es solo una guía inicial y no un diagnóstico definitivo. Valora si las siguientes afirmaciones se ajustan a ti utilizando una escala de puntuación del 1 al 5:

1. Nunca.
2. Raramente.
3. A veces.
4. Frecuentemente.
5. Siempre.

Me siento tentado a mentir incluso en situaciones en las que no es necesario.	1	2	3	4	5
A menudo oculto información importante a las personas cercanas a mí.	1	2	3	4	5
Miento para evitar las consecuencias de mis acciones.	1	2	3	4	5
Las personas a mi alrededor han expresado preocupación o desconfianza debido a mis mentiras.	1	2	3	4	5
Me siento ansioso o culpable después de haber mentido.	1	2	3	4	5
A menudo me encuentro inventando historias o excusas para justificar mis acciones.	1	2	3	4	5
Mis mentiras han causado problemas significativos en mis relaciones personales o profesionales.	1	2	3	4	5

Resultados:

- **7-14 puntos.** Tus respuestas sugieren que rara vez te sientes tentado a mentir compulsivamente. Es importante seguir siendo consciente de la honestidad en tus relaciones.

- **15-28 puntos.** Has experimentado algunas situaciones en las que la mentira ha podido ser una tendencia, pero no necesariamente eres un mentiroso compulsivo. Sin embargo, es importante considerar la forma en que la mentira afecta tus relaciones y tu bienestar emocional.

- **29-35 puntos.** Tus respuestas sugieren que podrías tener una tendencia a la mentira compulsiva en ciertas situaciones. Considera la posibilidad de buscar la ayuda de un profesional de la salud mental para explorar estas tendencias y desarrollar estrategias para abordarlas.

Si tus resultados apuntan a que quizá tengas problemas con esta cuestión, aquí te ofrezco algunos **consejos** para dejar de mentir compulsivamente. Puede ser un desafío, pero es posible superarlo con esfuerzo y apoyo adecuado.

1. Reconoce el problema

El primer paso es ser consciente de que padeces mitomanía y que tus mentiras son un problema. Aceptar que necesitas ayuda es crucial.

Ejemplo. Te das cuenta de que constantemente exageras tus logros en el trabajo para impresionar a tus amigos. Esta tendencia te ha llevado a una situación incómoda, ya que la gente comienza a desconfiar de ti.

2. Busca apoyo profesional

Consulta a un terapeuta, psicólogo o psiquiatra especializado en trastornos de la personalidad y comportamientos compulsivos. La terapia cognitivo-conductual y la terapia de modificación de conducta pueden ser eficaces para tratar la mitomanía.

Ejemplo. Decides buscar la ayuda de un psicólogo especializado en trastornos de la personalidad. El terapeuta trabaja contigo para identificar las raíces de tu comportamiento y desarrollar estrategias eficaces para dejar de exagerar tus éxitos.

3. Identifica los desencadenantes

Trata de identificar las situaciones, emociones o factores que te llevan a mentir compulsivamente. Esto te ayudará a trabajar en las causas subyacentes de tu comportamiento.

Ejemplo. Durante las sesiones de terapia, descubres que tu necesidad de exagerar surge cuando te sientes inseguro en el trabajo o te da la impresión de que no recibes suficiente reconocimiento.

4. Desarrolla la autoconciencia

Practica la autoevaluación y la reflexión. Antes de contar una mentira, detente a pensar por qué lo haces y qué consecuencias tendrá a largo plazo.

Ejemplo. Te acostumbras a hacer pausas antes de responder en las conversaciones laborales. Te preguntas a ti mismo por qué sientes la necesidad de exagerar y cuáles pueden ser las consecuencias a largo plazo de tus acciones.

5. Establece metas realistas

Fija objetivos para reducir la frecuencia de tus mentiras. Comienza con pequeños pasos y ve avanzando gradualmente. La clave es la progresión constante.

Ejemplo. Te propones el objetivo de ser más honesto en tu trabajo. Empiezas por compartir logros reales y consigues reconocimiento de verdad.

6. Practica la honestidad

Enfócate en decir la verdad en situaciones cotidianas y en tus relaciones personales. Aprende a comunicarte de manera abierta y sincera.

Ejemplo. Cuando te preguntan acerca de tu trabajo, compartes información precisa y no exageras.

7. Busca apoyo social

Habla con amigos y familiares sobre tu problema y pídeles su apoyo. La comprensión y el aliento de las personas cercanas son fundamentales en el proceso de recuperación.

Ejemplo. Decides hablar con tus compañeros más cercanos sobre tu deseo de cambiar y les pides apoyo en tu proceso de ser más honesto en el trabajo.

8. Mantén un registro

Lleva un registro de tus mentiras para identificar patrones y situaciones de alto riesgo. Esto te ayudará a tomar decisiones más conscientes.

Ejemplo. En un cuaderno llevas un registro de tus conversaciones laborales y te das cuenta de que has reducido significativamente tus exageraciones.

9. Sé paciente

La recuperación llevará tiempo y esfuerzo. No te desanimes si tienes recaídas. Continúa trabajando en mejorar tu comportamiento.

EL LIDERAZGO

La capacidad de liderazgo es una habilidad social fundamental que implica la destreza de guiar, inspirar y dirigir a un grupo de personas hacia la consecución de metas y objetivos comunes.

Gandhi es el ejemplo clásico de un líder que utiliza su habilidad de liderazgo para movilizar a las masas y lograr cambios significativos en la sociedad. Este líder político y espiritual desempeñó un papel crucial en la independencia de la India del dominio británico.

Tenía una visión clara de una India libre de la opresión británica, respaldada por un fuerte compromiso con la no violencia como medio para alcanzar ese objetivo. Su visión no era simplemente política, sino también moral y espiritual.

Lo que distingue a Gandhi como líder es su habilidad para **inspirar** a millones de personas. Su vida simple y su dedicación a la justicia social sirvieron de ejemplo para muchas personas en India y en todo el mundo.

Gandhi abogaba por la resistencia pacífica y la desobediencia civil como estrategias para enfrentar la opresión. Creía que la no violencia era la forma más poderosa de luchar contra la injusticia.

Además, era un líder **empático** que conectaba con la gente común, cuyas luchas y desafíos comprendía a la perfección. Esta empatía le granjeó la confianza y el apoyo de las masas.

Su habilidad de **comunicación efectiva** le permitía movilizar a la población a través de discursos y escritos. Su comunicación se centraba en la justicia, la igualdad y la unidad.

Gandhi practicaba un **«liderazgo de servicio»**, colocando las necesidades de los demás por encima de las suyas propias. Vivía con modestia y se involucraba en actividades de base.

Su liderazgo se caracterizaba por su **adaptabilidad** a las circunstancias cambiantes. Mantuvo la unidad dentro de un movimiento diverso, lo que le permitió lograr avances significativos.

AUTOEVALUACIÓN. ¿CUÁL ES MI CAPACIDAD DE LIDERAZGO?

El liderazgo es una habilidad que se puede mejorar con el tiempo y la práctica. Utiliza esta evaluación como una guía para identificar áreas en las que puedas trabajar para fortalecer tus habilidades de liderazgo.

Evalúa tus respuestas a las siguientes cuestiones siguiendo esta escala del 1 al 5:

1. Totalmente en desacuerdo.
2. No estoy muy de acuerdo.
3. Neutral.
4. Estoy de acuerdo.
5. Estoy totalmente de acuerdo.

Establezco una visión clara y significativa para mis objetivos y proyectos.	1	2	3	4	5
Abogo por la justicia social y la igualdad en mis acciones y decisiones.	1	2	3	4	5
Utilizo la no violencia y la resolución pacífica de conflictos en mis interacciones.	1	2	3	4	5

Soy empático y comprendo las necesidades y preocupaciones de los demás.	1	2	3	4	5
Comunico mis ideas y visiones de manera efectiva a través de discursos y escritos.	1	2	3	4	5
Practico el liderazgo de servicio, poniendo las necesidades de los demás delante de las mías.	1	2	3	4	5
Fomento la unidad y la colaboración en equipos diversos.	1	2	3	4	5
Mantengo mi integridad personal y valores en todas las situaciones.	1	2	3	4	5

Ahora, suma tus puntuaciones para obtener una evaluación de tu capacidad de liderazgo en comparación con las características de Gandhi. La puntuación máxima posible es 40.

Escala de **resultados:**

- **8-16 puntos.** Puede que tengas algunas cualidades de liderazgo, pero hay espacio para el crecimiento y desarrollo de esas habilidades.
- **17-24 puntos.** Tienes un buen potencial y estás aplicando muchas de las características de Gandhi en tu liderazgo.
- **25-32 puntos.** Cuentas con un sólido conjunto de habilidades de liderazgo parecidas a muchas de las características de Gandhi.
- **33-40 puntos.** Muestras un fuerte liderazgo y reflejas consistentemente las características de Gandhi en tus acciones y decisiones.

INSPIRACIÓN

La población global a día de hoy ronda los 8000 millones de personas aproximadamente. Dentro de ese gigantesco conjunto de seres humanos cada uno de nosotros es único, con su propia historia, características y defectos. Y entre todos nosotros podemos encontrar figuras públicas que inspiran a las masas. Si nos ponemos a pensar, es probable que nos vengan a la cabeza nombres de escritores, artistas, cantantes, deportistas y hasta algún influencer. Todos ellos tienen algo en común: **nos inspiran.**

Además, existen millones de personas anónimas que ejercen una inspiración discreta pero poderosa. Pueden ser padres, madres o incluso amigos cercanos. En definitiva, cada uno de nosotros tiene a alguien que le motiva a ser mejor, a aprender y a crecer como ser humano.

Este tipo de personas suelen estar profundamente comprometidas con sus objetivos y metas. Cada acción, pensamiento y comportamiento que realizan está orientado hacia la realización de sus metas, lo que define su estilo de vida.

A menudo, estos individuos inspiradores destacan no solo por sus logros, sino también por su carácter y personalidad. Se trata de figuras que suelen ser humildes y mantienen su **integridad,** independientemente de que lo que hayan logrado sea importante. Su sencillez y autenticidad son cualidades que las convierten en modelos para los demás.

Las personas inspiradoras son sinceras consigo mismas, conocen sus propios límites y defectos, así como su potencial. Invierten en su crecimiento personal y emocional, aspiran a ser mejores cada día tanto en su propio beneficio como para el bienestar de quienes las rodean. Son conscientes de que cada una de sus acciones tiene un impacto en su entorno y reconocen que inspirar a otros significa dar ejemplo.

EJERCICIO. ¿QUIÉN TE INSPIRA A TI?
Este ejercicio es interesante para reflexionar sobre quién o quiénes son las personas que más te inspiran y puede ayudarte, además, a identificar tus propios valores, metas y aspiraciones.

1. **Haz una lista de personas que te inspiran**
   Dedica un tiempo a pensar en las personas que admiras y que te han inspirado de alguna manera. Pueden ser amigos, familiares, figuras públicas, personajes históricos o cualquier otra persona que hayas conocido de alguna manera a lo largo de tu vida.

   Ejemplo:

   - *Amigo cercano. David, por su actitud positiva y su habilidad para superar desafíos.*
   - *Madre. Julia, por su dedicación y sacrificio para proporcionar un ambiente familiar amoroso.*
   - *Figura pública. Malala Yousafzai, por su valentía para defender los derechos de las niñas a la educación.*

2. **Identifica las razones de tu admiración**
   Una vez que tengas tu lista, anota las razones específicas por las cuales estas personas te inspiran. ¿Qué cualidades, acciones o logros te llaman la atención? ¿En qué aspectos de la vida te han motivado o influido?

   Ejemplo:

   - *David. Su perseverancia y optimismo ante la adversidad son ejemplos poderosos de resiliencia.*
   - *Julia. Su sacrificio y amor incondicional por su familia son ejemplos de dedicación y fortaleza emocional.*
   - *Malala Yousafzai. Su valentía al enfrentarse a la adversidad y su defensa apasionada de la educación de las niñas son ejemplos de liderazgo y activismo.*

3. Reflexiona sobre los valores compartidos

Piensa en los valores y creencias que compartes con estas personas que te inspiran. ¿Qué valores son importantes tanto para ti como para ellas? ¿Cómo influyen estos valores en tu propia vida y en tus decisiones?

Ejemplo:

- *David.* Compartimos valores de positividad y resiliencia ante los desafíos.
- *Julia.* Valoramos la importancia de la familia y el amor incondicional.
- *Malala Yousafzai.* Compartimos valores de igualdad y empoderamiento a través de la educación.

4. Establece metas y aspiraciones

Utiliza la inspiración que obtienes de estas personas como una fuente de motivación para establecer tus propias metas y aspiraciones. ¿En qué áreas de tu vida te gustaría seguir su ejemplo o lograr algo similar?

Ejemplo:

- *Inspirado por David, me esfuerzo por enfrentar los desafíos con una actitud positiva y una mentalidad resiliente.*
- *Siguiendo el ejemplo de mi madre Julia, aspiro a crear un entorno familiar amoroso y dedicado para mi propia familia en el futuro.*
- *Gracias a Malala Yousafzai, tengo como meta contribuir a la defensa de los derechos de la educación y la igualdad en mi comunidad.*

5. Acciones concretas

Finalmente, considera qué acciones concretas puedes iniciar para acercarte a tus metas y aspiraciones. ¿Qué pasos puedes dar en dirección a la vida que deseas, basándote en la inspiración que obtienes de estas personas?

Ejemplo:

- *Mantener una actitud positiva frente a los desafíos diarios y superarlos con resiliencia.*
- *Dedicar tiempo y esfuerzo a fortalecer las relaciones familiares y cultivar un ambiente amoroso en el hogar.*
- *Participar en programas comunitarios y actividades educativas que promuevan la igualdad de género y el acceso a la educación para todos.*

LAS NECESIDADES DE LOS OTROS SON IMPORTANTES

Reconocer y responder a las necesidades de los demás es una parte esencial del comportamiento social efectivo. Al comprender las necesidades de los demás, se fomenta la capacidad de establecer relaciones significativas y constructivas, además de contribuir a la creación de un entorno más armonioso y colaborativo.

Supón que estás con tu grupo de amigos y uno de ellos está atravesando un momento difícil. Uno de tus amigos, que tiene una habilidad natural para leer las emociones y necesidades de los demás, se da cuenta de que tu amigo necesita «algo» más que solo palabras de consuelo. Observa su lenguaje corporal y nota su expresión abatida, sus hombros caídos y su voz apagada. En lugar de simplemente ofrecer palabras de aliento, organiza una cena sorpresa para animarle. Al hacerlo, crea un ambiente cálido y acogedor que permite que todos se sientan apoyados y comprendidos, fortaleciendo así la conexión y la amistad dentro de vuestro grupo.

Algunas personas, como tu amigo, tienen una destreza innata para percibir las emociones y pensamientos de los demás, mientras que otras parecen carecer de esta capacidad. Esta sensibilidad les permite desempeñarse con mayor facilidad en las relaciones interpersonales y evitar conflictos y malentendidos. Su instinto natural de evaluar las emociones, pensamientos y actitudes de los demás se basa no solo en sus palabras, sino también en su lenguaje no verbal y el contexto en el que se encuentran. Aquellos que son más diestros en la interpretación de estos mensajes tienden a forjar conexiones más significativas y duraderas: se convierten en los confidentes en quienes confiamos porque nos hacen sentir comprendidos.

¿Eres tú como tu amigo del ejemplo? Vamos a comprobarlo.

AUTOEVALUACIÓN. ¿SOY SENSIBLE A LAS NECESIDADES DE LOS DEMÁS?

Aquí tienes un test que te ayudará a evaluar tu sensibilidad hacia las necesidades de los demás. Califica las respuestas a cada pregunta del 1 al 5 siguiendo esta valoración:

1. Nunca.
2. Raramente.
3. A veces.
4. Frecuentemente.
5. Siempre.

¿Prestas atención al lenguaje corporal y las expresiones faciales de los demás para comprender sus emociones?	1	2	3	4	5
¿Te esfuerzas por mostrar empatía y comprensión cuando alguien te cuenta sus problemas o preocupaciones?	1	2	3	4	5
¿Estás dispuesto a brindar ayuda y apoyo a tus amigos y familiares en momentos difíciles?	1	2	3	4	5
¿Buscas activamente comprender las necesidades y deseos de los demás en tu entorno laboral o académico?	1	2	3	4	5
¿Eres capaz de adaptar tu comportamiento para satisfacer las necesidades específicas de las personas con las que interactúas regularmente?	1	2	3	4	5

¿Consideras las emociones y sentimientos de los demás al tomar decisiones que puedan afectarlos?	1	2	3	4	5
¿Buscas activamente oportunidades para ayudar a otros, ya sea a través de trabajo voluntario o simplemente brindando tu tiempo y atención?	1	2	3	4	5
¿Demuestras paciencia y comprensión cuando alguien comete un error o necesita más tiempo para completar una tarea?	1	2	3	4	5
¿Estás dispuesto a sacrificar tu tiempo y energía para ayudar a un amigo o familiar en situaciones complicadas?	1	2	3	4	5
¿Te esfuerzas por crear un ambiente seguro y de apoyo para aquellos que te rodean?	1	2	3	4	5

Ahora, sumemos tus puntos totales y evaluemos tus **resultados:**

- **10-20 puntos.** Hay margen para mejorar tu sensibilidad hacia las necesidades de los demás. Intenta ser más consciente y proactivo en la comprensión y el apoyo de aquellos que te rodean.

- **21-30 puntos.** Tienes una sensibilidad básica hacia las necesidades de los demás, pero aún puedes trabajar en fortalecer y ampliar tus habilidades empáticas.

- **31-50 puntos.** Demuestras una sensibilidad sólida hacia las necesidades de los demás y eres capaz de adaptarte y brindar apoyo adecuado en diferentes situaciones. Continúa desarrollando tus habilidades en este ámbito para mejorar aún más tu conexión emocional con los demás.

Si el resultado ha sido que necesitas mejorar tu sensibilidad hacia las necesidades de los demás, aquí tienes algunos **consejos** para conseguirlo:

1. Sé consciente del otro
Presta atención a las señales verbales y no verbales de la otra persona, como su lenguaje corporal y expresiones faciales. Esto te ayudará a identificar sus estados internos y necesidades.

Ejemplo. Cuando hablas con un amigo y notas que evita el contacto visual y adopta una postura encorvada, puedes percibir que se siente incómodo o preocupado. Esto te permite ajustar tu enfoque y mostrarle que estás ahí para él, dándole la oportunidad de compartir sus preocupaciones si lo desea.

2. Interpreta correctamente
Asegúrate de comprender correctamente las señales que percibes. Trata de averiguar las implicaciones que hay detrás de sus acciones y gestos para entender mejor lo que la otra persona necesita en ese momento.

Ejemplo. Si un compañero llega tarde al trabajo y parece estar ansioso o distraído, podrías interpretar que está lidiando con algún problema personal en lugar de simplemente asumir que es un irresponsable. Al interpretar su comportamiento desde una perspectiva más comprensiva, podrías ofrecerle tu apoyo en lugar de criticarlo.

3. Conecta emocionalmente

Esfuérzate por ponerte en el lugar de la otra persona y experimentar sus emociones. Esto te permitirá comprender mejor sus necesidades y brindarle un apoyo más efectivo y comprensivo.

Ejemplo. Cuando un amigo te confía que está atravesando un momento difícil, es importante mostrar empatía al expresarle que entiendes cómo se siente. Puedes recordarle un momento similar en tu vida y cómo lo superaste, lo que puede hacer que se sienta comprendido y respaldado.

4. Da una respuesta apropiada

Responde a las necesidades de la otra persona de manera proporcional y adecuada a su situación. A veces, simplemente escuchar y validar sus emociones puede ser más útil que ofrecer soluciones o consejos. Asegúrate de entender lo que la otra persona necesita en ese momento y actúa en consecuencia.

Ejemplo. Si un familiar te cuenta un problema que está enfrentando en el trabajo, podrías ofrecerte a escuchar sin juzgar ni intentar resolver el problema de inmediato. Al ofrecer un oído atento y un apoyo compasivo, estás brindando el tipo de respuesta que podría necesitar en ese momento.

ADAPTACIÓN: LA CAPACIDAD DE IMPROVISAR

¿Cuántas veces has planificado algo a conciencia y a la hora de la verdad has tenido que ir improvisando sobre la marcha? La vida a menudo nos sorprende con imprevistos y situaciones inesperadas que requieren una adaptación rápida y decisiones sobre la marcha. En tales momentos, la improvisación puede convertirse en una herramienta valiosa para sortear obstáculos y seguir avanzando hacia nuestros objetivos.

La adaptación es una habilidad social que nos permite ajustar nuestro comportamiento, pensamientos y emociones para adecuarnos a diferentes situaciones y entornos. Se trata de ser flexible y receptivo a los cambios tanto en nuestro entorno como en nuestras interacciones con los demás. La adaptación implica ser capaz de enfrentar nuevos desafíos y de modificar nuestras respuestas según las demandas del contexto en el que nos encontramos.

En un contexto **académico,** puede reflejarse en la capacidad de aprender nuevas habilidades y en la manera de estudiar para enfrentar los desafíos académicos. Esto implica ajustar las estrategias de aprendizaje según las demandas de cada asignatura y el estilo de enseñanza de cada profesor.

Por ejemplo, imagina que inicialmente te sientes cómodo con el método tradicional de estudio y aprendizaje, pero te das cuenta de que ciertas asignaturas requieren un enfoque más práctico y participativo. Para adaptarte a estos cambios comienzas a explorar diferentes recursos de aprendizaje, como programas de tutoría, grupos de estudio y actividades prácticas. Al ajustar tus estrategias de aprendizaje a las demandas específicas de cada materia y al estilo de enseñanza de cada profesor, logras un mayor rendimiento académico y una comprensión más profunda de los temas.

En un entorno **familiar,** la adaptación se puede ver en la capacidad que tenemos de manejar diferentes dinámicas y cambios en las relaciones interpersonales. Esto implica ser capaz de comprender las necesidades y emociones de los miembros de la familia y ajustar la comunicación y el apoyo a las circunstancias cambiantes.

Por ejemplo, piensa en una familia que experimenta un cambio significativo en su estructura, como el nacimiento de un nuevo miembro o la partida de un pariente que se va a estudiar a otra ciudad. Esto podría implicar la necesidad de dedicar más tiempo y atención al nuevo miembro, fomentar un ambiente acogedor y comprensivo para todos, y encontrar formas de mantener la conexión emocional a pesar de la distancia física si un familiar se muda de residencia. La capacidad de adaptarse a estos cambios permite a los miembros de la familia mantener la armonía y la conexión, incluso en momentos de transición y ajuste.

En el **trabajo,** la adaptación se manifiesta en la capacidad de adaptar las estrategias de liderazgo y gestión adecuadas teniendo en cuenta las demandas del mercado o las necesidades de los empleados. Por ejemplo, un líder puede adaptar sus métodos de gestión para fomentar la colaboración y la innovación en un entorno de trabajo orientado a proyectos. También puede ajustar sus estrategias de comunicación para abordar las preocupaciones y necesidades específicas de un equipo de trabajadores diverso y multicultural.

AUTOEVALUACIÓN. ¿ERES CAPAZ DE IMPROVISAR Y ADAPTARTE A CONTEXTOS CAMBIANTES?
Al comprender tu nivel de capacidad de adaptación, puedes identificar áreas en las que puedes mejorar y fortalecer esta habilidad tan importante. El siguiente test consta de una serie de preguntas diseñadas para medir tu reacción ante diferentes situaciones y tu flexibilidad para enfrentar desafíos. Al finalizarlo, la puntuación que hayas obtenido te servirá para conocer tu nivel de adaptabilidad y te brindará información valiosa para tu crecimiento personal y profesional.

Responde a cada pregunta con las siguientes opciones, a las que se ha asignado una puntuación del 1 al 5:

1. Nunca.
2. Raramente.
3. A veces.
4. Frecuentemente.
5. Siempre.

¿Eres capaz de ajustar rápidamente tu horario diario en función de las diferentes demandas que van surgiendo?	1	2	3	4	5
¿Te encuentras cómodo aprendiendo nuevas habilidades y conocimientos cuando se te presentan nuevos desafíos?	1	2	3	4	5
¿Cómo te sientes cuando te enfrentas a un cambio inesperado en tu entorno de trabajo o estudio?	1	2	3	4	5
¿Puedes adaptar tu estilo de comunicación a diferentes personalidades y situaciones?	1	2	3	4	5
¿Cómo sueles reaccionar ante los cambios en tu entorno social, como nuevas amistades o compañeros de trabajo?	1	2	3	4	5
¿Eres capaz de mantenerte tranquilo y concentrado en situaciones estresantes e imprevistas?	1	2	3	4	5
¿Cómo sueles manejar los cambios en tus relaciones personales y familiares?	1	2	3	4	5
¿Puedes ajustar tus metas y objetivos a largo plazo cuando surgen nuevos desafíos u oportunidades inesperadas?	1	2	3	4	5
¿Cómo te sientes cuando debes cambiar tu enfoque o estrategia para abordar un problema o una tarea específica?	1	2	3	4	5
¿Estás dispuesto a aprender de tus errores y experiencias pasadas para adaptarte y mejorar en el futuro?	1	2	3	4	5

Por favor, suma tus puntos y consulta los resultados para evaluar tu capacidad de adaptación:

- **10-20 puntos:** baja capacidad de adaptación.
  Si obtienes esta puntuación, es posible que te resulte difícil ajustarte a situaciones cambiantes y enfrentar nuevos desafíos en tu vida diaria. Es importante identificar las áreas específicas en las que puedes mejorar tu capacidad de adaptación para encarar mejor los cambios y desafíos.

- **21-30 puntos:** capacidad de adaptación moderada.
  Una puntuación en este rango indica que tienes cierta flexibilidad para adaptarte a nuevas circunstancias, pero aún puedes encontrar desafíos al enfrentarte a cambios importantes en tu vida. Puede ser útil identificar las áreas en las que fortalecer tu capacidad de adaptación y desarrollar estrategias para hacer frente a desafíos futuros de manera más efectiva.

- **31-40 puntos:** buena capacidad de adaptación.
  Una puntuación en este rango indica que tienes una capacidad sólida para adaptarte a diversas situaciones y desafíos en tu vida. Eres capaz de ajustarte a cambios importantes y mantener la calma en situaciones estresantes. Sin embargo, siempre hay margen para mejorar y fortalecer aún más tu capacidad de adaptación en áreas específicas.

- **41-50 puntos:** excelente capacidad de adaptación.
  Si obtienes esta puntuación, demuestras una habilidad destacada para adaptarte a cambios y desafíos en tu vida diaria. Eres flexible y capaz de ajustar tus enfoques y estrategias para hacer frente a situaciones nuevas y complejas. Puedes considerarte una persona altamente adaptable, capaz de encarar los desafíos con confianza y resiliencia.

Independientemente de los resultados, si quieres aprender a improvisar cuando tengas que enfrentarte a lo inesperado, a continuación, te planteo una serie de ejercicios que te ayudarán en tu propósito.

EJERCICIOS. PRACTICA PARA IMPROVISAR

La improvisación a menudo se subestima, pero en realidad es una habilidad valiosa que nos permite enfrentar situaciones imprevistas con confianza y adaptabilidad. Aunque planificar es esencial, la capacidad de improvisar puede ser igual de crucial para lograr el éxito en diversas situaciones. A continuación, te presento dos ejercicios prácticos diseñados para ayudarte a desarrollar esta habilidad esencial y enfrentar cualquier situación imprevista con mayor seguridad y destreza.

EJERCICIO 1. ROMPE CON LA PLANIFICACIÓN EXCESIVA

Dedicar un día a la semana a vivir espontáneamente puede ayudar a reducir la dependencia de una lista de tareas. Gracias a esta práctica tendrás una mayor disposición a adaptarte a situaciones imprevistas.

Aquí tienes una guía paso a paso para romper con la planificación excesiva:

1. Establece un día para la improvisación
Elige un día de la semana en el que puedas permitirte actuar sin seguir un plan estricto. Esto te ayudará a acostumbrarte a la idea de la espontaneidad y a estar más abierto a las posibilidades imprevistas.

Ejemplo. Eliges el sábado como tu día «libre».

2. Elimina la lista de tareas
Durante ese día, intenta no seguir tu lista de tareas habitual. En lugar de enfocarte en tareas específicas, mantén tu mente abierta a las oportunidades que surjan y toma decisiones en el momento.

3. Explora actividades nuevas

Aprovecha este día para explorar actividades que normalmente no realizarías. Puedes probar un nuevo pasatiempo, visitar un lugar diferente o socializar con personas con las que no interactúas habitualmente.

Ejemplo. Prueba un deporte que siempre te haya interesado, pero que nunca hayas practicado, como el buceo o el alpinismo.

4. Acepta lo inesperado

Durante tu día de improvisación, es importante estar preparado para lo inesperado. Acepta las oportunidades y desafíos que se presenten, incluso si no encajan en tu plan original.

Ejemplo. Si un amigo te invita a una celebración espontánea durante tu día de improvisación, acepta sin preocuparte por tu planificación previa.

5. Reflexiona sobre la experiencia

Al final del día, tómate un tiempo para reflexionar sobre cómo te sentiste cuando dejaste de lado la planificación y abrazaste la improvisación. Observa si te notaste más liberado o si encontraste nuevas oportunidades y experiencias en el camino.

EJERCICIO 2. PRUEBA COSAS NUEVAS DIARIAMENTE

Intenta realizar una acción inesperada cada día. Esta actividad te ayudará a acostumbrarte a la idea de experimentar con lo desconocido y te proporcionará las herramientas necesarias para lidiar con situaciones imprevistas de manera más efectiva.

Para realizar el ejercicio puedes seguir estos pasos:

1. Haz una lista de actividades

Empieza por hacer una lista de posibles actividades nuevas que podrías probar cada día. Incluye cosas que te generen cierta curiosidad, pero que aún no hayas explorado por completo.

Ejemplo. Podrías incluir actividades como aprender a tocar un instrumento, probar una nueva receta de cocina o explorar un sendero por el que nunca hayas caminado.

2. Elige una actividad cada día

Cada mañana, escoge una actividad de tu lista que te resulte atractiva o emocionante. Asegúrate de que sea una ocupación que esté fuera de tu rutina diaria habitual.

Ejemplo. Elige para un día aprender a tocar un instrumento musical, como el piano, y para otro, probar una nueva receta de cocina.

3. Comprométete a actuar

Una vez que hayas elegido una actividad, comprométete a llevarla a cabo. Anímimate a hacerlo incluso si te sientes un poco incómodo o inseguro al principio.

Ejemplo. Aunque en un primer momento te sientas algo inseguro, comprométetete a dedicar tiempo a aprender los acordes básicos en el piano o a seguir los pasos de una receta más complicada de lo habitual.

4. Reflexiona sobre la experiencia

Al final del día, reflexiona sobre cómo te has encontrado al probar algo nuevo. Observa cómo reaccionaste ante lo inesperado y si te sentiste más capaz de adaptarte a situaciones desconocidas.

5. Aumenta gradualmente el nivel de desafío

Con el tiempo, intenta seleccionar actividades que impliquen un mayor nivel de desafío. Esto te ayudará a desarrollar la capacidad de enfrentar lo desconocido con confianza y seguridad.

Ejemplo. Si has estado aprendiendo a tocar un instrumento durante algunas semanas, intenta tocar una canción más compleja. Si has estado cocinando regularmente, prueba a cocinar un plato más sofisticado o exótico de lo que sea habitual para ti.

SER PROACTIVO

*No dejes para mañana lo que puedas
hacer hoy.*
DICHO POPULAR

Todos hemos escuchado alguna vez el dicho «no dejes para mañana lo que puedas hacer hoy». Es un gran consejo y significa que es mejor hacer las tareas y cumplir nuestras responsabilidades tan pronto como sea posible en lugar de posponerlas.

En otras palabras, es mejor no esperar hasta el último momento para hacer las cosas. Adelántate y maneja las tareas de manera eficiente. Este enfoque no solo te ayudará a evitar el estrés y las prisas, sino que también te permitirá ser más productivo y tener un mayor control sobre tu vida. De este modo, el dicho nos recuerda la importancia de **ser proactivos** para ser más eficientes y efectivos en lo que hacemos.

Por lo tanto, ser proactivo significa tener iniciativa para planificar, anticipar y tomar medidas antes de que surjan situaciones imprevistas o problemas con el fin de garantizar que todo esté «atado» y evitar cualquier preocupación. Ya lo dijo Frédéric Chopin: «Toda dificultad eludida se convertirá más tarde en un fantasma que perturbará nuestro reposo».

Piensa en cómo actúas cuando, por ejemplo, planeas un viaje con tus amigos, pareja o familia. Si eres de los que se adelanta y reserva el hotel o el apartamento donde vais a dormir, los restaurantes donde vais a comer, los traslados y actividades que vais a realizar antes de viajar, entonces ¡eres una persona proactiva! Te gusta tener la seguridad de que todo esté listo para disfrutar de un viaje divertido y sin preocupaciones.

TEST. ¿ERES PROACTIVO?

No existe un test definitivo para determinar si eres proactivo. Sin embargo, puedes reflexionar sobre tu forma de abordar desafíos y responsabilidades en tu vida cotidiana con preguntas como las siguientes:

1. ¿Suelo tomar la iniciativa en el trabajo o en proyectos personales sin que nadie me lo pida?
2. ¿Prefiero planificar con antelación y establecer metas claras?
3. ¿Soy organizado y tiendo a anticipar posibles obstáculos?
4. ¿Busco soluciones antes de que los problemas se vuelvan críticos?
5. ¿Me enfoco en lo que puedo controlar en lugar de quejarme de lo que no puedo cambiar?

Si respondes de manera afirmativa a la mayoría de estas preguntas, es probable que tengas tendencias proactivas. En caso contrario, es decir, si no te sientes completamente identificado con estas afirmaciones, debes saber que ser proactivo es una habilidad que con el tiempo se puede desarrollar a lo largo del tiempo.

LO QUE TE IMPIDE SER PROACTIVO

El miedo y la inseguridad nos acechan en cada esquina cada día. Hay pensamientos y creencias que nos paralizan y nos impiden evolucionar hacia una actitud más proactiva. Estos son algunos de ellos:

- **«No tengo tiempo».** Esta excusa se basa en la idea de que el tiempo es insuficiente, pero, en realidad, podemos planificar y gestionar nuestro tiempo de manera que se ajuste a nuestras actividades. El tiempo es un recurso que está disponible para nosotros y depende de cómo decidamos utilizarlo. Es decir, en lugar de decir: «No tengo tiempo para hacer ejercicio», podrías planificar tus horarios y asignar un momento específico para el ejercicio diario.

  Ejemplo. Imagina que tienes que hacer un proyecto importante para el colegio, la universidad o el trabajo, pero en lugar de planificar con anticipación, dejas todo para el último momento y luego dices: «No me alcanza el tiempo para hacerlo bien». En realidad, podrías haber gestionado tu tiempo de manera más efectiva.

- **«Nadie valora las cosas que hago».** Esta justificación a menudo se utiliza como una razón para no esforzarnos al máximo en las tareas. En lugar de buscar la satisfacción personal en hacer las cosas lo mejor posible, la persona se preocupa más por la opinión de los demás. En vez de pensar: «Nadie aprecia mi trabajo en el proyecto», podrías centrarte en dar lo mejor de ti, esforzándote, y sentirte satisfecho con tus logros personales.

  Ejemplo. Supongamos que preparas una comida especial para tu familia o amigos, y al final nadie comenta lo deliciosa que estaba. Te sientes desanimado y piensas: «Nadie valora lo que hago». En lugar de disfrutar de cocinar y compartir, te enfocas en la falta de reconocimiento.

- **«Prefiero no decir lo que pienso».** Esta supuesta preferencia encubre el miedo a desagradar a otros, ser rechazado o cuestionar tus propias convicciones. En realidad, es una falta de compromiso con tus ideas y sentimientos. De esta manera, en lugar de decir: «No quiero expresar mi opinión en la reunión porque no quiero causar problemas», podrías compartir tus ideas de manera respetuosa y constructiva.

  Ejemplo. En una reunión de trabajo, tienes una idea innovadora, pero decides no compartirla porque temes que los demás no estén de acuerdo. Piensas: «Prefiero guardarme lo que pienso». Esto podría limitar tu contribución y crecimiento profesional.

• **«Dejo todo para el último momento, pero me alcanza el tiempo».** El hábito de procrastinar puede ocultar una falta de interés o motivación en las tareas. En lugar de abordar esta desmotivación, se justifica diciendo que al final siempre se logra cumplir.

> *Ejemplo. En vez de decir: «Puedo estudiar para el examen la noche anterior y aun así sacar una buena nota», podrías establecer un método de estudio regular para comprender mejor la materia de la que debas examinarte.*

• **«Prefiero no llamar mucho la atención».** No debemos confundir una actitud modesta con la tendencia a no expresarse para evitar comprometerse. En este último caso, eludes la responsabilidad y dejas que otros resuelvan las situaciones. En vez de pensar: «No quiero destacar en el trabajo, mejor dejo que otros lideren», puedes contribuir activamente y asumir un papel colaborativo en el proyecto en el que estés trabajando.

> *Ejemplo. Imagina que estás en una fiesta y tienes una idea para mejorar un juego al que la gente está jugando, pero te mantienes en silencio porque prefieres no destacar y dejar que otros tomen las decisiones. Tu contribución valiosa se desaprovecha debido a tu temor a llamar la atención.*

EJERCICIO. ¿CUÁLES SON TUS PENSAMIENTOS?

Con este ejercicio vamos a intentar evaluar si tienes pensamientos que se asemejan a los mencionados anteriormente.

1. Escribe en un cuaderno una lista de situaciones o desafíos comunes en tu vida en los que puedas haber utilizado excusas o justificaciones para evitar la responsabilidad, la acción o el cambio.

> *Ejemplo. Enumeras las situaciones en las que has dejado de buscar un nuevo empleo, a pesar de sentirte insatisfecho con tu trabajo actual, alegando que «es demasiado difícil encontrar un trabajo mejor».*

2. Luego, revisa cada situación y reflexiona sobre los pensamientos que tuviste en ese momento. ¿Recuerdas si utilizaste alguna de las justificaciones mencionadas previamente, como «no tengo tiempo», «nadie valora las cosas que hago», «prefiero no decir lo que pienso», etc.?

> *Ejemplo. Al reflexionar sobre tu actitud en el trabajo, te das cuenta de que has dicho varias veces: «Nadie valora lo que hago aquí, así que ¿para qué me voy a molestar en esforzarme más?».*

3. Escribe tus pensamientos específicos para cada situación, sin juzgarte.

> *Ejemplo. Anotas tus pensamientos sin juzgarte: «Me da pereza buscar un nuevo trabajo» o «no me quiero exponer a que otras empresas me rechacen».*

4. Después, analiza tus respuestas y observa si encuentras patrones recurrentes de pensamiento que se asemejen a las excusas mencionadas.

Ejemplo. Al revisar tus anotaciones, te das cuenta de que has utilizado la excusa del temor al rechazo en varias situaciones, lo que te ha llevado a evitar expresarte y pasar a la acción.

5. Si identificas patrones de pensamiento similares a las excusas, puedes tomar conciencia de ellos y trabajar en cambiar tu enfoque hacia una mentalidad más proactiva.

Ejemplo. Al darte cuenta de que el temor al rechazo ha sido un patrón en tus decisiones, puedes trabajar en superar este miedo y tomar medidas más proactivas en la búsqueda de un nuevo empleo.

DIFERENCIA ENTRE PROACTIVIDAD Y REACTIVIDAD

Si fueras reactivo en lugar de proactivo, no te adelantarías a planear el viaje como en el ejemplo expuesto anteriormente. En lugar de reservar con antelación, esperarías hasta el último momento, lo que haría que te encontraras con problemas de disponibilidad en hoteles, restaurantes y actividades. Ser reactivo implica reaccionar o responder solo cuando hay «presión» para hacerlo. El tipo de reacción es fundamentalmente pasiva. No actúas si no hay necesidad de actuar. No intentas ir más allá, sino que solamente respondes en caso de que haya un estímulo que te incite a hacerlo.

La **persona reactiva** tiende a las siguientes actitudes:

- No anticipa las consecuencias de sus acciones.
- Responde impulsivamente a los problemas, a menudo con agresividad o una sensación de intimidación.
- Evita analizar sus acciones, porque cree que no merece la pena debido a la naturaleza humana.
- Achaca a factores externos sus problemas y malestar.
- Considera la posibilidad de un cambio de entorno como solución a sus dificultades.

En contraste, una **persona proactiva** suele actuar de la siguiente manera:

Es precavida y se anticipa a los desafíos, tomando medidas para que no verse sorprendida por imprevistos.

- Reflexiona antes de actuar.
- Establece metas y persevera en su búsqueda.
- Valora la autoconciencia, aceptando sus errores sin buscar excusas.
- Enfrenta los problemas con reflexión, asumiendo la iniciativa para resolverlos y convirtiéndolos a menudo en oportunidades.

AUTOEVALUACIÓN. ¿TIENDES A ACTUAR DE MANERA PROACTIVA O REACTIVA?
Este breve test te ayudará a determinar si tiendes a actuar de manera proactiva o reactiva. El objetivo es que adquieras conciencia de tus patrones de comportamiento de modo que puedas trabajar en mejorar tu enfoque proactivo cuando sea necesario.

Responde honestamente y anota tus respuestas para evaluarlas al final:

1. ¿Suelo pensar en las consecuencias de mis acciones antes de tomar decisiones importantes?

a. Sí, siempre.
b. A veces.
c. No, rara vez.

2. Cuando hago frente a un problema, ¿tiendo a reaccionar impulsivamente o a reflexionar antes de actuar?

a. Reflexiono antes de actuar.
b. A veces reacciono de forma impulsiva.
c. Suelo reaccionar impulsivamente.

3. ¿Establezco metas claras y trabajo de manera constante para alcanzarlas?

a. Sí, siempre tengo metas claras.
b. A veces establezco metas.
c. No suelo establecer metas.

4. ¿Acepto mis errores y trato de aprender de ellos en lugar de buscar excusas?

a. Sí, siempre acepto mis errores.
b. A veces trato de aprender de mis errores.
c. Suelo buscar excusas para mis errores.

5. Cuando enfrento un problema, ¿intento encontrar soluciones y oportunidades en lugar de culpar a factores externos de mis dificultades?

a. Siempre busco soluciones y oportunidades.
b. A veces intento encontrar soluciones.
c. Suelo culpar a factores externos.

6. ¿Me enfoco en conocerme a mí mismo y mis capacidades?

a. Sí, me esfuerzo por conocerme.
b. A veces reflexiono sobre mí mismo.
c. No me preocupo por conocerme.

Ahora, calcula **tu puntuación** sumando los puntos logrados:

- Cada respuesta «a» vale 2 puntos.
- Cada respuesta «b» vale 1 punto.
- Cada respuesta «c» vale 0 puntos.

Después, reflexiona sobre los resultados:

- **10-12 puntos.** Tienes tendencias proactivas.
- **6-9 puntos.** Tienes algunas tendencias proactivas y reactivas.
- **0-5 puntos.** Tiendes a ser más bien reactivo en tu enfoque.

EL LENGUAJE CON EL QUE TE HABLAS ES IMPORTANTE

Cuando tu lenguaje se enfoca fundamentalmente en poner excusas, quiere decir que estás muy cerca de un perfil reactivo. Frente a un desafío los individuos que son reactivos dicen que lo intentarán, mientras que los proactivos afirman que lo harán.

Ejemplo:

- *Reactivo. Intentaré abordar esta tarea tan complicada en algún momento.*
- *Proactivo. Definitivamente, voy a abordar ya esta tarea tan complicada y lograré buenos resultados.*

Si te encuentras con personas que intentan desanimarte y tu perfil es proactivo, responderás que no vas a permitir que arruinen tu día, mientras que si eres reactivo expresarás tu frustración en público.

Ejemplo:

- *Reactivo. Esta persona me desanimó mucho, y eso arruinó mi día.*
- *Proactivo. No permitiré que las palabras de esa persona me estropeen el día; seguiré enfocado en mis metas.*

Ante un obstáculo aparentemente insuperable, si eres reactivo, tu respuesta será que no pueden hacer nada al respecto, mientras que si eres proactivo buscarás diferentes alternativas para superarlo.

Ejemplo:

- *Reactivo. Este problema es demasiado grande; no puedo hacer nada al respecto.*
- *Proactivo. Este problema es un desafío, pero buscaré la manera de superarlo.*

En cuanto a tareas pendientes, las personas reactivas las posponen diciendo: «Las haré mañana», mientras que los proactivos intentan mantenerse al día y, si es posible, adelantar tareas.

Ejemplo:

- <u>Reactivo.</u> *Dejaré esa tarea para mañana, así será mejor porque…*
- <u>Proactivo.</u> *Voy a mantenerme al día con mis tareas y, si es posible, adelantaré algunas para ser más productivo.*

Cuando se sienten cansados, los proactivos se preguntan qué pueden hacer para recuperar la energía y la motivación, mientras que los reactivos simplemente se quejan de estar «hartos» o «cansados».

Ejemplo:

- <u>Reactivo.</u> *Estoy harto y cansado, no puedo hacer nada.*
- <u>Proactivo.</u> *Me siento agotado. ¿Qué puedo hacer para recuperar mi energía y motivación?*

Si carecen de las habilidades y conocimientos necesarios para una tarea, los reactivos suelen decir: «Nunca he sido bueno en esto», mientras que los proactivos se preguntan qué pueden aprender para hacer la tarea más fácil.

Ejemplo:

- <u>Reactivo.</u> *Nunca me ha gustado hablar por teléfono, porque no sé qué decir. Hazlo tú mejor.*
- <u>Proactivo.</u> *No tengo experiencia en esto, pero ¿qué puedo aprender para hacerlo más fácil?*

EJERCICIO. ¿QUÉ TIPO DE LENGUAJE TIENDES A USAR TÚ?

Este ejercicio te ayudará a identificar si tiendes a usar un lenguaje reactivo o proactivo en tu día a día. Responde con honestidad y observa tus patrones de respuesta.

1. Frente a un desafío, ¿cuál de estas frases describe mejor tu respuesta?

a. Lo intentaré.
b. Lo haré.

2. Cuando alguien te critica o intenta desanimarte, ¿qué sueles decir?

a. Sus palabras me afectan, me siento mal.
b. No permitiré que sus palabras me afecten, seguiré concentrado.

3. Ante un obstáculo, ¿cómo te sueles expresar?

a. No puedo hacer nada al respecto.
b. Buscaré diferentes formas de superar este obstáculo.

4. ¿Qué frase se identifica más con tu actitud hacia las tareas pendientes?

a. Las haré mañana, no tengo tiempo ahora.
b. Voy a mantenerme al día y adelantar tareas cuando sea posible.

5. Cuando te sientes abrumado o cansado, ¿qué es lo que más a menudo sueles decir?

a. Estoy harto y cansado, no puedo hacer nada.
b. ¿Qué puedo hacer para recuperar mi energía y motivación?

6. Si enfrentas una tarea para la cual no tienes habilidades o conocimientos, ¿cuál de estas respuestas es más propia de ti?

a. Nunca he sido bueno en esto, no puedo hacerlo.
b. No tengo experiencia, pero aprenderé y mejoraré.

Después de responder estas preguntas, observa si predominan las respuestas «a» (reactivas) o las respuestas «b» (proactivas). Esto te dará una idea de si tiendes a utilizar un lenguaje reactivo o proactivo en tu vida cotidiana.

NO SIEMPRE DEPENDE DE TI

El entorno y las personas que te rodean tienen un gran impacto en tu nivel de proactividad. Supón que trabajas en la oficina con dos compañeros: Ana y Carlos. Ana es una persona proactiva; siempre está buscando formas de mejorar los procesos, anticiparse a los problemas y proponer nuevas ideas. Por su parte, Carlos tiende a ser más reactivo; prefiere esperar a que surjan instrucciones claras y solo actúa cuando es necesario.

En este entorno, te ves directamente influenciado por las actitudes de ambos. Cuando trabajas con Ana, su enfoque proactivo te motiva. Comienzas a ver oportunidades para mejorar el proyecto antes de que surjan problemas, compartes tus ideas de manera más activa y te sientes inspirado para asumir más responsabilidades.

En cambio, cuando colaboras con Carlos, te das cuenta de que su actitud más pasiva ralentiza el progreso de tu trabajo. Empiezas a adaptarte a su estilo más reactivo, esperando instrucciones en lugar de proponer iniciativas. Aunque eres consciente de la diferencia en los enfoques, terminas ajustando tu nivel de proactividad al comportamiento predominante en el entorno.

En resumen, la presencia de una persona proactiva te motiva a ser más activo, mientras que la influencia de alguien más reactivo puede llevarte a ralentizar tu manera de trabajar.

DINÁMICA. EL ESPEJO DE LA PROACTIVIDAD

Esta dinámica te proporcionará una experiencia práctica para comprender cómo nos adaptamos al ambiente según las actitudes de los que nos rodean.

Para llevar a cabo esta actividad necesitarás hojas de papel y lápices o rotuladores de colores.

1. Preparación
Divide a los participantes en parejas y entrega una hoja de papel y rotuladores a cada una de ellas.

2. Roles
Asigna a uno de los participantes el rol de Proactivo y al otro, el de Reactivo. Estos roles deben mantenerse en secreto.

3. Escritura de características
Sin revelar sus roles, pide a cada participante que escriba características que asocien con la proactividad y la reactividad en sus hojas de papel. Pueden ser actitudes, comportamientos, palabras, etc.

> *Ejemplo. A continuación, escribes características asociadas con la proactividad y la reactividad sin revelar tu papel a tu pareja.*

Características asociadas con una persona proactiva:

1. *Inicia proyectos sin esperar instrucciones.*
2. *Busca constantemente maneras de mejorar los procesos.*
3. *Toma la iniciativa para resolver problemas.*
4. *Planifica con anticipación y establece metas claras.*
5. *Asume responsabilidades sin que se lo pidan.*

Características asociadas con una persona reactiva:

1. *Responde solo cuando se le da una tarea específica.*
2. *Prefiere seguir instrucciones en lugar de proponer nuevas ideas.*
3. *Tiende a reaccionar después de que ocurren los problemas.*
4. *No planifica mucho y se adapta a medida que surgen los desafíos.*
5. *Espera a que se le asignen responsabilidades.*

4. Revelación de roles
Después de que ambos miembros de cada pareja hayan terminado, se revelan los roles.

> *Ejemplo. Después de haber escrito las características asociadas con la proactividad y la reactividad, el facilitador revela los roles asignados a cada uno. Descubres que eres el Proactivo o el Reactivo, según corresponda.*

- *Reacción del Proactivo. Si descubres que eres el Proactivo, podrías sentirte validado en tus comportamientos y estrategias proactivas. Podrías explicar que te sentiste cómodo cuando asumiste ese rol y que crees que tu actitud influyó en la conversación.*

• *Reacción del Reactivo. Si te enteras de que eres el Reactivo, podrías reflexionar sobre cómo te sentiste al ser asignado a ese papel. ¿Te sorprendió? ¿Te sentiste limitado en tu capacidad de contribuir a la conversación? Esta revelación podría generar una discusión sobre la manera en que la etiqueta de Reactivo afecta a la autoimagen y las interacciones.*

5. Dinámica de conversación

Ahora, teniendo en cuenta sus roles, pide a los participantes que tengan una conversación sobre un tema específico relacionado con la proactividad. Así, podrían discutir cómo mejorar un proyecto en el trabajo.

Ejemplo. Después de haber revelado los roles, el coordinador guía a los participantes a una dinámica de conversación. Se les pide que discutan cómo mejorar un proyecto en el trabajo. A continuación, se presenta un ejemplo de cómo podría desarrollarse esta parte.

• *Proactivo. Comienza proponiendo ideas y soluciones para mejorar el proyecto. Sugiere métodos eficientes, identifica posibles obstáculos y ofrece un plan de acción claro. Muestra entusiasmo por implementar cambios positivos y busca la participación activa del Reactivo.*

• *Reactivo. Responde primero con cautela porque prefiere esperar a tener instrucciones claras y precisas. Según avanza la conversación, se adapta al estilo del Proactivo y ofrece ideas más colaborativas. Expresa preocupaciones sobre posibles desafíos, pero está dispuesto a explorar soluciones conjuntas.*

6. Reflexión

Después de la conversación, anima a los participantes a reflexionar sobre la forma en que la actitud del otro influyó en su propio enfoque. ¿Se sintieron más proactivos o reactivos según el comportamiento de su compañero?

Ejemplo. Tras la conversación sobre la mejora del proyecto, se pide a los participantes que reflexionen individualmente sobre cómo influyó la actitud del otro en su enfoque. Aquí tienes un ejemplo de cómo podrían expresar sus reflexiones.

• *Proactivo. La persona que tiene este rol podría decir: «Al principio, me sentí un poco frustrado porque sentí que el Reactivo no estaba tan comprometido. Sin embargo, a medida que avanzamos, noté que su actitud se volvió más receptiva. Esto me hizo adaptar mi enfoque para incluir sus perspectivas, y al final creo que logramos una colaboración efectiva».*

• *Reactivo. El participante que encarna este rol comenta: «Inicialmente, me sentí abrumado por la energía del Proactivo. Me parecía demasiado impulsivo. Pero a medida que compartimos ideas, me di cuenta de que su enfoque creativo era valioso. Eso me animó a participar más activamente y, al final, creo que encontramos un buen equilibrio entre nuestras distintas formas de trabajar».*

7. Cambio de roles (opcional)

Para trabajar una variante de esta dinámica, puedes pedir a los participantes que cambien de roles y vuelvan a practicar. Esto les permitirá explorar su adaptación a diferentes situaciones y personas.

8. Discusión grupal

Concluye con una discusión grupal: ¿qué incidencia ha tenido la actitud de unos en el comportamiento de los otros? ¿Cuáles han sido los desafíos de adaptarse a un estilo diferente?

MANERAS EN QUE EL AMBIENTE Y LAS RELACIONES PUEDEN INFLUIR EN TU MENTALIDAD PROACTIVA

Cultura organizacional

La cultura de una empresa, que son las reglas no escritas y la manera en que todos hacen las cosas, es una buena manera de medir si es bueno o malo ser proactivo en el trabajo. En algunas empresas, si haces cosas sin que te las pidan, te recompensan y te dicen: «¡Bien hecho!». Pero en otras, si haces algo sin preguntar, te pueden castigar o enfadarse contigo. La cultura de la empresa depende de unas reglas invisibles que todos siguen, y estas reglas pueden hacer que las personas quieran hacer más cosas por su cuenta o que prefieran no hacer nada sin que se lo pidan.

De este modo, un entorno laboral cuya cultura fomenta la iniciativa y la toma de decisiones puede estimular la proactividad. Por otro lado, una cultura que castigue el error puede desalentar la acción proactiva.

Por ejemplo, en una empresa de tecnología que alienta a sus empleados a proponer mejoras en los productos existentes, los equipos tienen la libertad de presentar nuevas funcionalidades o enfoques, y la dirección valora estas contribuciones. Aquí, la cultura organizacional actúa como un estímulo para la proactividad, ya que los empleados se sienten alentados a participar activamente en la evolución de los productos y servicios de la compañía.

Sin embargo, en una empresa con una cultura muy jerárquica y a la que no le guste asumir riesgos, los empleados pueden sentirse inhibidos para proponer nuevas ideas sin la aprobación de niveles superiores.

¿Qué ocurre en tu trabajo?

EJERCICIO. EVALÚA LA CULTURA ORGANIZACIONAL EN TU TRABAJO

Este ejercicio te ayudará a comprender mejor la cultura de tu empresa en relación con la proactividad y a reflexionar sobre cómo impacta tu comportamiento en el trabajo.

1. Observa tu entorno
Reflexiona sobre la cultura de tu empresa. ¿Cómo describirías las reglas no escritas y la forma en que todos hacen las cosas? ¿Es un ambiente que fomenta la iniciativa o prefiere un enfoque más conservador y estructurado?

Ejemplo. Trabajo en una empresa donde se valoran la eficiencia y la toma de decisiones rápidas. Las estructuras son flexibles, y hay una cultura de apertura a nuevas ideas.

2. Identifica ejemplos
Piensa en situaciones pasadas donde hayas tomado la iniciativa sin que te lo pidieran. ¿Cómo fue recibida esa acción? ¿Recibiste reconocimiento positivo o enfrentaste algún tipo de reprimenda?

Ejemplo. Propuse una mejora en el proceso de gestión de proyectos sin esperar una solicitud formal. La propuesta fue bien recibida, y se implementaron cambios que mejoraron la eficiencia.

3. Analiza las señales
Observa las señales de la cultura organizacional de tu empresa. ¿Hay casos en los que la empresa haya recompensado la proactividad? ¿O, por el contrario, has notado situaciones en las que se castiga o desalienta la toma de decisiones sin consulta?

Ejemplo. Se han otorgado premios a compañeros que han tomado la iniciativa con éxito. No he visto casos de represalias por acciones proactivas, lo que sugiere que la empresa valora la iniciativa y la toma de decisiones independiente.

4. Evalúa tu comodidad
Evalúa cómo te sientes al proponer nuevas ideas o adoptar medidas proactivas en tu trabajo. ¿Te sientes respaldado y alentado, o hay un temor constante a posibles consecuencias negativas?

Ejemplo. Me siento cómodo proponiendo nuevas ideas y tomando decisiones sin una supervisión constante. La cultura laboral de mi trabajo parece respaldar la autonomía y la proactividad.

5. Comparte experiencias
Comparte tus experiencias con compañeros de trabajo cercanos de manera informal. ¿Han tenido situaciones similares? ¿Cómo perciben ellos la cultura de la empresa en relación con la proactividad?

Ejemplo. Al hablar con tus compañeros, algunos han compartido experiencias similares de tomar la iniciativa y recibir apoyo. Esto sugiere que la cultura proactiva no es un caso aislado.

6. Reflexiona

Reflexiona sobre cómo la cultura organizacional influye en tu nivel de proactividad. ¿Te sientes estimulado a tomar la iniciativa o sientes que la cultura de tu trabajo desalienta la acción independiente?

Ejemplo. La cultura de la empresa me motiva a ser proactivo y contribuir al crecimiento de la organización. Siento que mis esfuerzos son valorados y que puedo influir positivamente en el éxito de la empresa.

7. Anota conclusiones

Anota tus conclusiones y reflexiones. ¿Crees que la cultura organizacional en tu trabajo actúa como un estímulo o un desaliento para la proactividad?

Ejemplo. La cultura organizacional actúa como un estímulo para la proactividad en mi trabajo. Mi experiencia y la de mis compañeros respaldan la idea de que la empresa valora la toma de decisiones independiente y la contribución proactiva al desarrollo de la compañía.

Red de apoyo social

Las personas con un círculo social que valora la proactividad y el crecimiento personal suelen ser más propensas a adoptar actitudes proactivas en su vida diaria. Supongamos que estás pensando en cambiar de carrera. Si tus amigos y familiares te animan, te ofrecen consejos útiles y te apoyan emocionalmente, es probable que te sientas más motivado y proactivo para perseguir tus metas. Por otro lado, si tu red de apoyo te desanima o no valora la proactividad, podrías sentirte menos inclinado a tomar medidas proactivas en tu vida.

EJERCICIO. EVALÚA EL IMPACTO QUE TIENE TU CÍRCULO SOCIAL EN TUS DECISIONES PROFESIONALES

Ser proactivo o reactivo depende muchas veces de la actitud que percibimos en nuestro entorno. ¿Cuál es la del tuyo?

1. Identifica tu círculo social

Identifica a las personas más cercanas, incluyendo amigos y familiares.

Ejemplo. Mis amigos cercanos incluyen a María y David, mientras que mi familia está compuesta por mis padres y mi hermano.

2. Evalúa el valor de la proactividad

Reflexiona sobre las actitudes de tu círculo social hacia la proactividad y el crecimiento personal. ¿Suelen valorar estas características?

Ejemplo. María siempre ha valorado la proactividad y el crecimiento personal. En cambio, mi hermano tiende a ser más reservado y prefiere la estabilidad.

3. Simula una conversación

Imagina que les cuentas a tus amigos y familiares que estás considerando seriamente la posibilidad de cambiar de carrera. ¿Cómo crees que reaccionarían? ¿Te brindarían apoyo, consejos útiles y aliento, o mostrarían escepticismo y desánimo?

Ejemplo. Imagino compartir con ellos mi interés en cambiar de carrera hacia el diseño gráfico. María se muestra entusiasmada, ofrece consejos sobre cursos y contactos en la industria. Sin embargo, mi hermano transmite cierta preocupación por la estabilidad financiera.

4. Analiza tus sentimientos

Piensa en cómo te sentirías si recibieras un fuerte respaldo y apoyo entusiasta. ¿Te verías más motivado y proactivo para perseguir tus metas?

Ejemplo. Ante el apoyo de María, me siento emocionado y más seguro de mi decisión. La preocupación de mi hermano genera cierta ansiedad, pero no me desanima por completo.

5. Considera el escenario opuesto

Ahora, imagina que, en lugar de apoyo, encuentras desánimo o falta de interés en tu círculo social. ¿Cómo afectaría esto tu motivación y disposición para tomar medidas proactivas?

Ejemplo. Si María y mi familia cuestionaran mi decisión, me sentiría más inseguro y podría dudar de mis elecciones.

6. Evalúa tu inclinación a actuar

Reflexiona sobre cómo influiría la actitud de tu círculo social en tu decisión real de cambiar de carrera. ¿Te sentirías más inclinado a actuar si recibieras apoyo o más reacio si encontrases resistencia?

Ejemplo. A pesar de las preocupaciones de mi hermano, el fuerte respaldo de María me impulsa a seguir adelante con el cambio de carrera. Su apoyo supera cualquier resistencia.

7. Conclusión personal

Basándote en esta simulación y tus reflexiones, ¿cómo crees que tu círculo social recibiría tu disposición a tomar medidas proactivas en tu vida, especialmente en decisiones importantes como un cambio de carrera?

Ejemplo. Dada la importancia del apoyo positivo, reconozco que la actitud proactiva de María es fundamental para fortalecer mi determinación. Aunque la preocupación de mi hermano existe, la red de apoyo en general contribuye a mi disposición proactiva para buscar un cambio significativo en mi vida profesional.

Expectativas sociales

Las expectativas de la sociedad en la que te encuentras pueden influir en tus decisiones. En algunas culturas, la iniciativa individual puede estar más valorada que en otras.

Supón que dos personas, Ana y Carlos, viven en contextos culturales distintos. En el contexto en el que vive Ana, la iniciativa individual y la toma de decisiones proactiva son muy valoradas. Al crecer en este entorno cultural, siente que es alentada a seguir sus metas personales sin depender excesivamente de la aprobación de los demás. Cuando decide emprender un proyecto propio, su familia y amigos la respaldan y elogian su iniciativa.

Por su parte, Carlos pertenece a una cultura en la que la iniciativa individual podría percibirse como inapropiada o desafiante. Aquí, las decisiones importantes a menudo involucran la consulta y aprobación de su familia y personas más cercanas. Cuando Carlos expresa su deseo de tomar una decisión importante sin aprobación previa, se enfrenta a resistencias y reproches, ya que va en contra de unas expectativas culturales arraigadas.

Mientras que en una cultura la proactividad puede ser alentada y celebrada, en otra puede ser vista con escepticismo. Las diferencias en las expectativas sociales influyen en la disposición de las personas para tomar decisiones proactivas en sus vidas.

EJERCICIO. EXPLORA LAS EXPECTATIVAS SOCIALES Y TU INICIATIVA PERSONAL

Este ejercicio te dará la oportunidad de explorar la forma en que las expectativas culturales influyen en las decisiones individuales y cómo la iniciativa personal puede ser percibida de manera diferente en diversos entornos socioculturales.

1. Reflexión personal

Piensa en una decisión importante que hayas tomado o estés considerando adoptar en tu vida.

Ejemplo. Sigamos con la idea de cambiar de carrera para seguir tu verdadera pasión. Esta decisión es crucial para tu felicidad y realización personal.

2. Análisis cultural

Reflexiona sobre la cultura o sociedad en la que te desenvuelves. ¿Cómo percibe tu entorno la toma de decisiones proactiva y la iniciativa individual?

Ejemplo. Si vives en una cultura que valora la seguridad laboral sobre la búsqueda de la felicidad, podrías sentirte presionado a quedarte en tu trabajo actual. En cambio, si estás en una cultura que promueve la autorrealización, podrías recibir apoyo para perseguir tu pasión.

3. Comparación cultural

Si estuvieras en una cultura diferente, ¿cómo crees que esa sociedad respondería a tu decisión? ¿Valorarían la iniciativa personal o tendrían expectativas diferentes?

Ejemplo. Imagina que estás en una sociedad en la que las personas suelen cambiar de carrera con frecuencia en busca de su vocación. En este contexto, podrías experimentar menos resistencia social y más aliento para seguir tu sueño.

4. Escritura

Escribe un breve párrafo describiendo la influencia de las expectativas sociales en tu decisión y cómo crees que esa influencia cambiaría en otro contexto cultural.

Ejemplo. En mi sociedad actual, siento que hay una expectativa dominante de estabilidad laboral. La idea de cambiar de carrera para perseguir mi pasión genera cierta aprensión. Sin embargo, si estuviera en una cultura que valorase la búsqueda de la felicidad, creo que recibiría más apoyo y comprensión.

5. Compartir y reflexionar

Si te sientes cómodo, comparte tus reflexiones con un amigo o compañero. Discutid sobre la forma en que las expectativas sociales pueden afectar la disposición de las personas para tomar decisiones proactivas.

Comunicación interpersonal

La calidad de la comunicación en tu entorno puede ser un factor determinante en tu disposición para tomar la iniciativa. El tipo de interacciones que tienes con las personas que te rodean, ya sea en términos de apoyo, retroalimentación positiva o crítica, puede influir de forma significativa en tu actitud hacia la proactividad.

Imagina que trabajas con un equipo que practica la comunicación abierta y constructiva. Siempre que aportas ideas o tomas la iniciativa, recibes elogios y apoyo de tus compañeros y superiores. Esta comunicación positiva refuerza tu motivación para seguir siendo proactivo en el trabajo.

Contrastemos esto con un escenario diferente. Supongamos que estás en un entorno donde la comunicación es mayormente crítica y las ideas nuevas son recibidas con escepticismo. Cada vez que intentas ser proactivo, enfrentas críticas negativas sin un reconocimiento adecuado. Esta dinámica puede desmotivarte y desalentar cualquier impulso proactivo.

En ambos casos, la calidad de la comunicación influye en tu disposición para ser proactivo. Un ambiente que fomente el apoyo y la retroalimentación positiva tiende a cultivar una mentalidad proactiva, mientras que una comunicación más crítica puede tener el efecto opuesto.

DINÁMICA. LA INFLUENCIA DE LA COMUNICACIÓN EN LA PROACTIVIDAD

Esta dinámica te dará una experiencia práctica para comprender cómo influye la comunicación en la proactividad y fomenta la reflexión sobre la importancia de un ambiente de trabajo que apoye la iniciativa individual.

1. Preparación
Forma grupos pequeños de participantes.

Ejemplo. Se forman grupos de tres participantes cada uno.

2. Roles
Asigna a cada grupo un escenario de trabajo diferente. Al menos uno debe tener un entorno de comunicación positiva y otro, uno más crítico.

Ejemplo:

- *Grupo A. Entorno de comunicación positiva.*
- *Grupo B. Entorno de comunicación crítica.*

3. Simulación
En el escenario de comunicación positiva, los participantes deben imaginar que trabajan en un equipo en el que las ideas son bien recibidas y las críticas se realizan de manera constructiva.

En el escenario de comunicación crítica, deben imaginar que están en un entorno donde las ideas nuevas son constantemente cuestionadas y reciben críticas negativas sin un reconocimiento adecuado.

Ejemplo:

- *Grupo A. Los participantes imaginan que trabajan en un equipo en el cual las nuevas ideas son bienvenidas y las críticas se realizan de una manera constructiva.*
- *Grupo B. Los participantes imaginan que están en un entorno en el que las ideas nuevas son constantemente cuestionadas y reciben críticas negativas sin reconocimiento alguno.*

4. Interacción
Pide a los participantes que simulen situaciones en las que propongan ideas o tomen la iniciativa en sus respectivos escenarios. Pueden hacerlo a través de diálogos improvisados o representaciones.

Ejemplo:

- *Grupo A. Simulan una reunión de equipo en la que proponen nuevas ideas para mejorar un proyecto. La interacción es positiva y constructiva.*
- *Grupo B. Simulan una situación similar, pero la crítica constante y negativa está presente.*

5. Observación y reflexión
Después de cada simulación, los participantes deben reflexionar sobre cómo se sintieron al ser proactivos en sus respectivos entornos. ¿Se sintieron más motivados en

un ambiente de comunicación positiva? ¿La crítica constante los desalentó en el entorno de comunicación negativa?

Ejemplo:

- *Grupo A. Después de la simulación, los participantes reflexionan sobre cómo se sintieron al ser proactivos en un ambiente de comunicación positiva. Pueden destacar los aspectos que más les influenciaron, como la motivación y el apoyo.*
- *Grupo B. Los participantes reflexionan acerca del impacto que la crítica constante tuvo sobre su disposición para tomar la iniciativa. Así, pueden mencionar desánimo y falta de motivación.*

6. Discusión grupal

La dinámica concluye con una discusión grupal. Los participantes pueden compartir sus experiencias, destacando cómo impactó la calidad de la comunicación sobre su inclinación o reticencia a la hora de tomar la iniciativa.

Circunstancias económicas

La disponibilidad de oportunidades económicas puede ser un factor determinante en la disposición de las personas a ser proactivas. Cuando se presentan perspectivas de crecimiento y desarrollo económico, las personas suelen sentirse más motivadas para tomar medidas proactivas que les permitan aprovechar esas oportunidades.

Piensa en una ciudad donde se anuncia la llegada de una nueva empresa tecnológica que planea expandirse. Esta compañía no solo promete empleos bien remunerados, sino también oportunidades de capacitación y desarrollo profesional para los empleados. En este escenario, las personas de esa comunidad pueden sentirse motivadas a ser proactivas. Es posible que intenten adquirir nuevas habilidades, mejoren su educación y se presenten a las ofertas laborales en la empresa tecnológica. La disponibilidad de oportunidades económicas actúa como un catalizador para la proactividad en la búsqueda de un mejor futuro profesional y financiero.

EJERCICIO. EVALÚA LA RELACIÓN ENTRE OPORTUNIDADES ECONÓMICAS Y PROACTIVIDAD

Este ejercicio proporciona una oportunidad para experimentar cómo puede influir la percepción de oportunidades económicas en la disposición personal para tomar medidas proactivas y cómo se pueden abordar posibles desafíos.

1. Escenario personal

Supón que estás en un entorno con oportunidades económicas significativas. Pueden ser laborales, educativas, de emprendimiento, etc.

Ejemplo. Imagina que estás viviendo en una ciudad donde hay una creciente demanda de profesionales en el campo de la tecnología debido a la apertura de varias empresas de nueva creación y la expansión de las existentes.

2. Lista de acciones

Haz una lista de al menos cinco acciones proactivas que podrías llevar a cabo en este escenario de oportunidades económicas. Estas acciones deben estar relacionadas con tu desarrollo personal, profesional o financiero.

Ejemplo:

1. *Inscribirse en cursos de formación en línea para mejorar habilidades tecnológicas.*
2. *Investigar y aplicar a puestos de trabajo en empresas tecnológicas emergentes.*
3. *Conectar con profesionales del sector a través de eventos y redes sociales.*
4. *Explorar oportunidades de emprendimiento en el ámbito tecnológico.*
5. *Ahorrar para posibles inversiones educativas o de negocio.*

3. Reflexión

Reflexiona sobre cómo influiría la disponibilidad de estas oportunidades en tu disposición para tomar medidas proactivas. ¿Te sentirías más motivado? ¿Qué tipo de acciones te parecerían más atractivas o valiosas?

Ejemplo. Piensas que, con la creciente demanda de profesionales en tecnología, te sentirías más motivado para explorar estas oportunidades. Las acciones relacionadas con el desarrollo tecnológico podrían parecerte más atractivas y valiosas en este contexto.

4. Desafíos potenciales

Identifica posibles desafíos o barreras que podrían obstaculizar tu capacidad para aprovechar estas oportunidades. ¿Existen limitaciones personales o externas que podrían dificultar la toma de medidas proactivas?

Ejemplo. Identificas que un posible desafío podría ser la competencia en el mercado laboral y la necesidad de destacar entre otros profesionales. Además, podrías enfrentar limitaciones de tiempo debido a otras responsabilidades.

5. Compromiso personal

Establece un compromiso personal. Selecciona al menos una de las acciones proactivas de tu lista y establece un plan con pasos concretos para llevarla a cabo.

Ejemplo. Decides comprometerte a inscribirte en al menos dos cursos de formación en línea durante los próximos tres meses y a dedicar al menos dos horas a la semana para buscar oportunidades laborales en el campo tecnológico.

CONCLUSIÓN

Hemos explorado un vasto territorio que abarca desde las habilidades sociales básicas hasta el complejo tejido de la empatía, la asertividad y la resolución de conflictos. Cada capítulo ha ofrecido una visión detallada de cómo construir y mantener conexiones significativas en una sociedad cada vez más interconectada.

Las habilidades sociales son una amalgama de capacidades que comprenden la comunicación no verbal, la empatía, la paciencia y la adaptabilidad. La comprensión de estas habilidades es crucial para la interacción diaria, y también forma la base para relaciones más saludables y satisfactorias.

La comunicación efectiva, por su parte, se erige como el cimiento sobre el cual se construyen relaciones sólidas. La escucha activa o la expresión honesta de emociones contribuye a la creación de un diálogo auténtico y enriquecedor.

Las reglas para ser empático se convierten en guías prácticas para navegar por las complejidades de las relaciones humanas. Ofrecen un marco ético y proporcionan herramientas para construir puentes de entendimiento y fortalecer vínculos emocionales.

La resolución de conflictos, la asertividad, el liderazgo y la adaptabilidad se revelan como piedras angulares para afrontar los desafíos de la vida en sociedad. Estas habilidades son esenciales para superar obstáculos, fomentar la colaboración y liderar con empatía.

Es imperativo destacar que el desarrollo de habilidades sociales y comunicativas no es un destino final, sino un viaje continuo de aprendizaje y crecimiento. La tecnología, los cambios socioculturales y los desafíos personales seguirán evolucionando, requiriendo una adaptación constante de nuestras habilidades interpersonales.

En última instancia, este viaje no solo trata de mejorar nuestras interacciones con los demás, sino también de comprendernos mejor a nosotros mismos. Al cultivar la autoconciencia y la empatía hacia los demás, podemos contribuir a un mundo donde las relaciones sean más auténticas, comprensivas y enriquecedoras. Cada habilidad que adquirimos no solo mejora nuestra vida, sino que además es una contribución valiosa a la construcción de una sociedad más conectada y compasiva.

Este libro no es un punto final, sino más bien un trampolín hacia una vida social cada vez más enriquecedora. Ahora que has podido adquirir conocimientos valiosos, la aplicación práctica se convierte en el siguiente paso.

BIBLIOGRAFÍA

- Arnold, K. (2014). «Behind the mirror: Reflective listening and its Tain in the work of Carl Rogers». *The Humanistic Psychologist,* 42(4), 354-369.

- Carnegie, D. (2008). *Cómo ganar amigos e influir sobre las personas.* Barcelona: Ed. Edhasa.

- Estanqueiro, A. (2006). *Principios de comunicación interpersonal: para saber tratar con las personas.* Madrid: Narcea Ediciones.

- Forner Navarro, P (2018). *Dirige tu vida.* Madrid: Planeta.

- Hilton, K. (2018). *What does an interruption sound like? (¿Cómo suena una interrupción?).* Stanford (CA): Universidad Stanford.

- Lackie, B. (1977). «Nonverbal communication in clinical social work practice». *Clinical Social Work Journal,* 5(1), 43-52.

- Lestary, A., Krismanti, N. y Hermaniar, Y. (2018). «Interruptions and Silences in Conversations: A Turn-Talking Analisys (Interrupciones y silencios en conversaciones: un análisis Turn-Taking)». *PAROLE: Revista de Lingüística y Educación,* 7(2), 53-64.

- Marshall, A. (2021). *What is Active Listening?* Mental Health Matters.

- Moisés de la Serna, J. (2015). *La Mitomanía: Descubriendo al Mentiroso Compulsivo.* Tektime.

- Punset, E. (2015). *El mundo en tus manos.* Barcelona: Ed. Destino.

- Raab, D. (2017). «Deep Listening in Personal Relationships (Escucha profunda en las relaciones personales)». *Psychology Today.*

- Roca, E. (2003). *Cómo mejorar tus habilidades sociales.* Valencia: ACDE Ediciones.

- Sacos, H., Schegloff, E. A. y Jefferson, G. (1974). «A simplest systematic for the organisation of turn-taking in conversation (Una sistemática más simple para la organización de turnos de conversación)». *Language (Idioma),* 50, 696-735.

- Schegloff, E. A. (2000). «Overlapping talk and the organization of turn-talking for conversation (Charla superpuesta y organización de turnos de conversación)». *Language and Society (Lenguaje en Sociedad),* 29(1), 1-63.